高等级沥青路面
主动抗凝冰技术研究及应用

孟勇军　著

科 学 出 版 社

北 京

内 容 简 介

本书系统介绍沥青路面凝冰原理及抗凝冰处置措施。本书共 7 章，内容包括路面凝冰危害、凝冰形成原理及除冰机制、抗凝冰除冰方法、主动抗凝冰雾封层应用技术、主动抗凝冰微表处应用技术、主动抗凝冰填料应用技术，以及抗凝冰高弹粗糙型橡胶颗粒应用技术。

本书可供交通运输工程及公路工程等领域的科研人员，以及高等院校相关专业的师生参考。

图书在版编目(CIP)数据

高等级沥青路面主动抗凝冰技术研究及应用 / 孟勇军著. —北京：科学出版社，2023.8

ISBN 978-7-03-076152-1

Ⅰ. ①高… Ⅱ. ①孟… Ⅲ. ①沥青路面-融冰化雪-研究 Ⅳ. ①U416.217

中国国家版本馆 CIP 数据核字（2023）第 152164 号

责任编辑：童安齐 / 责任校对：马英菊
责任印制：吕春珉 / 封面设计：东方人华设计部

科学出版社 出版
北京东黄城根北街 16 号
邮政编码：100717
http://www.sciencep.com

北京中科印刷有限公司 印刷
科学出版社发行　各地新华书店经销

*

2023 年 8 月第　一　版　　开本：B5（720×1000）
2024 年 3 月第二次印刷　　印张：15
字数：300 000

定价：150.00 元
（如有印装质量问题，我社负责调换〈中科〉）
销售部电话 010-62136230　编辑部电话 010-62137026

前　言

　　改革开放以来,我国道路建设事业取得了突飞猛进的发展,然而在道路建设进程中,随着车辆行驶速度的提高,发生交通事故的潜在危险性也越来越大,如何保证道路在各种复杂的气候条件下交通畅通、行车安全,已成为摆在道路建设者们面前的首要问题。统计资料表明,冬季路面凝冰已成为道路交通安全的重大隐患。道路凝冰是由于“冻雨”凝聚在低温路面产生的冰层。路面凝冰灾害和通常的路面积雪灾害不同,积雪灾害多发生于北方寒冷地区,由于气温和空气湿度较低,积雪不会在路面上留下融冰。积雪经汽车行驶压实后,其摩擦力也远高于表面润湿状态的凝冰。凝冰多发生于空气温度略低于 0℃ 的温度范围,此时路面凝冰表面处于润湿状态,凝冰上的水膜使得路面表面完全丧失摩擦力,显著降低机动车辆的可操控性与行驶安全性。

　　鉴于此,本书作者多年来一直从事路面抗凝冰材料的开发和抗凝冰技术在道路工程中的应用研究,为便于抗凝冰技术在交通运输工程领域的应用与推广,将一些研究成果撰写成书供读者参考。全书分为 7 章,主要介绍道路凝冰形成原理、除冰机理及路面凝冰预警技术;系统梳理抗凝冰除冰方法,重点讲述抗凝冰雾封层的开发及应用技术、抗凝冰集料在微表处中的应用技术、抗凝冰填料的应用技术,以及主动抑制凝冰高弹粗糙型橡胶颗粒沥青混合料技术研究等内容。

　　在撰写本书过程中,作者得到了恩师张肖宁教授的悉心指导,还得到赵可教授、陈仕周教授、吴光蓉教授、谭忆秋教授、薛忠军教授级高级工程师、张谢东教授、周纯秀教授、吴文良教授、陈尚江教授级高级工程师等专家的支持;刘西雷、朱杰、程维和卢祖标对本书知识点进行了修正补充等辅助性工作,在此一并致以衷心的感谢!

　　限于作者水平,书中不足之处在所难免,恳请广大读者提出宝贵意见。

　　本书作者联系邮箱:hitmengyj@163.com

目　　录

第 1 章　路面凝冰危害

1.1　引　　言

　　我国潮湿地区的道路，冬季多"冻雨"灾害，且由于空气潮湿、气温较低，路面容易产生较薄的冰层和暗冰。气温在 0℃左右时，路面上的冰层长期处于表面润湿状态，凝冰层上的水膜使得路面表面丧失摩擦力，路面抗滑能力大幅下降，显著降低机动车辆的可操控性与行驶安全性，不仅给交通安全带来了巨大隐患，同时也给人们的出行带来了诸多不便。

　　为了解决冬季路面出现抗凝冰现象，首先分析路面凝冰的危害和现状，即从路面凝冰对交通运输的宏观影响出发，对路面结构的性能危害，以及抗滑和冻融研究现状进行分析；然后对凝冰的形成原理和除冰机制研究，确定凝冰的定义和形成机制，探究凝冰形成后冰面的物理力学性能，以及冰与路面黏结力关系，同时基于溶液依数性及低共熔点原理，从本质上阐述除冰机制，通过表面自由能原理对反应导向进行分析，研究盐分溶析机制，列出常见的除冰效果评价方法；最后针对路面凝冰现象提出高速公路路面凝冰预警系统，其包括对数据的采集、分析和判断。通过对预警因素采用一定的预警算法计算，确定凝冰的危害等级。

　　对现有的除冰技术进行分析总结，可将其分为被动除冰技术和主动除冰技术。被动除冰技术是指利用人工、机械、化学、物理这四种方法去除凝冰；主动除冰技术则是通过储盐和抑制冻结进行除冰。通过对常见除冰剂的理化性质及除冰机制进行归纳研究，分析除冰技术的优缺点和适用条件。

　　基于对乳化沥青稳定性的研究，可通过物理及化学因素分析，采用均匀设计方法研制抗凝冰涂料。抗凝冰涂料是将抗凝冰剂和乳化沥青互相配合形成的一种多分散体系，从本质上说抗凝冰涂料属于抗凝冰剂乳胶体系。同时，通过室内试验检验其抗凝冰成分的析出速率、与界面的黏附力、抗凝冰的效果及耐久性等。

　　在实验室内研制抗凝冰集料，是利用微孔集料具有较高的吸水率，将其浸泡在除冰剂的饱和溶液中，再经一定的工艺制成一种内含除冰剂的特殊处理集料。根据不同因素和水平，采用正交试验方法对集料种类、除冰剂种类、浸泡温度和浸泡时间等因素进行设计。

在实验室内制备了抗凝冰填料,将抗凝冰剂、添加剂、疏水剂及辅助剂等成分,按照一定的比例经过高温旋转剪切、低温速凝等工艺,制备成具有和矿粉填料较为相近的细度的填料,可用以替代部分或全部矿粉进行配制沥青混合料,并经过室内试验检测了其路用性能和抗凝冰性能。

利用橡胶颗粒的高弹特性,将矿料、沥青、矿粉及适量的橡胶颗粒等按照一定的级配在特定拌和成型工艺下制备成一种具有高弹性的沥青混合料,对其路用性能、弹性变形、耐久性能、除冰性能、施工质量控制技术及技术经济效益进行分析。

为系统开展基于凝冰条件下沥青路面行车安全的技术研究,对影响沥青路面的行车因素、行车抗滑机理进行了深入研究,构建沥青路面-轮胎有限元模型,为更好地制定凝冰条件下沥青路面的行车安全技术对策提供基础。

对不同工况条件下轮胎与路面之间的相互作用进行动态分析,即:通过对轮胎与路面之间的相互作用,分析不同路况下路面的动力响应,提出能够综合考虑路面行车安全的路面设计或紧急对策;建立沥青路面安全行车衰减模型,分析抗滑性能与轮胎压力、凝冰厚度、荷载作用次数之间的潜在关系;分析高危路段凝冰沥青路面行车安全。根据不同的凝冰等级采取不同的交通控制措施和除冰措施,并提出路面凝冰破坏后的路面修复思路。

1.2 路面凝冰的危害

随着我国社会经济的不断发展,以及国家实施的各类有关的道路交通政策,基础设施方面的投资力度不断加大,道路修建数量正逐年增多,其中高速公路的发展更是日新月异。全国高速公路布局基本形成了放射线、纵横网格相结合的网络化布局,即形成了一个以高等级国家高速主干线为骨架,衔接大、中、小城市并辐射农村的公路网。自 1988 年第一条高速公路——京津塘高速建成通车以来,我国高速公路建设无论是里程总数还是路面等级都有了很大的提高。经过几十年的建设,截至 2018 年初,全国公路总里程达 477.35 万 km,高速公路里程达 13.65 万 km,居世界首位。目前路面的两大类型为水泥混凝土路面和沥青混凝土路面,基于沥青混凝土路面平整度高、噪声小、行车舒适性好、易于修补等特点,在道路建设中,沥青混凝土路面所占比例越来越大。在我国现有铺装路面的公路中,90%以上的高速公路采用了沥青混凝土路面。在全世界范围内,沥青混凝土路面也以其优越的路用性能得到了广泛应用,其在现代高等级公路建设中占有的比例非常大。

随着高速公路建设的飞速发展，由恶劣气象条件所引起的高速公路交通安全问题已成为严重影响我国高速公路运营能力与运输效率的重要因素。其中，冰雪冻雨引起的路面凝冰对高速公路交通安全的影响尤为突出。在低温雨雪冰冻气候条件下，许多公路和城市道路经常遭受冰雪的危害，降雪量较大时路面呈现冰雪路面状态，使路面附着系数大大降低，路面抗滑能力大幅度下降，导致汽车打滑、制动距离明显增长，甚至刹车失灵、方向失控，造成严重的交通事故。

1.2.1　交通事故

在冬季或者是寒冷地区，大部分地区的道路会因降雪、冻雨等天气条件而结冰，凝冰附着在路面上不易被察觉而形成安全隐患，尤其在高速公路上车速较快的情况下其更不易被察觉，极大地威胁着驾乘人员的安全。一方面，由于凝冰的存在，路面的摩擦系数降低，附着能力降低，减小了车辆轮胎与路面之间的摩擦力，使车辆制动、行驶困难，汽车出现打滑、制动距离延长，甚至刹车失灵、方向失控，极易造成严重的交通事故。另一方面，交通事故发生后交通主管部门为了保障行车安全，通常会对高速公路进行封闭，给客、货运输带来极大不便，降低了道路的运输效率和运营效益。

路面凝冰灾害和通常的路面积雪灾害不同，即路面积雪灾害多发生于北方寒冷地区，由于气温和空气湿度较低，积雪不会在路面上留下融冰，且积雪经汽车行驶压实后，其摩擦力也远高于表面润湿状态的凝冰，即使在上坡路段，车辆轮胎加装防滑链后仍可以在雪面上安全行驶，而路面凝冰灾害，其路面凝冰厚度一般可达 10～20mm，最厚的可达 200mm 以上。路面凝冰是“冻雨”凝聚在低温路面产生的冰层。据有关资料显示，冬季路面凝冰已是道路交通安全的重大隐患，特别是我国南方的云贵川等潮湿山区，冬季多“冻雨”灾害，除冻雨外，又由于空气潮湿，气温略低于 0℃，容易使路面产生较薄冰层和暗冰。气温在 0℃ 左右，这种较薄冰层容易使路面上的冰层表面处于润湿状态，凝冰上的水膜使得路面表面完全丧失摩擦力，路面抗滑能力大幅下降，显著降低机动车辆的可操控性与行驶安全性。有关调查表明，凝冰路段恶性交通事故频繁发生，严重时造成道路交通中断，如图 1.1 和图 1.2 所示。特别典型的是在 2008 年 1 月中旬至 2 月初期间，一场持续近 1 个月的低温、冻雨天气袭击了我国南方 19 个省、自治区、直辖市，其持续时间之长、影响范围之广、所造成的灾害之重为历史罕见，属 50 年一遇，部分地区为百年一遇。

图 1.1　凝冰路面车辆　　　　　　　图 1.2　凝冰造成交通中断

此次灾害天气是在全球气候变暖背景下，受"拉尼娜"极端气候影响所致。受灾害影响，我国南方大部分地区交通中断，旅客滞留、电力设施遭受重创，如图 1.3 和图 1.4 所示。

图 1.3　旅客滞留　　　　　　　　　图 1.4　电力设施破坏

凝冰既给路面结构带来很大的损害，也造成了资产损失。道路凝冰还会严重影响道路通行能力，降低运输效率，增加车辆运行费用。据统计，道路积雪结冰会使车辆平均行驶速度降低 30% 以上，车辆运行费用增加 20% 以上，由此产生的间接经济损失巨大。在此次灾害中，贵州、湖南、广东等 8 省道路直接经济损失总计达上百亿元（表 1.1）。

表 1.1　2008 年凝冰灾害损失情况统计　　　　　（单位：亿元）

省份	公路灾害损失				救灾投入	通行费损失
	高速公路	普通公路	农村公路	合计		
贵州	3.2	5.03	5.72	13.95	1.8	1.2
湖南	47	13	4.44	64.44	7.7	8.6
广东	3.09	0.69	0.56	4.34	2.75	1.37
湖北	1.5	5.5	4.2	11.2	2.27	1.14
浙江	6.27	5.52	3.01	14.8	1.92	0.3
江苏	0.27	3.64	3.15	7.06	1.52	0.41
安徽	7	8	12	27	1.56	0.27
江西	3.19	2.88	0.89	6.96	1.45	3.5

国外许多国家也有因冰雪灾害而引起交通问题的案例。20 世纪末至 21 世纪初期，由于连续降雪，美国西北部发生很多的交通事故，事故多达 2 000 多起。美国东北部在 1996 年遭遇暴风雪，当地交通中断了 4 天，造成直接经济损失达 10 亿美元；2005 年 11 月，德国西北地区的雨雪天气，导致了数千次道路交通事故，造成有关经济损失达 1 000 万欧元；又如 2013 年美国东部的大雪，导致无数飞机航班取消，公共汽车停运，造成交通瘫痪，给人们的出行带来不便。因为道路积雪结冰而引起一系列交通问题已成为全球普遍存在的问题，所以融雪化冰成为冬季道路养护的一项重要内容，有效地融雪化冰成为道路养护工作者的重要任务。高效、便捷地解决冬季道路积雪结冰给交通带来的一系列问题具有重大的经济和社会效益。

从上述例子中可以看出，恶劣天气对道路畅通的危害性，尤其是暴雪天气对道路的影响直接给人们的生活和经济的发展带来极大的危害。可想而知，传统的道路除冰雪手段已经无法满足如今快速发展的交通需求，新型的道路除冰雪技术的研发才是解决问题的出路。

1.2.2　事故分析

国内外道路灾害调查表明，路面状况的好坏是影响道路交通的重要因素。在寒冷的冬季，很多公路与城市道路经常遭受冰雪的危害，我国某些地区积雪期达到 3～4 个月。在一些多雪与积雪地域，冰雪天气严重影响交通运输的畅通与安全。在冰雪路面上，车辆极易打滑、跑偏，制动距离也明显延长，严重影响到车辆操作的稳定性和安全性，连续追尾事故也屡见不鲜，交通事故发生率成倍增加。目前，我国已建成了以高速公路为主干线的道路交通运输网络，保障了客运快捷和物流畅通。但是，路面凝冰严重降低了道路交通安全等级，使路网通行能力降低，严重时甚至使交通路网关闭，交通运输瘫痪，给客货运输带来不便，也给相关单位造成了巨大的经济损失。冰雪天气里，道路交通运输效率极低，由于路面凝冰发生的交通事故较多，不但威胁着司乘人员的生命安全，对附属交通设施和其他车辆也造成了严重的破坏。因此，路面凝冰对道路交通安全、通行能力、道路管理、人员安全、社会经济等造成了非常不良的影响。

沥青路面所处地域的海拔、地形、地貌特征及环境气候特征等，对于沥青路面表面凝冰的形成，起到了至关重要的作用。以地形特征为例，当桥面铺装采用沥青路面结构时，由于下部的悬空，桥面的沥青路面温度比普通道路低约 2℃，桥面的沥青路面比普通道路发生凝冰现象的概率要高；山区道路，由于其所具有的长大纵坡、急转弯等不利地理条件，当沥青路面出现凝冰现象时，潜藏着很大的行车危险。

研究显示，路面附着系数由于冰雪的存在而显著降低，导致附着力降低，从而导致车辆的制动和转向操作稳定性都会变差。据相关资料分析，道路凝冰的存在使得路面的附着系数大大降低(据不完全统计，干燥的沥青路面附着系数为 0.6，积雪路面附着系数为 0.2，冰路面的附着系数为 0.15)。

分析上述交通事故的共同原因可以发现，在冻雨、道路结霜、积雪、结冰等气候条件下，路面会覆盖一层薄冰。薄冰的存在降低了路面的摩擦系数，这是造成路面交通阻断、交通事故和交通瘫痪的原因。进一步分析路面摩擦系数与交通事故率的关系，如表 1.2 和表 1.3 所示的研究结果，从中可以认识到降雪、结冰等气候导致了路面摩擦系数的降低，而路面摩擦系数降低是交通事故发生的主要原因。

表 1.2 降雪等级对通行能力的影响

等级	24h 降雪量/mm	道路通行能力折减率/%
小雪	≤2.5	5~9
中雪	2.5~4.9	10~13
大雪	5.0~7.4	14~17
暴雪	≥7.5	18~22

表 1.3 路面状况摩擦系数与交通事故率

路面状况	路面摩擦系数	雨、晴天交通事故率比值（单位时间）
干燥	0.6	1.1
潮湿	0.4	1.9
结冰	0.18	8.2

在上述不利情况下，汽车经常出现刹车失灵、方向失控，并出现打滑、跑偏，延长了汽车的制动距离。另外，车辆在结冰的路面上行驶，由于阳光在路面的强烈反射，会刺激到驾驶员的眼睛，导致其出现双目疼痛、流泪、视线模糊不清等情况。在以上各种因素的综合作用下，交通事故的发生更加频繁，加大了冰雪天

交通事故发生率。既然由于路面结冰导致的路面摩擦系数的降低是诱发交通事故的主要原因，而冻雨、结霜和降雪等自然气候是无法避免的，那么为了降低交通事故的发生，可行的方法就是要让路面避免结冰，或使路面的摩擦系数不降低。

1.3　路面的损坏类型

沥青路面是用沥青材料作结合料黏结矿料修筑面层与各类基层和垫层所组成的路面结构，它具有表面平整、行车舒适、耐磨、噪声低、施工期短、养护维修简便等优点。然而随着国民经济的快速发展和交通量的不断增长，在行车荷载的反复作用和自然条件的不断影响下，路面发生着由轻微逐渐演变为严重的损坏。许多沥青路面出现早期病害，如裂缝、沉陷、坑槽、车辙及行车过程中路面平整度逐渐变差等。为对抗凝冰路面进行更深层次的研究，本章主要介绍沥青路面的损坏类型及其主要原因。

1.3.1　沥青路面损坏的类型

现行有关规范对沥青路面的损坏归纳为四大类。①裂缝。荷载或环境因素造成了沥青路面的开裂，破坏了路面结构的完整性。②变形。路面结构仍保持完整，但由于路基局部强度不足，以及地表水和地下水侵入路基等，路面发生变形。③松散。由于轮胎对路面的作用，路面表层材料部分或全部丧失。④其他，如路面修补不到位等。该四大类沥青路面损坏又可进一步分为以下 14 种损坏现象。

1. 横向裂缝

横向裂缝是指与道路中线近于垂直的裂缝，有的还伴有少量支缝。横向裂缝主要是由于低温收缩引起。横向裂缝的特点是沿路线方向每隔 5～10m 一道，严重路段甚至每隔 4～7m 一道，且分布较为均匀，最初多出现于路面两侧，逐步发展为贯通整个路幅，缝上端开口较宽，沿深度向下很快变窄。按其成因不同，横向裂缝又分为荷载型裂缝和非荷载型裂缝两种。

荷载型裂缝是由于车辆荷载引起的沥青路面层拉应力超过其疲劳强度而断裂，一般先在沥青路面的底面发生，逐渐发展至沥青路面表面。

非荷载型裂缝有两种类型，即沥青面层缩裂和基层反射裂缝。沥青面层缩裂大多发生在冬季。在冬季，当沥青面层中的平均温度低于其断裂温度，产生的拉应力超过其在该温度时的抗拉温度时，沥青面层就会发生断裂。基层反射裂缝是由于半刚性基层先于沥青面层开裂，基层开裂处在荷载和温度的作用下产生了应力集中并导致面层底部开裂，随后逐渐向上发展至贯穿沥青面层。

2. 纵向裂缝

纵向裂缝是道路中线大致平行的长直裂缝。纵向裂缝通常由路基、路面基层沉降，或施工接缝质量不好或路基承载力不足而引起。路基、基层不均匀沉降引起的裂缝，通常断断续续，绵延很长。施工搭接引起的纵缝，其形态特征是长而且直，一般沿路中线发生，而路基、基层强度不足引起的纵缝多出现在路面边缘。

3. 块状裂缝

块状裂缝的表面特征是指近于直交的裂缝，把沥青路面分割成近似矩形的小块。其主要成因是当路面宽度大于裂缝间距时，还将产生纵向裂缝，从而形成块状裂缝。块状裂缝破坏了沥青路面的整体性及连续性，水分通过裂缝渗入基层并侵蚀路基，导致路面承载力降低。块的尺寸：裂块尺寸一般为(20～40)cm×(30～60)cm。如某路段，经详细调查分析，该类裂缝缝宽在 0.5～1mm，主要由面层材料的收缩和温度的周期性变化所致。它的出现标志着沥青已显老化，但这些路面的强度还基本能满足相关要求。

4. 龟裂

龟裂又称网裂，其表面特征是相互交错的裂缝将路面分割成形似龟纹的锐角多边形小块。龟裂产生的原因：一是路面结构设计不合理或厚度不足，路面强度明显不能满足行车要求，在行车荷载反复作用下，沥青路面很快碎裂；二是路面强度逐渐下降，路面回弹弯沉值逐渐增大，满足不了交通量迅速增长和汽车载重量明显增大的需要；三是水泥稳定粒料类基层中小于0.075mm的颗粒含量超过5%甚至 7%，基层进水后在行车荷载作用下，在基层顶面沥青层底面形成唧浆，从而导致沥青路面出现龟裂。沥青在施工期间及在长期使用过程中的老化也是沥青路面形成龟裂的原因之一。

5. 滑移裂缝

滑移裂缝外观呈月牙形，两端通常指向行车方向。其形成原因主要是车辆刹车或转弯时造成面层的滑移和变形，从而出现裂缝。

6. 车辙

车辙是指沥青路面行车轮迹的凹陷，是沥青路面在行车荷载的反复作用下产生的永久变形的积累。车辙的深度在 2～3cm，甚至在 3cm 以上，车辙一般是由沥青混凝土的热稳定性不足引起的。

根据车辙的形成机理可将车辙分为失稳型车辙、结构型车辙和磨耗型车辙三种。失稳型车辙是由于沥青路面结构在车轮荷载的作用下，内部粒料发生横向的塑性流动而产生的。结构型车辙是由于路面结构在交通荷载作用下产生整体永久变形而形成的。磨耗型车辙则是由于沥青路面的磨耗层在车轮摩擦和自然环境作用下不断损失而形成的。

车辙既有长段的也有小段的。经对所产生车辙的路段调查发现，一般成段车辙出现的路段，都是由于沥青混合料设计不够合理造成的，而小段车辙出现的路段则是由沥青混合料生产质量控制不好所致。

7. 波浪

波浪（也称搓板）是指沥青路面表面沿行车方向呈现有规律的纵向起伏状态，这类病害产生的原因包括路表材料稳定度低、道路交叉处车辆的频繁启动和制动、刚性或半刚性基层和沥青面层接触点出现过大应力，以及面层较薄等，产生地段往往出现在车辆经常启动和制动的区域或上、下坡过渡区域。

8. 沉陷

沉陷是指由于路基产生竖向变形而导致路面下沉的现象，雨后积水十分明显。其产生的原因主要有：一是软土地基不均匀沉陷导致沥青路面沉陷；二是路基压实度不够导致沥青路面沉陷。沉陷多出现于桥两头、高填方路段和湿陷性黄土路段。

9. 路面胀起

路面胀起是指沥青路面的局部凸起，一般由路基土的冻胀而引起，多出现于温度较低且阴湿多雨的地区。

10. 泛油

泛油是指沥青从沥青混凝土层的内部和下部向上移动，表面有过多沥青而使路面表面形成一层有光泽、玻璃状的沥青黏膜的现象。其产生原因主要有：一是沥青混合料中沥青含量过大，夏季的高温与较多的降水使得沥青混凝土路面产生极强的不稳定性，过高的温度使得沥青具有较强的流变性，容易导致沥青渗出路表，继而产生泛油现象；二是沥青材料质量较差，软化点低。

11. 松散

松散是指沥青路面粗细集料散失，路面结合料失去黏结力，而在沥青路面表面形成的脱皮、麻面、露骨、表面剥落、有小坑洞等现象。

松散主要是由荷载和水作用的结果。雨水通过沥青面层空隙或缝隙，或者由分隔带或路肩渗入到路面结构中，若不能及时排除，就会浸湿各结构层材料甚至路基土，使其强度下降、变形增加、承载力降低，以及使用寿命缩短。更为严重的是，进入路面结构层之间的空隙水压力和高流速的水流冲刷层面材料，促使沥青面层出现剥落、松散等病害，从而使整个路面的使用性能迅速变差。

12. 坑槽

坑槽是由于面层集料局部脱落而产生的路面洞穴或局部坑洞。坑槽是较常出现且危害性较大的沥青路面病害之一。特别是在降雨后或在冬春季之交的雪水反复冻融后，会产生大量的坑槽破损，并随车辆荷载的反复作用，破损面会逐渐加大、加深，将直接导致路面的平整度降低，严重影响汽车驾驶的舒适性和安全性。沥青路面的坑槽往往都有一个形成过程，即是由轻微病害发展为较严重的坑槽病害的。

13. 翻浆

翻浆是因路基湿软，路面出现弹簧、鼓起以致破裂，从裂缝中冒出泥浆的现象。秋季由于降水或灌溉的影响，地面水下渗、地下水位升高，使路基水分增多，为冬季水分积聚提供了必要条件。进入冬季，气温下降，路基上部土开始冻结，如果冻结线在某一深度停留时间较长，水分有充分的聚集时间，当水源供给充足时，便会在冻结线附近形成聚冰层。春季化冻时，由于路面结构层的吸热和导温性较强，路面下的路基土先于路基下的融化，于是路基下残余未化的冻土形成凹槽，化冻后的水分难以排出，路基上部处于过湿状态。当融化至聚冰层时，路基湿度更大，有时甚至超过液限。这样路基在化冻过程中强度显著降低，以至丧失承载能力，在行车荷载作用下路面出现弹簧、开裂、鼓包、车辙现象，严重时泥浆外冒，路面被大面积破坏，就形成了翻浆。

14. 修补

在路面养护作业中若修补不到位，也是一种破损。修补后的路面由于与原路面存在结构材料差异而衔接不畅，导致路面结构整体性欠佳及路面平整度降低，影响路面的使用性能。

1.3.2 沥青路面损坏的主要原因

虽然沥青路面损坏的种类很多，但是经过分析，沥青路面损坏的原因不外乎以下几种。

1. 路面结构设计

在路面设计中，交通车辆调查资料是为通行能力服务的，没有考虑到超载的问题，使得设计中得不到准确轴载数据，造成设计年限内累计标准轴载数据出现与事实不相符的情况。这样，对于某些道路，从一开始就降低了累计标准轴的数量，使得设计弯沉值偏大，基层、低基层的拉应力偏小，造成路面整体刚度不足，导致路面提前破坏。超载车辆加速了路面的破损，促使路面开裂、推拥，甚至局部下陷。

2. 沥青混凝土配合比设计

沥青混凝土配合比设计按规范要求应经过四个阶段,即目标配合比设计阶段、生产配合比设计阶段、验证阶段和试拌试铺阶段,各阶段对要达到的目的都有明确的要求。但在施工时,有的单位压缩两至三个阶段,有的干脆凭经验进行施工,因此从理论和实践来讲存在较大的偏差,导致沥青混凝土内在质量存在先天不足。另外,由于大多材料都由个体企业承担,料场分散,设备落后,材料的均质性、稳定性均有较大的差别。虽然大部分单位在开工前都对材料做了筛分分析并符合要求,在施工过程中也检测并予以调整配合比,但由于差异性大,不可能做到十分准确,导致路面出现一些常见病害。

3. 水

由于路面积水渗入路面结构层内,又不能及时排除,在行车荷载作用下,形成压力水,反复冲刷路面结构层,导致水泥结合料或沥青结合料在集料表面脱落,继而产生龟裂、网裂、松散和坑槽等病害。

4. 运输荷载

随着我国经济的快速发展,交通量的增长远远大于预期增长,而且大型、重型车辆的比重也在不断增加,使超限运输车辆成为沥青路面的杀手。在超载交通作用下沥青路面破损的显著特点是损坏严重、破损期提前等。早期破损现象主要是车辙、翻浆和龟裂,进一步发展可成为沉陷、松散等病害,给国家造成巨大的损失。

5. 施工质量

由于现在的道路工程施工及管理为分段招标,虽然业主和监理对管理的要求一致,设计标准也相同,但各标段承包商在施工过程中对施工工艺和质量的控制水平参差不齐,在气候和交通量等施工条件相同的情况下,施工质量较差的路段很快就会出现病害。其主要的问题就是对原材料及集料质量的控制出入太大,实际生产级配和配合比与试验数据不吻合,集料中针片状比例大,小于 0.075mm 颗粒含量或粉尘含量过高,严重影响结合料和集料的拌和质量,以及路面结构层的强度及耐久性。

6. 温度

温度对沥青路面的影响:一是在低温条件下沥青混合料之间的沥青膜拉伸破坏,然后再导致混合料的破裂;二是沥青路面在高温条件下,沥青路面高温稳定性较差时在连续行车荷载作用下导致路表面出现车辙、泛油、油包、发软等病害,尤其是在上坡路段更为严重。

1.4 凝冰对路面的危害

通过现场调查、检测，结合芯样试验分析了凝冰对沥青路面使用性能和混合料组成结构的影响，结果表明：凝冰破坏作用主要影响路面表面状况，使其集料剥落及形成麻面等病害，路面构造深度增大。

通过 2008 年云贵川地区、2010 年湘西地区、2013 年桂北山区等地的凝冻灾害后调查发现，沥青路面损坏状况严重，出现大面积麻面、松散及坑槽等病害。路面产生凝冰时温度一般在 0℃附近区域，而水的体积在冰点附近变化最大，因此对路面的冻胀破坏作用也最严重。另外，沥青结合料本身性能，以及结合料与集料的黏结能力也都受到水和温度的影响较大，加之交通荷载作用，最终造成集料剥落、混合料使用性能下降，一方面使路面产生新的病害（如麻面、松散等），另一方面会加剧路面原有的病害（如坑槽、拥包、推移等）。

根据我国路面凝冻灾害的气候特点，为了充分了解凝冻对沥青路面造成的损坏形式和特征，需要对其进行现场调查、检测和分析沥青混合料抗凝冰损坏影响因素，研究混合料凝冰损坏机理，建立适合沥青路面凝冰损坏评价方法等研究的基础。首先，通过现场调研选取能够代表遭受凝冰损坏的典型路段，对比典型路段凝冰前、后路面性能指标的变化，分析凝冰对沥青路面性能的影响；结合室内芯样试验，确定凝冰对路面的影响层位，并分析凝冰对沥青混合料组成结构的影响。其次，针对遭受凝冰作用后路面，对比分析路况好、差路段性能指标的差异；分析沥青路面抗凝冰损坏能力存在差异的材料特性。最后，总结凝冰造成和加剧沥青路面损坏形式和特点。

1.4.1 路面凝冰损害描述

为分析凝冰对沥青路面性能的影响，对比分析典型路段凝冰前、后路面主要性能指标的变化，本章选取 2008～2016 年以来最有代表性的一段凝冰损坏路段，即选取贵（阳）遵（义）高速公路的扎南段（K37+000～K77+000）作为典型凝冰损坏路段进行调查检测[1]。该路段于 2007 年 12 月 26 日建成通车，通车后不久就经历了 2008 年初的凝冻灾害，因此该路段路面的损坏状况具有足够的代表性。贵州省气候分区以夏热、冬温、潮湿为主，夏季最热月平均最高气温 20～30℃，冬季极端最低气温约-9℃，年降雨量大于 1000mm。贵遵高速公路扎南段是贵州与四川、重庆连接的主要通道，为山岭重丘四车道高速公路，设计行车速度为 80km/h，日平均交通量约 10 000 辆。路面结构为 16cm 沥青混凝土：4cm AC-16+6cm AC-25+6cm AC-30，中、下面层采用 AH-90# 基质沥青，上面层采用 SBS 改性沥青。

在经历 2008 年初的凝冻灾害后，对该路段内的路面和桥面调查和检测，主要病害类型及特点如下。

1. 麻面

该路段经历 2008 年初的凝冻灾害后出现了较大规模的水损害,主要表现为全路段普遍出现集料表面沥青膜剥落、集料裸露、细集料剥落严重,形成麻面病害。代表性的路段 GZ-K37+000、GZ-K57+900、ZG-K55+408、ZG-K55+200～K55+000、GZ-K70+150 等处麻面病害最为严重。调查过程中还发现,行车道内的麻面病害状况相对于停车带严重很多,如图 1.5 所示。可见,交通荷载作用会加剧路面凝冰损坏。

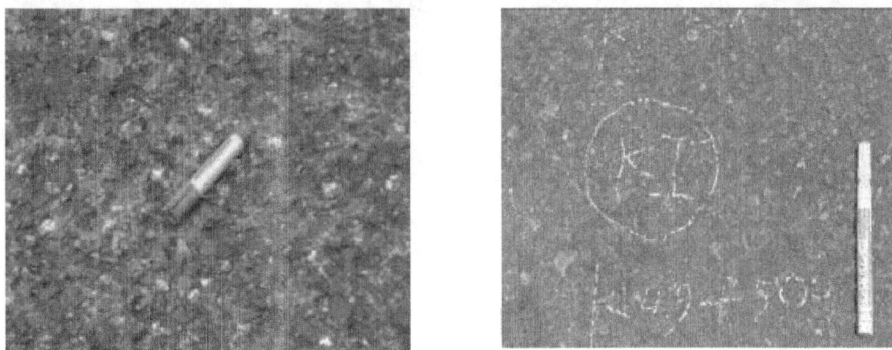

图 1.5　路面麻面

2. 松散

凝冻灾害结束后 ZG-K39+788 ～ K39+750 、 ZG-K19+000 ～ K23+000 、ZG-K38+560 和 ZG-K38+392 等路段的主要病害除严重麻面外,行车道还集中出现了较大规模的松散、掉粒破坏,如图 1.6 所示。

图 1.6　路面松散

3. 坑槽

ZG-K56+000、ZG-K55+860、ZG-K55+632、ZG-K55+420、ZG-K55+320 和 ZG-K54+440 等路段的主要病害类型除麻面外,还有多处不同程度的坑槽,直径

为 5～80cm 不等，如图 1.7 所示。其中，ZG-K55+580～K55+490 段出现 7 个小坑槽，空隙较大、有明显的小孔洞；ZG-K54+406～K53+000 出现 8 个坑槽，其中最大直径 D=30cm，深度 h=2.5cm。

图 1.7　路面坑槽

4. 裂缝

ZG-K55+920、ZG-K55+840、ZG-K55+758、ZGK54+630、ZGK54+580、ZG-K54+350、ZG-K55+580～K55+490 等处有较多的龟裂、纵缝、少量横缝及不规则裂缝，如图 1.8 所示。其中，严重路段 ZG-K55+700-K55+600 的 100m 内共有 12 处纵缝和最长达 3.75m 的横缝。

图 1.8　路面裂缝

1.4.2　路面质量指数

本节采用路面质量指数（pavement quality index，PQI）来评价凝冰路面的路面使用性能。路面质量指数是指路面在自然环境条件下为行车提供的服务能力，包括路面的表面构造特性、平整度、损坏状况和结构承载能力等。路面表面的构造特性影响行车的安全性，可由测定轮胎与路面间的摩擦系数予以评定。

路面平整度和损坏状况直接关系到行车的速度和舒适性，是影响路面行车质量的主要因素。结构承载能力决定着路面的剩余寿命，并同路面的结构性损坏存在内在联系，承载能力越低、剩余寿命越短、结构性损坏程度越严重。对路面性能进行系统和长期的观测，建立路面性能的评价系统，是路面管理系统的重要组成部分，PQI 是现行规范评价路面性能好坏的重要指标。PQI 的评价主要由路面状况指数、国际路面平整度指数、路面车辙深度指数、路面抗滑性指数和路面结构强度指数这五个方面构成。

1. 路面状况指数

路面状况指数（pavement condition index，PCI）是表示路面完好程度的指数。路面状况指数包括损坏类型、损坏程度、损坏范围或密度等三方面的定量状况。由于各种损坏类型和严重程度对道面完好程度及其衰变速率有不同程度的影响，对路面使用要求的满足程度有不同影响，对维护和改建措施有不同的需要，其间很难建立定量关系。因此，对其只能采用主客观相结合的方法，确立不同损坏类型、严重程度和范围的扣分值。扣分法是确定路面状况指数 PCI 的常用方法，对不同的损坏类型、严重程度和范围规定不同的扣分值，按路段的损坏状况累计扣分值后，以剩余的数值表征路面的完好程度，评价路面的好坏。

2. 国际路面平整度指数

国际路面平整度指数（international roughness index，IRI）是以 1/4 车轮在速度为 80km/h 时的累积竖向位移值（单位为 m/km）。

平整度测定的方法和仪器有很多，相应采用的指标也各不相同。为了使采用不同的方法和仪器测定的结果可以相互比较，需要寻找一个标准的（或通用的）平整度指标，它应同其他平整度指标有着良好的相关关系。同时，采用反应类平整度仪测定时，为使测定结果具有时间稳定性，必须经常进行标定，而标定曲线的精度取决于标定路段采用的平整度指标同反应类测定系统的相关性。

为了解决上述问题，世界银行于 1982 年组织了巴西、英国、美国、法国等国专家参加有关国际研究小组，并在巴西进行了大规模的路面平整度试验。在此基础上，提出采用国际路面平整度指数作为评价标准的建议。

国际路面平整度指数是一项标准化的平整度指标。国际路面平整度指数同反应类平整度测定系统类似，但是采用的是数学模型模拟 1/4 车轮（即单轮，类似于拖车）以规定速度行驶在路面上，分析行驶距离内动态反应，即悬挂系的累积竖向位移量。标准的测定速度规定为 80km/h，其测定结果的单位为 m/km。

3. 路面车辙深度指数

路面车辙深度指数（rutting depth index，RDI）直接反映了车辆行驶的舒适度及路面的安全性和使用期限。路面车辙深度的检测能为决策者提供重要的信息，使决策者能为路面的维修、养护及翻修等做出优化决策。路面车辙与本节讨论与研究的内容相关性不大，故不深入探究。

4. 路面抗滑性指数

路面抗滑性指数（skidding resistance index，SRI）是指车辆轮胎沿路面表面滑动时，所承受的摩擦阻力的大小，采用抗滑系数作为评价指标，抗滑系数以横向力系数（sideway force coefficient，SFC）或摆式仪（british pendulum number，BPN）（亦称摆值）来表示。对行驶在路面的车辆而言，是指在一定条件（速度、路面湿度等）下车辆紧急制动距离。通常路面抗滑性能被看作是路面的表面特性，并用轮胎与路面间的摩阻系数来表示。路面抗滑性是反映路面安全性能最重要的一个指标，从路面管理的角度来看，抗滑性同时也是对路面耐久性的一个量度指标。当抗滑性衰减到最低可接受（安全）水平，将大幅度降低路面所期盼的服务功能。

根据影响路面抗滑性能的因素分析，路面抗滑性能的测试总体上可分为两种，即直接法和间接法。测试具体路面的摩擦系数等参数可采用四种方法：①制动距离法；②锁轮拖车法；③偏转轮拖车法；④摆式仪法。我国路面摩擦系数的测定主要采用摆式仪和摩擦系数车。根据测试指标的不同，可将摆值 BPN、横向力系数 SFC 及纵向摩擦系数（profile frictional coefficient，PFC）等作为评价指标，不同的指标之间可通过相关性分析进行转换。

由于道路表面构造是抗滑性能的决定性因素，为保证行驶安全，应该将反映路表面构造的要素作为抗滑控制指标。对于宏观构造，一般由构造深度（texture depth，TD）表征，采用铺砂法测定，面层表面的构造深度 TD 决定车辆高速行驶时摩擦系数的降低百分率。TD 越大，摩擦系数的降低百分率越小；反之，TD 越小，摩擦系数的降低百分率越大。微观构造难于野外实测，一般认为面层石料磨光值 PSV 代表了抗滑耐久性的优劣。

5. 路面结构强度指数

路面结构强度指数（pavement structure strength index，PSSI）是指路面结构抵抗外部荷载及环境因素作用，保持自身状况完好的能力指标，通常可描述为路面在达到预定的损坏状况之前，还能承受行车荷载作用的次数或使用年限。

对沥青路面结构强度进行评价，最常见的方法是现场测定路面的弯沉程度。路面结构破坏的原因可能有两类：一是由于过量的变形造成路面结构破坏，测试时可采用最大弯沉来表征；二是由于某一结构层的断裂破坏造成路面破坏，测试时可采用在荷载作用下路面的弯沉盆的曲率半径来表征。

1.4.3　路面凝冰性能影响

为验证沥青路面由凝冰造成和加重的主要病害形式和特点，对比分析所选典型路段凝冰前、后路面的主要性能指标。参照我国现行的《公路技术状况评定标准》（JTG 5210—2018），对高速公路沥青路面质量指数 PQI 的评价包括路面损坏状况、路面平整度、路面车辙、抗滑性和结构强度五部分。发生凝冻天气时温度较低，与路面车辙病害关系不大，因此未调查车辙病害，主要检测了其他四方面性能。在路面凝冰发生之前，道路养护部门对路面按常规主要检测了路面状况指数 PCI、结构强度指数 PSSI、路面行驶质量指数 RQI（riding quality index）及抗滑性能指数 SRI 等技术指标；凝冰后针对路面损坏特点主要检测了路面状况指数 PCI、平整度指数 IRI、弯沉值 l、构造深度 TD 等指标。由于凝冰前后检测的指标有所不同，为便于对比，应依据评定标准对相应指标进行转换。由式（1.1）求得国际路面平整度指数 IRI；由式（1.2）和式（1.3）求得路面结构强度系数 SSI。

$$RQI = \frac{100}{1 + a_0 e^{a_1 IRI}} \tag{1.1}$$

式中：RQI——路面行驶质量指数；

IRI——国际路面平整度指数；

a_1——模型参数，高速公路和一级公路取 0.65；

a_0——模型参数，高速公路和一级公路取 0.026。

$$PSSI = \frac{100}{1 + a_0 e^{a_1 SSI}} \tag{1.2}$$

$$SSI = \frac{l_d}{l_0} \tag{1.3}$$

式中：PSSI——路面结构强度指数；

a_0——模型参数，取 15.71；

a_1——模型参数，取 -5.19；

SSI——路面结构强度系数；

l_d——路面的设计弯沉，mm。

l_0——实测的弯沉，mm。

凝冰前后各路段指标检测结果如下所示。其中，桥面包括 A（ZG-K74+000～K73+000）、B（ZG-K73+000～K72+470）、C（GZ-K72+470～K73+000）、D（GZ-K73+000～K74+000）等路段。路面包括 E（ZG-K56+000～K55+000）、F（ZG-K55+000～K54+000）、G（ZG-K40+000～K39+000）、H（ZG-K39+000～K38+000）等路段。

1. 路面凝冰前后路面状况指数

采用智能检测车对选定路段连续检测路面状况指数，以 100m 为检测单位记录，路面凝冰前后路面状况指数如图 1.9 所示。由图可知，无论是普通路面还是桥面，凝冰前各路段 PCI 值均为 100，即刚竣工后路面状况良好；经历凝冰后各路段 PCI 值有不同程度的降低，桥面和路面分别平均降低 6.08%和 5.55%，说明凝冰会造成或加重沥青路面的损坏状况。

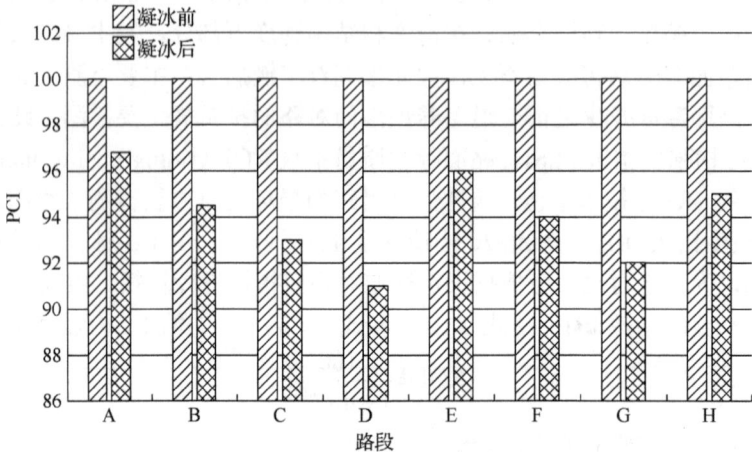

图 1.9　路面凝冰前后路面状况指数

2. 路面凝冰前后国际平整度指数

采用多激光道路断面综合测试仪对选定路段连续检测国际平整度指数，以 100m 为检测单位记录，路面凝冰前后国际平整度指数如图 1.10 所示。由图可知，凝冰前路面 IRI 值除个别路段 G（ZG-K40+000～K39+000）和 E（ZG-K56+000～K55+000）稍大于设计值 2m/km，其他均满足要求；而凝冰过后所有路段的 IRI 值都大幅超过了设计值，较原来增大 3 倍以上，增幅最大处路面 H 段（ZG-K39+000～K38+000）比凝冰前增大了 14.5m/km，说明凝冰灾害使得路面的平整度严重受损。桥面和路面分别平均增大 7.1 倍和 4.3 倍，即桥面平整度受凝冰影响更严重。

3. 路面凝冰前后结构强度系数

采用落锤式弯沉仪对选定路段检测路面弯沉值，检测频率为 1 点/50m，并换算成路面结构强度系数，路面凝冰前后结构强度系数如图 1.11 所示。由图可知，凝冰前路面 SSI 值都在 1.0～2.0，即实测代表弯沉值是设计弯沉值 0.25mm 的 0.25～1 倍，路面强度较理想；凝冻后各路段的路面强度系数 SSI 变化无明显规律，有增有减，但变化幅度不大。由此说明，凝冰对沥青路面结构强度的影响较小。

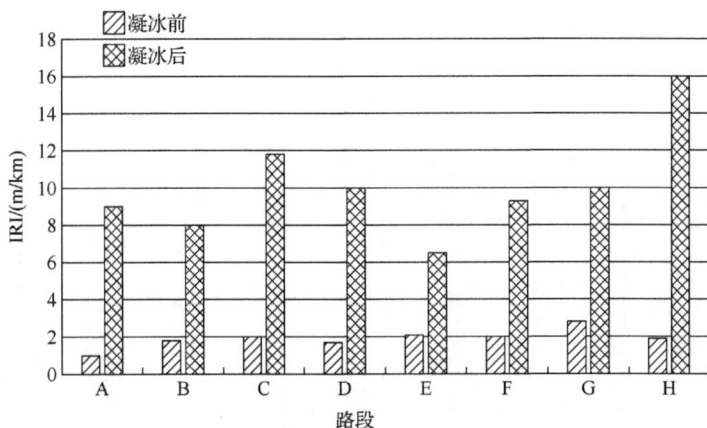

图 1.10　路面凝冰前后国际平整度指数

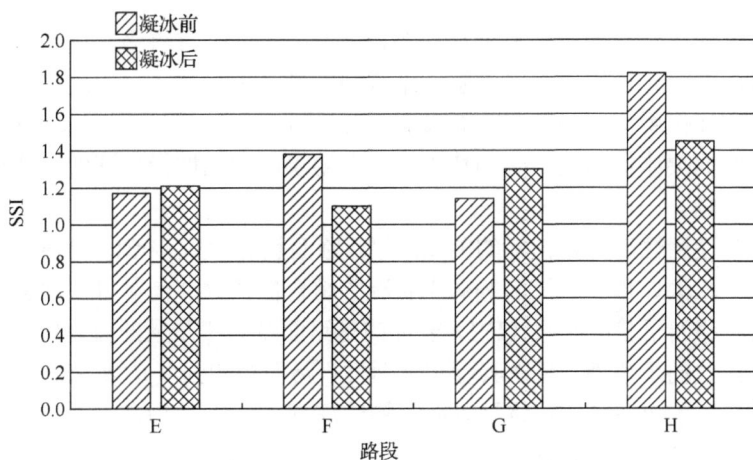

图 1.11　路面凝冰前后结构强度系数

4. 路面凝冰前后构造深度

采用连续式构造深度仪对选定路段检测路面构造深度，路面凝冰前后构造深度如图 1.12 所示。由图可知，凝冰前各路段的构造深度都大于设计值 0.6mm，符合设计要求；凝冰后除桥面 B 段（ZG-K73+000～K72+470）外，其他路段的路面构造深度有不同程度的扩大，桥面 H 段（ZG-K39+000～K38+000）增幅最大为 0.36mm。桥面和路面整体的 TD 值较凝冰前分别扩大 0.07mm 和 0.19mm。

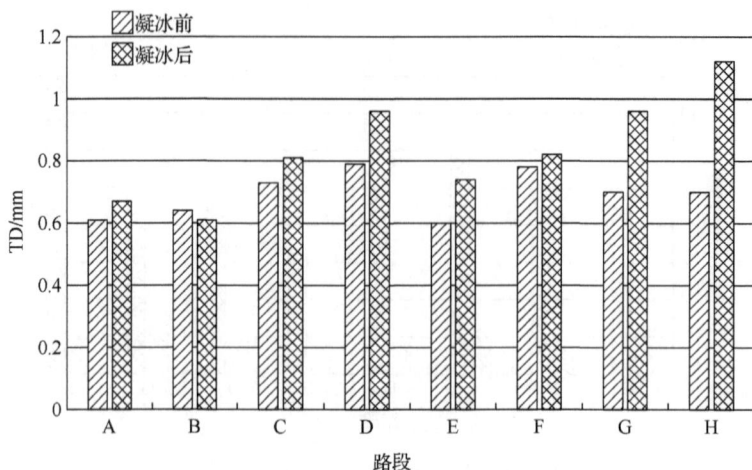

图 1.12　路面凝冰前后构造深度

根据上述调查和检测结果可知：沥青路面经历凝冻灾害后，主要病害形式表现为路表面麻面、松散，而路面整体结构强度受其影响较小，由此可知凝冰对沥青路面的破坏作用主要是影响路面表面状况（具体影响层位将在后文分析）。因此，针对沥青路面凝冰损坏的形式和特点，需采用表面功能性指标评价凝冰对沥青路面的主要影响。

分析各使用性能评价指标的测试原理：路面状况指数（PCI）是对沥青路面龟裂、坑槽、松散、车辙、沉陷等病害状况的综合性评价，是对每项病害加权平均获得；国际路面平整度指数（IRI）表征的是路面纵向凹凸量的偏差值，即路面纵断面剖面曲线的平整性，反映其行车舒适性；路面结构强度系数（SSI）反映的是路面整体结构的承载能力；路面表面的构造深度（TD）是指路表面一定面积内凹凸不平的开口空隙的平均深度，用于评定路面表面的宏观构造，反映路面抗滑性能。综合以上各指标测试原理和评价用途，宜采用路面表面功能性指标——构造深度来表征凝冰对沥青路面的主要影响。所选路段桥面和路面凝冰后构造深度较凝冰前分别平均扩大 8.9%和 27.5%，且抗滑性增大，有细集料剥落（剥落质量将在后面阐述），反映了路面由凝冰造成的麻面状况。

1.4.4　凝冰对路面结构的影响

为分析凝冰对沥青混合料本身组成结构的影响，对扎南段路面钻取芯样并进行室内试验分析。取芯原则为：芯样须足够代表凝冰后的路面状况，在所选路段内约 250m 取一个断面，在每个断面的行车道的一侧轮迹带、两轮迹带中间以及应急停车带三处分别钻取 1 个直径 100mm 的面层芯样。首先确定凝冰对沥青路面的影响层位，然后根据芯样试验分析凝冰对沥青混合料上面层厚度、级配、沥青含量等指标的影响。

1. 层位分析

1）凝冻温度对沥青路面影响深度计算

根据传热学中半无限大物体非稳态导热的计算方法，分析凝冻天气温度对沥青路面的影响深度。设初始温度 $t_0=5℃$；后突受凝冻天气侵袭，地表温度降至 $t_w=-5℃$，并持续 $\tau=10\text{h}$；影响最深处的温度 $t(x,\tau)=0℃$；路面表面有水和结冰情况下的沥青混合料热扩散率 a 范围取为 $(0.6\sim1.1)\times10^{-6}\,\text{m}^2/\text{s}$。由此计算可得凝冻温度对沥青路面的影响深度为 $14.1\sim19.1\text{cm}$，对于所选的贵遵高速公路扎南段路面结构来讲，主要影响到路面沥青面层结构。

2）凝冰对不同层位混合料影响

由于通常情况下凝冻天气温度仅影响到沥青路面的面层结构，本节仅分析凝冰对沥青面层不同层位混合料的影响。针对所选凝冰损坏典型路段及其对比路段不同位置的面层芯样，主要分析中、上面层混合料体积指标受凝冰的影响，得到如下结果。

（1）由于交通荷载对行车道路面的压密作用，各面层轮迹带处混合料毛体积相对密度和沥青饱和度最大，轮迹带中间次之，紧急停车带最小，空隙率和矿料间隙率呈相反规律。

（2）未受交通荷载作用的停车带处，质量良好的路段上面层混合料相对密度比质量较差路段的相对密度大 0.088，空隙率小 2.9%，矿料间隙率小 0.47%，沥青饱和度大 0.4%；而中面层好、差路段各体积指标相差都很小。由此说明，上面层混合料各体积指标受路面凝冰损坏影响明显，而中面层及以下受其影响较小。

（3）不同位置上面层混合料级配存在较大差异，停车带处级配与竣工资料相比，大部分筛孔通过率都不同程度降低，减低幅度最大的是 2.36mm，通过率降低 6.8%，说明有细集料剥落，级配变粗。

（4）轮迹带和两轮迹带中间的上面层混合料级配较接近，但两者 1.18mm 以上筛孔通过率都较竣工资料和停车带低，粗集料降低幅度较细集料明显，相差最大的是轮迹带中间的 9.5mm 通过率较停车带低 9.5%。说明交通荷载作用会明显加剧细集料剥落，导致上面层混合料级配变粗。

（5）不同位置的中面层混合料级配波动很小，基本与设计吻合，也说明凝冰对中面层混合料级配影响较小。

以上分析说明尽管发生凝冻灾害时的温度能够影响到沥青路面下面层，但由于实测路面基本都不渗水，水很难渗到中、下面层对混合料起冻融破坏作用。因此，凝冰对沥青路面的破坏作用主要发生在上面层，对中、下面层影响较小。

2. 质量损失

由上述分析可知，沥青路面上面层受凝冰影响最大，而且行车道损坏较应急停车带严重很多，所以着重对沥青路面行车道上面层混合料进行分析。

沥青路面经历凝冰后，应急停车带和行车道上面层的厚度存在一定差别。该厚度差别主要由两部分组成：一是交通荷载对行车道沥青混合料起到压密作用，导致厚度减薄；二是由凝冰和交通荷载共同作用导致行车道上面层集料剥落、形成麻面和松散等病害，导致厚度减薄。交通荷载对路面的压密作用不会导致混合料损失、造成质量变化，行车道的混合料质量损失均是由集料剥落造成的。

由试验结果可知：所有检测桩号行车道的两处上面层混合料质量比停车带都有不同程度的损失，且大部分检测桩号的轮迹带处较两轮迹带中间质量损失得更为明显。原因是交通荷载对路面的冲击、挤压、搓揉作用及动水冲刷作用加速了沥青路面轮迹带处集料剥落，厚度损失更严重。

另外，检测发现各桩号路面的行车道上面层混合料质量的损失离散性较大，但与相应停车带上面层混合料空隙率等体积指标有较好的线性关系，停车带上面层混合料密度越小、空隙率越大、矿料间隙率越大、沥青饱和度越小，相应行车道混合料质量损失越严重。

3. 集料和沥青损失

上述研究表明，凝冰和交通荷载作用会导致沥青路面上面层集料剥落、厚度减薄，那么，上面层混合料级配和沥青含量势必会因此发生变化。因此，对该路段不同位置上面层混合料进行抽提和筛分试验，分析凝冰破坏作用对混合料级配和沥青含量的影响。

由试验数据可知，路面停车带上面层混合料的实测沥青含量较竣工资料约低0.3%～0.5%。分析原因：一方面，由上述调研可知，凝冰作用会导致沥青路面表面层沥青膜剥落、集料裸露，沥青含量减少；另一方面，可能是施工变异性所致。此外，虽然轮迹带和两轮迹带中间处的集料剥落情况比停车带严重很多，但混合料的沥青含量却相差不大，观察可知剥落的集料表面凹陷处也带有部分沥青砂浆，且造成一定的沥青损失，因此混合料中沥青所占质量比例相差并不大。

1.4.5 凝冰损坏形式及特点总结

通过对比分析现场沥青路面凝冰前、后主要性能指标的变化，结合室内芯样试验结果可知：

（1）沥青路面凝冰损坏形式表现为路表面沥青膜剥落，集料裸露、剥落，形成麻面和松散等病害；桥面受凝冰损坏作用较普通路面稍严重。

（2）凝冰使沥青路面损坏状况加重、平整度下降、结构强度受其影响较小，构造深度稍有扩大，宜采用构造深度来表征凝冰对沥青路面的主要影响。

（3）凝冰温度主要影响到沥青路面面层结构，对上面层混合料影响较大，对中、下面层混合料影响较小。

（4）行车道由于凝冰和交通荷载作用导致上面层集料剥落、质量损失、厚度变薄，单位面积质量损失量与相应停车带上面层混合料空隙率、矿料间隙率和沥青饱和度存在较好的线性关系。混合料越密实，质量损失越小。

分析以上原因，发生凝冻天气时路面温度一般在 0℃附近区域，温差较小、且一昼夜就可完成一次高、低温循环，而水和冰在温度 0℃附近体积变化最大，对路面的破坏作用也最为严重。浸入到路表层空隙中的水随温度变化反复发生相变，对空隙周围沥青砂浆产生冻胀力作用，使砂浆性能下降；同时，水会渗至沥青结合料与集料界面，界面黏结能力下降，进而导致细集料剥落形成麻面等病害。另外，交通荷载及其产生的动水冲刷力反复作用，加剧了凝冰对混合料的破坏，使得行车道麻面等病害更为严重，平整度等指标也随之下降，严重影响路面的使用性能。

此外，对比以上凝冰前、后的路面损坏状况，还发现路面原有的坑槽、裂缝等病害在凝冰之后变得更为严重；甚至在原有拥包、推移等病害的基础上产生新的松散病害。对于已有坑槽、裂缝、拥包和推移等病害的路面，水更容易进入沥青混合料的空隙和缝隙中，反复凝冻会使水对路面造成的破坏作用更严重。因此，凝冰作用会加剧沥青路面坑槽、裂缝、拥包、推移等既有病害。

通过对比分析沥青路面遭受凝冰后的行车道单位面积质量损失相对大、小路段的现场检测结果，结合室内试验分析可知，混合料空隙率、矿料间隙率和沥青饱和度，以及集料表面沥青膜厚度等都会对其抗凝冰损坏能力产生影响；集料密度、强度与沥青的低温黏结性等性质，也都会影响到混合料抗凝冰损坏能力。

1.5　除冰措施的危害

传统的除冰措施会对路面及附属构造物，以及其周边环境造成一定的损伤和影响，具体如下所述。

1.5.1　除冰雪措施会对路面及附属构造物造成的损伤

1. 路面及附属构造物造成的损伤

盐类融雪剂降低沥青对于集料的黏附能力，造成钢筋严重锈蚀，影响桥梁结构物强度和使用寿命（图 1.13）；混凝土的强度受融雪剂中氯离子的影响，钢筋混凝土中钢筋表面有比较稳定的 Fe_2O_3 等钝化膜，但氯离子会破坏其钝化膜，且融雪剂中的氯离子降低了钢筋界面的电位，形成"腐蚀电池"，从而大大降低了钢筋的寿命，给路、桥附属设施造成了严重的负面影响。

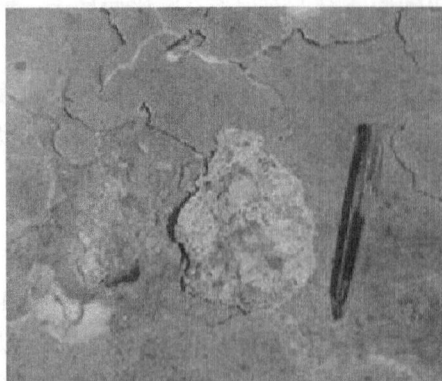

（a）盐对路面的损坏　　　　　　　　　　　　（b）盐对附属构造物的损坏

图 1.13　融雪剂对路面及附属物的损伤

2. 凝冰期间车辆防滑措施对路面造成损伤

1）路面损伤

机械除冰雪也将造成路面损伤（图 1.14）。凝冰期间为了增加轮胎与路面的摩擦力，使用防滑链对路面造成的连续带状损伤，如图 1.15 所示。

图 1.14　除冰机械对路面造成路面损伤　　　　图 1.15　防滑链对路面造成的连续带状损伤

2）对交通的危害

融雪剂融雪后会留下黑黏的残雪，不仅会污染环境，还会对行人、行车构成威胁。当存在残雪的情况下，汽车在 40km/h 时采取紧急制动，将出现打滑现象，给交通造成严重压力。以历年的北京交通统计为例，通过撒布融雪剂，积雪基本融化完后，汽车追尾交通事故明显增加。

1.5.2　环境影响

1. 生理干旱

植物通过根部以吸收养分和水分并传送至树叶的末端，当采用撒布融雪剂除雪，积雪融化后，盐水渗入地下，给植物造成一种水逆境，使其生长速度明显下降甚至死亡，融雪剂对植物生长的破坏如图 1.16 所示。过多的盐分会导致植物的光合作用、呼吸作用及蛋白质的代谢降低，会导致 PEP 羧化酶与 RuBP 羧化酶活性降低，影响生长速率。

图 1.16　融雪剂对植物生长的破坏

2. 对地表径流的影响

通常融雪剂撒布之后会跟随雨水与排水排入河流湖泊中，会破坏原水体的电离平衡，渗透到地下水中也会造成对饮用水的影响，直接影响人体健康。

3. 对土壤的影响

传统融雪剂的主要成分是氯化钠，在随着融化后的冰水渗入到土壤中后，钠离子会置换土壤内含有的镁、钾等离子，改变其酸碱度，影响土壤的渗透性。

第 2 章　凝冰形成原理及除冰机制

2.1　凝冰抗滑和冻融研究现状

2.1.1　国外研究现状

自 20 世纪 70 年代以来西欧各国开始研究抗凝冰路面。1974 年在奥地利勃兰纳尔（Brenner）的欧洲桥上出现第一个试验路段，之后在奥地利、德国、瑞士、瑞典、美国、加拿大等地相继修建试验路段。据不完全统计，1978 年前西欧已建有 25 000m² 试验路面，到 1980 年已发展到 86 个试验路段，合计 465 000m² 抗凝冰路面。此技术适用于新建或改建的沥青混凝土路面、水泥混凝土路面加铺抗凝冰上面层。

国外对凝冰路面行车安全抗滑技术的研究始于 20 世纪 20 年代，英国的运输和道路研究室（Transport and Road Research Laboratory，TRRL）是世界上最早从事路面抗滑研究的机构之一，其研究发现潮湿路面发生交通事故同路面滑溜程度存在一定的关系，由此开发了抗滑性能测试设备。

1949 年，国际道路会议中心成立了路面滑溜及平整度技术委员会，研究深度已从一般路面结构扩展到多学科交叉领域，如薄层摩擦学、固体表面化学、空气动力学、环境检测与控制和人造集料等。

1959 年，第一届路面防滑的国际会议在美国弗吉尼亚州（Virginia）的夏洛茨维尔市（Charlottesville）举行，各国的路面防滑标准逐步形成，测试手段也在不断发展。

1967 年，第十三届国际道路会议常设协会（Permanet International Association of Road Congressed，PIARC）专门设立防滑技术委员会。此后，历届国际道路会议都有路面抗滑性能的专题报告。1968 年，柏林技术大学举办了潮湿状态下道路的抗滑性能与交通安全国际研讨会。

1973 年，TRRL 发表了国家抗滑标准（水准）指南 LR510，1976 年英国公布了技术备忘录 H16/76。该备忘录根据公路设计类型及交通量规定了新建沥青面层骨料性质和构造深度的要求，并进一步考虑对运营中的干线公路采用潮湿抗滑标准的可能性，只是由于当时的干线公路网上的抗滑水平和由事故危险所带来的经济损失等方面的数据不足而未被采用。1976 年美国国家高速公路和交通运输协会（American Association of State Highway and Transportation Officials，AASHTO）颁发的有关文件证实了路面抗滑性的重要性，并提出了路面摩擦管理。美国国家合作公路研究计划（National Cooperative Highway Research Program，NCHRP）在其

Project01-43 中研究了路面摩擦管理的规则和路面摩擦设计的程序，但是该项目没有考虑冰雪路面[2]。

1977 年 5 月，第二次国际防滑会议在美国俄亥俄州召开，掀起了路面抗滑研究的热潮。路面研究委员会成员指出：对于沥青路面的抗滑问题，除了考虑摩擦系数这一项指标，还应当考虑诸如路面表面结构、几何形状、交通性质、车辆速度等其他因素。会议还更深入地讨论了路面表面特性，如路面构造、噪声、反光等。

1983 年，在澳大利亚悉尼召开了第十七届世界道路会议，澳大利亚、日本、丹麦、匈牙利、瑞士、挪威、瑞典、南非、波兰等国家相继提出了路面抗滑标准的建议。但是，这些国家在控制防滑路面修建的控制指标和检测工具却不尽相同。

1984 年，英国集料建筑材料工业（British Aggregate Construction Materials Industry，BACMI）所组织的调查指出沥青路面的抗滑性能和耐久性之间存在矛盾，因此，BACMI 建议在修建路面的过程中必须保证沥青路面的密水特性或者设置排水层。

第十八届国际道路会议柔性路面委员会指出，在提高沥青路面的抗滑能力的前提下，首先应当考虑的是材料的性能；然后是路面的构造；最后是施工技术。这次会议的结论为改善沥青路面抗滑性能提供了明确的研究思路。

1992 年，国际道路会议常设协会（PIARC）在美国和欧洲的 54 个路段上，对 51 种路面抗滑性能检测设备进行对比与协调试验，探求各种测试仪器之间的相互关系并建立了国际摩擦指数（IFI），并用速度值 S_p 来表示轮胎滑动速度对摩擦系数的影响程度，还充分肯定了速度值 S_p 是宏观构造对表面摩擦影响的一个量度。1994 年 Rado 在 PIARC 的摩擦模型上考虑了最大摩擦值的行为状态，建立了 Rado 摩擦模型（被称为改进的 IFI 模型）。

1993 年，美国公路战略研究计划（Straitegic Highway Research Program，SHRP）Superpave 沥青混合料的设计方法初步完成，为研究抗滑性能优良的沥青混合料提供了一种新的思路。

1995 年，加拿大运输部门和美国国家航空航天局（National Aeronautics and Space Administration，NASA）为了研究道路表面特性与飞机操作性能之间的关系签订了学术合作备忘录，该备忘录倡导利用 5 年时间对道路摩擦性能进行测量，后来得到北美和欧洲的其他组织的大力支持，一个各国共同努力的项目"联合冬季道路摩擦力测量项目（JWRFMP）"于 1996 年正式成立。该项目又经过了 5 年时间的研究，在文献[3]中可以看到 JWRFMP 项目的概要。JWRFMP 的目标是提出一个包含飞行系统的各种相关因素的国际道路摩擦指数（IRFI）。1999 年 Arman Norheim 等描述了冬季运动区域的飞机轮胎的接触摩擦系统和操作系统。

1998 年，Kokkalis 和 Panagoli[4]利用分形数学理论精确地描述了潮湿路面和破损路面的表面构造，并利用分形维数对这两种路面条件下的抗滑性进行了评价，最后得到了满意的结果，证实了分形理论在路面抗滑性能评价中的潜力。

2002 年，Kokkalis 等[5]采用分形维数描述了沥青路面微观形貌，并通过试验数据分析了在路面磨光、湿化条件下沥青路面纹理深度与分形维数间的对应关系，从而实现根据路面形貌分形维数评价摩擦系数，并为定性和定量的分析路面构造对路面抗滑的影响程度提供理论基础，为提出有效的路面抗滑措施提供了指导。

2003 年，Flintsch 等[6]根据试验数据建立了平均断面深度，断面平均波长与静态摩擦系数及平均断面深度，以及沥青路面形貌均方根偏差与路面微观形貌参数决定的回归参数的回归数学模型。

21 世纪以来，世界各国在路面安全行车方面取得了丰富的研究成果，探讨了影响轮胎与路面间摩擦系数的因素，并研制出了多种抗滑性能检测设备和多种抗滑表层。其中，抗滑影响因素包括路面（宏观构造和细构造、路面平整度、材料化学性质、温度等），表面污染物（化学特性、污染浓度、比热容、黏性等），轮胎（花纹、轮胎材料组成、花纹、滑移速率等）；抗滑性能检测设备包括英国 TRRL 研制的 BPT 和 Douglas 公司生产的 MU-METER，日本的 DF 测试仪，欧美的制动力系数（BFC）测试仪、横向力系数（SFC）测试仪、Grip Tester 摩擦系数仪，瑞典的 SFT、BV14，芬兰的 TIE475，挪威的 ROAR 等；抗滑表层包括：传统连续级配 AC、AK 类，德国的粗集料断级配沥青玛琋脂碎石，英国的细集料断级配热压式沥青混凝土，美国的多孔隙沥青混凝土。

在近几十年间，道路工程研究者不再仅仅局限于对抗滑性能及其影响因素的研究，而是从多尺度出发，将宏观现象和微观机理相结合，探究其影响规律。

凝冰对沥青路面的损伤主要体现在冻融对沥青混合料的破坏。从 20 世纪后期开始，研究人员就对沥青混合料在冻融作用下的性能变化展开了研究。

20 世纪 70 年代，洛特曼（Lottoman）为了模拟沥青混合料在自然条件下受到水的作用情况，设计了冻融循环的方法来模拟这种情况，并检测冻融作用后的沥青混合料的劈裂抗拉强度和模量，并以两项指标的变化来比较沥青混合料受到冻融破坏的程度，这种方法后来被称为"洛特曼"试验。

20 世纪 80 年代，美国科学家康泰尔（Kandhal）在洛特曼试验的基础上，不仅采用了冻融循环的方法，还通过控制饱水率对沥青混合料进行了研究，从而更好地模拟了自然条件下的路面状况，这种方法即后来的 AASHTO T283。

20 世纪 90 年代，美国公路战略研究计划提出了一种能更好模拟自然条件的新方法——环境条件系统（environmenial conditioning system，ECS）[7]。因为在自然条件下，沥青混合料不但受到水和温度的作用，还承受着荷载的不断作用，所以这种方法对在冻融循环作用情况下的沥青混合料试件持续施加着 900N 的动载作用。这样 ECS 就达到了模拟沥青路面承受温度、湿度和荷载的综合作用的目的。在试验结束后，用沥青混合料的透水性和抗压回弹模量来评价其受到破坏的程度。

2001 年，马丁·麦凯恩（Martin Mccann）采用超声波能来减速模拟温湿对沥青混合料的影响，在试验结束后分析了沥青混合料的抗剥落特性，并在 18 次冻融循环作用后检测了试件的劈裂抗拉强度，对这两项指标进行了相关性分析，效果很好[8]。

21 世纪以来，随着科学技术的不断发展，基于数字图像处理 CT 技术、生物降解技术等新兴技术的交叉研究，给予了凝冰研究更多的方向和思路，有利于更好地探究冻融和凝冰机理。

2.1.2　国内研究现状

我国对凝冰沥青路面行车安全技术的研究起步比较晚，在 20 世纪 70 年代初期，才开始探讨沥青抗滑面层的铺筑，为了改善抗滑性能很差的油渣路面，初步提出了渣油路面率产系数标准。

1980 年交通部公路科学研究所研制了第一台自主研发的测定摩擦系数的摆式仪，随后被纳入相关的行业技术规范和规程。1981 年，交通部公路科研所提出了研制石料加速磨光机和开展道路交通事故调查研究的课题，并通过对 7 个省 5 000 余千米干线油路上的 1 000 余个事故路段进行调查，从而建立了沥青路面的抗滑标准及指标体系。

1983 年，交通部组建了由江苏、四川、广东、北京、辽宁、云南 6 省、直辖市参加的沥青路面石料抗滑性能研究的攻关组。"七五"国家攻关项目"高等级公路半刚性基层沥青路面结构设计和抗滑表层研究"首次较为系统地研究了沥青路面抗滑问题。通过调查交通事故路段和路面石料，制订了我国抗滑表层用集料技术标准，并推荐了 5 种抗滑表层的矿料级配，其中三种成为以前广泛使用抗滑表层 AK 系列级配的基础。

1987 年交通部提出了各等级沥青路面的抗滑标准，并以石料磨光值、路面摩擦系数、路面构造深度三项指标作为沥青路面抗滑性能的评价指标。

东南大学与江苏省高速公路指挥部通过对无锡试验路的筛选，提出了 AC-16B 型抗滑表层级配。沙庆林院士提出了介于传统的 AC-Ⅰ型级配和 AC-Ⅱ型级配间的多碎石沥青混凝土矿料级配，该种级配具有碎石含量高、沥青用量少的特点，在我国一些高速公路上得到应用。

2002 年高英等[9]、许松坤[10]借鉴 SMA 和 Superpave 的设计思路对 AK 结构进行调整，使其趋向于嵌挤、密实，从而提高了 AK 级配的密实性指标。

2006 年通过对全国 7 条高速公路和 9 万多个路面抗滑能力调查及交通事故的分析，在交通部"沥青路面抗滑标准"专题研究成果的基础上，制定了考虑年降雨量、公路等级差异的有关路面抗滑规范，提高了横向力系数测试车的测试速度，并制定了 SFC50 和 DF60 之间的换算关系。

2006 年谢静芳等[11]在实验室和实际路面上分别对高速公路路面行车安全与温度、路面状况及使用融雪剂等不同条件的关系进行测试和分析，指出路面行车安全因气温和路面状况不同而有很大差异，尤其是冬季的冰雪和低温天气，对路面行车安全的影响最为显著。

2007 年周须文[12]根据路面抗滑性能的实测资料，分析了路面抗滑性能的影响因子。他通过对路面抗滑性能与温度之间的关系进行统计回归，给出了各种标准路面抗滑性能（即路面摩擦系数）的一种计算方法，并得出了路面抗滑性能与摩擦系数之间的换算关系，提供了一种在不同气象条件下定量表征路面抗滑性能的方法。

2008 年赵战利等[13]分析了分形理论在级配评价中的作用和原理，在对常用抗滑级配分形特征参数求取和分析的基础上，提出了抗滑级配的双参数定量评价模式。他在他的博士论文中利用分形原理并通过断面分维数与抗滑机理之间的一致性分析，提出采用断面分维数作为抗滑性能的分形评价指标。

2008 年黄宝涛等[14]通过试验建立了沥青混合料分维数与路面表面抗滑性能的联系，该方法能定量分析沥青混合料宏观抗滑路用性能。郑木莲等[15]根据摆式仪与 SAFEGATE 公司的摩擦系数测试车在选取路段的测试结果得出纵向摩擦系数可以很好地表征路面抗滑性能。朱从坤等[16]对冰雪路面的危害、产生原因及行车安全影响因素进行了系统分析。

我国对路面行车安全在抗滑性能方面的研究已经有 40 余年历史，也取得了一些成果，但与国外相比还存在着差异，与我国道路建设现状也存在着较大的差异性，明显滞后。当前我国道路工作者已经认识到凝冰条件下行车安全的重要性，但与国外相比，我国对路面性能与交通安全关系的综合研究较少，对路面行车的研究和应用没有将道路路面性能与交通安全有机地结合起来，对不同路面行车安全衰减规律、路面抗滑性能与交通事故等方面，缺乏必要的调查和研究。

2.2　路面凝冰机制

2.2.1　凝冰定义

水在 0℃或低于 0℃时凝结成的固体为冰，积冰为凌。冰凌是水在路面表层结冰的一种状态，广义上讲冰凌分为积雪冰凌、路表水冰凌以及冻雨冰凌。积雪融化冰凌常常发生在北方地区，主要是路面积雪受温差及交通作用使得白天部分积雪融化，晚上因温度降低发生的冰凌，具有"持续时间较长、较易清除"的特点；路表水冰凌则是白天降落的雨水覆盖在路表，因晚上温度降至冰点以下而在路面形成的一种冰凌，表现为"持续时间短、厚度薄、难以铲除"等特点；而冻雨冰凌则区别于前两者，具有"分布范围广、持续时间长、厚度薄、难以铲除"等特点[17-18]，是我国西南高原潮湿山区常见的一种自然灾害。

2.2.2　凝冰形成机制

1. 积雪冰凌

我国北方地区每年的春融期，由于白天气温高于 0℃，冰雪融化，夜晚气温又低于 0℃，水又再次结成冰，在路面产生凝冰现象。冬季我国南部大范围地区的白天气温一般在 0～5℃，夜晚最低温度在 0℃左右，极端最低温度往往在-8℃左右，而凝冰的出现是因为降雪之后雪会很快融化并且结冰。如果持续较长时间低温降水，则会反复结冰形成冰的"生长"。有结果显示，路面表面凝冰层厚度可达到 20cm。

2. 冻雨冰凌

冻雨是我国初冬或冬末春初时节见到的一种天气现象，它是在较强的南下冷空气遇到北上的暖湿气流时，冷空气下插在暖空气的下方，近地层气温骤降到 0℃以下，湿润的暖空气被抬升，并成云致雨。当雨滴从空中落下来时，由于近地面的气温很低，一般低于 0℃，此时将在电线杆、树木、植被及道路表面都会冻结上一层晶莹透亮的薄冰，气象学上把这种天气现象称为"冻雨"，此时覆盖在路表所形成的一薄层冰层，即"冻雨冰凌"。西南地区的冻雨冰凌具有"分布面积广、厚度薄、硬度高、难以铲除"等特点，冰凌灾害将对道路交通及广大人民的生命和财产安全造成不同程度的损害。

关于冻雨的形成机制早在 20 世纪 80 年代就引起了国内外学者的广泛关注[19-24]。国外对冻雨的研究起步较早，有关研究人员利用美国 48 个测站 10 年的探空观测等资料进行相态识别，对冻雨出现时的天气环流形势及冻雨出现的地理位置分布等进行了研究。研究发现，冻雨发生的机制有两种。一种是暖雨机制，即大气温度垂直结构呈上下冷、中间暖的状态，自上而下分别为冰晶层、暖层和冷层。固态冰晶或雪花在降落过程中的暖层内融化为液态，当液滴到达冷层时冷却到 0℃以下，保持为过冷却状态，碰到地物或地面即发生冻结。暖雨机制如图 2.1 所示。另一种为冰相机制，即大气垂直结构没有温度大于 0℃的暖层，整层温度小于 0℃，雨滴以过冷却水形式降落到地面冻结。冰相机制如图 2.2 所示。

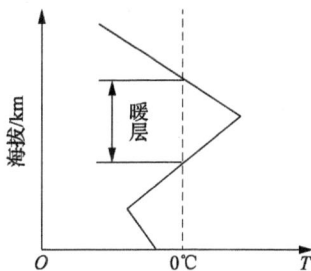

图 2.1　暖雨机制　　　　　　　　　图 2.2　冰相机制

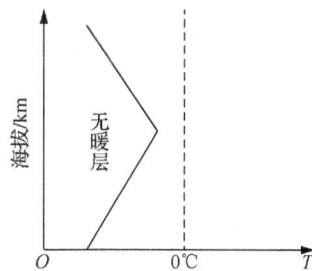

同时，有关研究人员还利用探空资料分析了冻雨发生时大气的温湿结构，通过设定一些特征参数（云顶温度、暖层厚度、冷层厚度和地面温度等），对降水相态（液态、过冷水和固态）进行识别。Rauber 等[25]通过对 25 年的探空资料进行统计研究，发现暖雨机制的冻雨占总数的 47%，同时对各类冻雨出现的区域和天气形势进行分析，发现不同的天气背景和不同的地理位置对冻雨机制影响很大。

国内研究大多从环流形势和影响系统的演变角度出发，研究冻雨出现的天气形势，以及对冻雨发生时的各种物理量场进行分析。叶茵、严小冬等[26-27]对贵州冻雨发生的时空分布进行了分析，结果表明，贵州冻雨区主要集中在其西北部，冬季冻雨空间分布特征和时间演变规律主要受海拔、相对高度、迎风坡、背风坡、静止锋区、冷空气厚度和不同高度冷空气活动等多种因素的综合影响。李登文等[28]针对 2008 年初南方冻雨，利用威宁和贵阳两站的多年探空观测记录，根据逆温层的温度特征，将贵州的冻雨垂直结构分为"单层结构"和"二层结构"。贵州西部以没有融化层的"单层结构"为主，贵州中部"单层结构"和"二层结构"均存在等。可以看到，2008 年以来国内关于凝冰的研究有很多，在解释这种天气现象的时候，大多从天气成因出发，过多地强调逆温层中暖层的融化作用，我国不同地区的凝冰到底是冰相机制还是暖雨机制，尚未有深入的研究。

为解决上述问题，南京信息工程大学欧建军等[29]研究了我国冻雨的时空分布及温湿度结构特征，按照两种冻雨形成机制，分别对 2008 年 1 月至 2010 年 4 月我国一些典型城市站点的冻雨形成机制进行统计，如表 2.1 所示。

表 2.1 不同站点两种冻雨机制统计

站点	纬度/（°）	经度/（°）	海拔/m	冰雨出现次数		总次数
				冰相机制	暖雨机制	
沈阳	41.7	123.5	49.5	1	0	1
郑州	34.7	113.7	111.3	1	0	1
南阳	33.0	112.6	130.7	3	0	3
南昌	28.6	115.9	49.3	3	1	4
怀化	27.6	110.0	262.0	5	3	8
郴州	25.8	113.0	187.1	1	5	6
威宁	26.9	104.2	2 239.1	6	93	99
大方	27.2	105.6	1 704	4	67	71
贵阳	26.6	106.7	1 224.3	12	19	31
峨眉山	29.5	103.3	3 047	14	27	41
泸州	27.6	105.8	203.8	4	18	22
镇雄	27.4	104.9	1 668	8	12	20

表 2.1 给出了 12 个出现冻雨的经纬度及海拔信息，同时将两种机制的冻雨出现次数分别进行了统计。可以看到，冰相机制的冻雨为 62 次，占总数的 20.1%。

我国北方（>30°N）冻雨比南方少，而且以冰相机制的冻雨居多，冻雨产生的机制比较单一；南方（<30°N）冻雨两种机制皆有（除赣州外），海拔越高产生暖雨机制的可能性就越大（威宁、大方、贵阳），尤其是威宁，99 次冻雨中暖雨机制占了 93 次，约占 94%，几乎全部为暖雨机制的冻雨，地域和海拔对冻雨产生的机制都有影响。

按照凝冰形成的机制，我国西南地区的凝冰主要受冬季暖湿气团的相遇而形成，在空气层中呈现"冷—暖—冷"等结构层。据不完全统计，我国西南山区冬季的凝冰 80%以上都是暖雨型凝冰。另外，对通过云南东北部（接壤贵州地区）的气象分析发现，冰凌的形成不仅受冷暖结构层次的影响，也受冷暖气团厚度的影响，图 2.3 给出了冻雨冰凌的形成示意图。

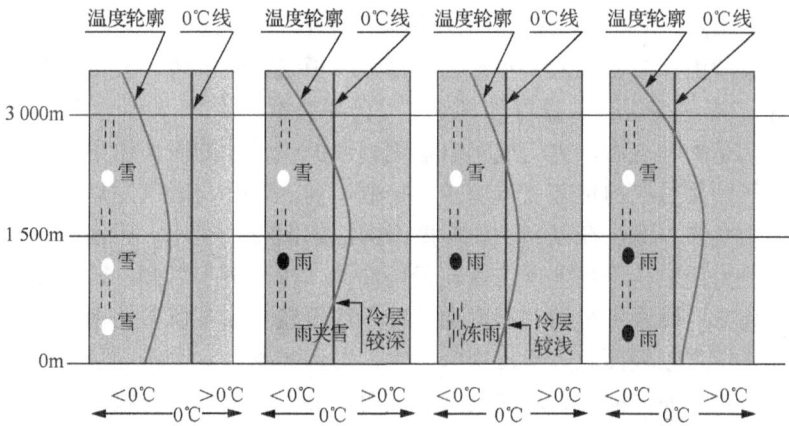

图 2.3　冻雨冰凌形成示意图

根据温度可以将云层划分为暖云和冷云，暖云的温度大于 0℃，冷云的温度低于 0℃。当云滴成长到一定大小时，就不能停留在天空而降落下来，从而产生降水。根据不同海拔的云层温度，降水形态可以分为雪、雨夹雪、冻雨及雨等。

按所处的高度不同，通常分为如图 2.3 所示的三种不同类型：冬季地表高度 3 000m 以上的空气层为凝雪层，温度低于 0℃；在 1 500～3 000m 范围内通常存在温度略高于凝雪层的较暖气层；近地面 1 500m 以内为地表空气层。由此可知，在离地面不同的高度，空气层的温度有所不同。

当在温度稍低于 0℃的凝雪层中形成的水滴、冰晶和雪花，从高空掉下来时，在进入 1～4℃的较暖气层后会变成液态水滴，随后进入温度稍低于 0℃的地表空气层后开始发生冻结并形成过冷水滴，这种过冷雨滴一旦降到温度低于 0℃的地面或地物上，立即冻结成冰，形成一层密实光滑的、有时是透明的玻璃状冰壳，这就是所谓的"冻雨"。这种凝聚在路面的"冻雨"即为路面的凝冰。

因此，西南地区路面冰凌形成应具备以下三个必要条件。

（1）降水的条件形成。

（2）空气层存在"冷—暖—冷"空间分布结构。

（3）地面温度小于0℃。

3. 云贵准静止锋

云贵准静止锋又称昆明准静止锋，是一个在云贵高原的大气现象，主要由变性的极地大陆气团和西南气流受云贵高原地形阻滞演变而形成，云层低而薄，易形成连阴雨天气。

在冬半年（11月至次年4月），云南高原上一般由干暖的大陆气团所占据，吹着温暖的西南气流，但在冬季西北风的带领下，西伯利亚的冷空气常不远万里南下而来。不过，其来到云贵高原便遇到了困难：一是这里平均海拔约2 000m，滇东北的乌蒙山，滇西北的大小凉山，形成一道道天然屏障，云贵准静止锋如图2.4所示；二是因为经过长途跋涉，冷空气已经势单力薄，"人困马乏"，要翻越云贵高原可谓是力不从心，更何况来自盘踞当地的暖气团的阻挡也不容忽视。如此一来，冷气团只得在山坡前放慢脚步，徘徊不前，最后与暖气团划界而居，这个冷暖气团相交的界面，在气象上就叫做锋面，如图2.5所示。锋面的位置自然是依据双方势力而定，平均地理位置在云南沾益、贵州威宁以西，云南昭通以南，昆明的东北方，锋面常呈西北东南向。锋后冷气较重而下沉并向南融入暖空气底部，锋前暖空气较轻而爬升于冷空气之上。可以想象，这个锋面从下到上是向东北方向倾斜的，而锋面附近冷暖空气激烈对流的结果就是成云致雨，锋面处"冻雨"形成如图2.6所示。由此出现了锋后贵阳等地阴雨寡照、锋前昆明一带阳光充足的现象。这个锋面每年的维持时间平均为1个月，长时可达46d，因此，昆明与贵阳的年平均日照时数相差竟达1 115.6h。冬半年云贵高原上的这一重要天气系统就是云贵准静止锋。

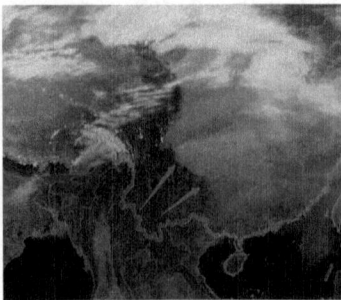

图2.4　云贵准静止锋

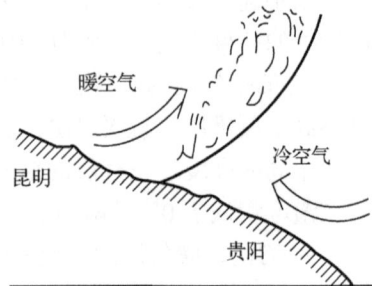

图2.5　锋面

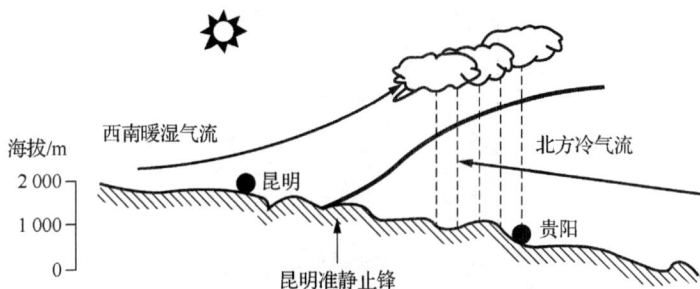

图 2.6　锋面处冻雨形成

冻雨是云贵准静止锋引起的一种天气现象。当较强的冷空气南下遇到暖湿气流时，冷空气像楔子一样插在暖空气的下方，近地层气温骤降到零度以下，湿润的暖空气被抬升，并成云致雨。

4. 水滴凝冰的分子动力学计算

水滴凝结成冰，是一个很普遍的自然现象。然而，作为依托于计算机的分子动力学模拟的难度很大，源于水分子中氢键的无序而构建成的三维氢键网络及遍布于内部的复杂能量分布。因此，在分子动力学模拟中实现真实状态的水凝冰之后的均质冰结构，是一项很艰难的计算任务，实现均质的凝结结构是不确定的随机事件。

赵晓华[30]运用 Materials Studio 材料计算软件的 Visualizer 和 Amorphous Cell 模块，建立了 512 个水分子的晶胞模型，应用周期性边界条件和最小镜像原理，采用 NPT 系统，压力为 0.001GPa。根据文献[31]、[32]的研究结论，采用逐步降温的方法，时间步长为 1fs，恒温恒压方法分别为 Anderson 方法和 Berendsen 方法。

模拟系统中水分子的初始位置采用面心立方排布方式，初始速度满足麦克斯韦-玻尔兹曼（Maxwell-Boltzmann）分布，在模拟中，采用了改进 Verlet 算法进行数值求解，并采用了周期性边界条件和最小镜像原理。

分子动力学计算中，每一步的坐标和速度信息都随着时间不断变化，从而表征系统中原子的运动途径，即称这些原子的运动途径为运动轨迹。计算中原子的运动速率反映出的是原子运动的快慢与方向，每隔一定迭代步存取系统中所有原子的坐标及速度以作为分析相关物理量之用，称为存取轨迹。水滴凝结过程如图 2.7 所示。

图 2.7 描述了水分子整个凝结过程。在开始凝结的初期，氢键结合构成的网状体包含有五环、六环的水分子构型，彼此间通过氢键连接起来。在后续的结晶过程中，尽管水分子的构型不断破坏并重新构成，但是整体已形成的水分子环形构型基本保持不变。

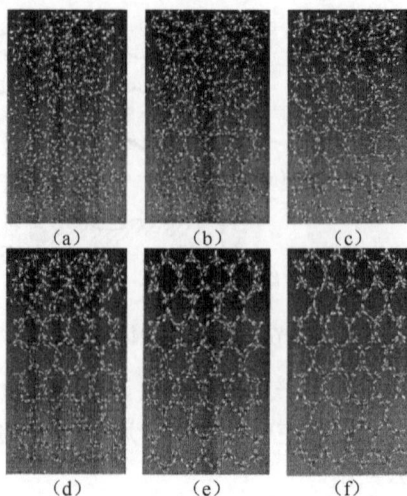

图 2.7　水滴（512 个水分子）凝结过程

图 2.7（a）为冰晶未形成的构型；图 2.7（b）的中下部正在形成冰晶的初始构型；图 2.7（c）、（d）中由持久的氢键自发形成的多面体结构逐步形成，这种多面体结构通过改变环绕在水分子周围的氢键，不断变化位置和形状；图 2.7（e）、（f）中大片的冰结晶通过转化它的氢键网络单元形成基本的六面环形冰晶构型，并渗透至体系的整个三维空间，在水溶液的凝冰过程中，一旦冰核形成，冰冻过程会一直持续下去，直至整个体系冰冻为止，此时体系的总势能快速衰减。在整个凝冰的最后阶段，体系经历了一个非常缓慢的凝结过程，一个由六面环形构成的形似"蜂窝"状的完整冰晶体逐步形成，贯穿于体系。此时总势能与之相伴随而衰减，且逐渐趋于振荡性稳定，形成的这种带有缺陷性的六面体构型完成了水滴凝冰结晶。

在凝结的初期，持久性氢键的数目持续性波动，并快速增长。随后，这些氢键中的大部分间隙性地出现形成了致密的氢键结构网络，与此相对应的是水分子的间歇性团体运动构成了体系中液态水分子的动力学重新排列。尽管持久氢键结构式相对稳定，但是它们却是随机散落存在，一般情况下，并不能形成一个巨大的稳定的结构体系，甚至于这些氢键结构还会再次快速消散。当一些持久性氢键结构出现在相同的位置的时候，就会形成一个多面体结构，如图 2.7（b）中发展成了一种稳定的初始冰晶核，这一结构的出现正是随机的氢键网络的动力学重新分布。

通过对水分凝冰过程的模拟发现，当水分处于低温液态阶段的时候，存在一个可促进初始晶核构型形成的低密度区域，这些低密度区域引起了晶核的湿润，低密度和液态水周围潮湿晶核相互匹配，促进了液态和冰晶态的氢键结构的形成，加速了冰晶化的进程，而局部结晶化释放的动能可以提供过剩能量去跨越存在于崎岖势能表面的能垒，进一步促进水分凝结成冰。

5. 溶液结晶机理

1）路面冰凌形成机理

路面冰凌的形成机理属于溶液结晶的范畴，由于大多数溶液的相变是非均质成核，且都具有成核-生长相变机理，当然凝冰的相变过程也存在"成核-生长"的相变过程。简单地说，可以分为两相区域的转变，可用"成核-生长"的过程来描述。从热力学条件考虑，均匀单相并处于稳定条件下的溶液，一旦进入过冷却或过饱和状态，系统就具有结晶的趋向[33]。

非均质成核即成核在异相的容器界面、异体物质（杂质颗粒）上、内部气泡等处进行。一般情况下，溶液总是存在于某一固体容器中，溶液中含有大量粒子颗粒，在一定的过冷状态下，依附在这些杂质颗粒或容器表面的非均质成核总会先于均质成核发生，使过冷溶液的过冷状态消除，因而结冰的发生总是由非均质成核引起的。如图 2.8 所示的冰凌的成核过程，水溶液的结晶核是在与水溶液液体相接触的固体表面上生成的，通过表面能的作用使成核的势垒减少。

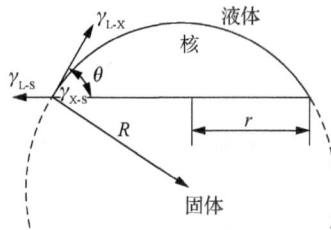

图 2.8　水液体-固体界面非均态核的生成

成核前后系统的自由能变化为

$$\Delta G_h = \Delta G_v' + \Delta G_s \tag{2.1}$$

式中：ΔG_s 为假设核的形状为球体的一部分，其曲率半径为 R，核在固体界面上的半径为 r，液体-核（L-X）、核-固体（X-S）和液体-固体（L-S）的界面能分别为 $\gamma_{L\text{-}X}$、$\gamma_{X\text{-}S}$ 和 $\gamma_{L\text{-}S}$，液体-核界面的面积为 $A_{L\text{-}X}$，形成这种晶核所引起的界面自由能变化是

$$\Delta G_s = \gamma_{L\text{-}X} A_{L\text{-}X} + \pi r^2 (\gamma_{X\text{-}S} - \gamma_{L\text{-}S}) \tag{2.2}$$

当形成新界面 L-X 和 X-S 时，液固-界面（L-S）减少 πr^2。假如 $\gamma_{X\text{-}S} < \gamma_{L\text{-}S}$，则 ΔG_s 小于 $\gamma_{L\text{-}X} A_{L\text{-}X}$，说明在固体上形成晶核所需的总表面能小于均匀成核所需要的能量，接触角 θ 和界面能的关系为

$$\cos\theta = \frac{\gamma_{L\text{-}S} - \gamma_{X\text{-}S}}{\gamma_{L\text{-}X}} \tag{2.3}$$

得到

$$\Delta G_s = \gamma_{\text{L-x}} A_{\text{L-x}} - \pi r^2 \gamma_{\text{L-x}} \cos\theta \tag{2.4}$$

式中，球状残核的表面积 $A = 2\pi R^2(1 - \cos\theta)$，与固体的接触半径 $r = R\sin\theta$；$\Delta G'_{\text{V}}$：因为 $\Delta G'_{\text{V}} = V\Delta G_{\text{V}}$，假设球的残缺的体积为

$$V = \pi R^3 \frac{2 - 3\cos\theta + \cos^3\theta}{3} \tag{2.5}$$

则有

$$\Delta G_h = V\Delta G_{\text{V}} + \gamma_{\text{L-x}} A_{\text{L-x}} - \pi r^2 \gamma_{\text{L-x}} \cos\theta \tag{2.6}$$

令 $\dfrac{\text{d}(\Delta G_b)}{\text{d}R} = 0$，得出不均匀成核的临界半径为

$$R^* = -\frac{2\gamma_{\text{L-x}}}{\Delta G_{\text{V}}} \tag{2.7}$$

代入上式，得非均质核化势垒为

$$\Delta G_h^* = \frac{16\pi\gamma_{\text{LX}}^3}{3\Delta G_{\text{V}}^2} \times \frac{(2 + \cos\theta)(1 - \cos\theta)^2}{4} = \Delta G_r^* f(\theta) \tag{2.8}$$

非均质成核的相变活化能与接触角 θ 有很大关系，对非均质成核，接触角越小，核化势垒越小，越有利于核的生成。

2）溶液过冷度

从热力学的观点出发，相变的发生必须使相变前后的自由能变化小于零。因为相变推动力 $\Delta G = \Delta H - T\Delta S$，在平衡时，$\Delta G = 0$，即 $\Delta H = T_0\Delta S$，$\Delta S = \Delta H/T_0$，那么在非平衡时 $\Delta G = \Delta H - T\Delta H/T_0 = \Delta H(T_0 - T)/T_0 = \Delta H\Delta T/T_0$，其中，$T_0$ 为相平衡温度，ΔH 为相变潜热，$\Delta T = T_0 - T$ 为过冷度。从上面的分析知道，相变结晶时 $\Delta H < 0$，要使 $\Delta G < 0$，只有当 $\Delta T > 0$ 时，结晶过程才能发生。这表明在该过程中系统必须"过冷却"，或者说系统实际温度比理论相变结晶温度还要低，才能使相变过程自发进行。不同溶液结晶所需的过冷度不同，对水溶液而言，溶液浓度太低或太高都对过冷度影响不大，在水溶液流量为 2m³/h、蒸发温度为-12℃状态下，其中灰尘等杂质的浓度为 3%、4% 和 5% 的水溶液结晶时对应的过冷度分别为 1.2℃、1.5℃ 和 1.6℃。

3）溶液相变过程

由于冰凌形成的初形态水不属于纯净的水，其中含有大量的灰尘等凝结核，其在形成冰凌的过程中温度随时间的变化规律如图2.9所示。溶液相变分为4个过程，即冷却期（A—B）、过冷期（B—C）、成核生长期（C—E）、生长完成期（E—F）。

（1）冷却期（A—B）。系统溶液从 A 点开始被冷却，温度单调下降。当被冷却到该溶液浓度下的冰点温度 B 点时，成核并未发生，而是继续冷却形成过冷态。最大过冷度取决于冷却速率、溶液浓度、外部扰动等因素。溶液的降温速度由传热速率控制，传热速率越大，冷却速率越快，过程时间越短。

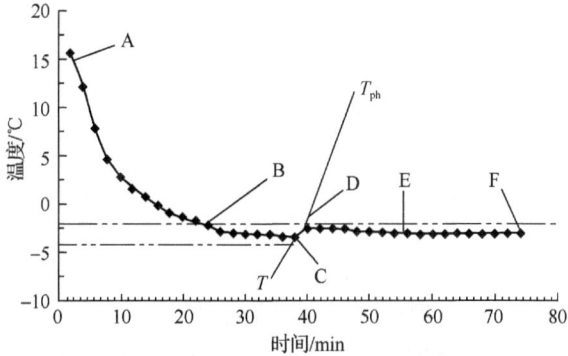

图 2.9　水结晶过程中温度随时间的变化规律

（2）过冷期（B—C）。过冷期是冰晶生成的酝酿期，在这一期间，溶液的温度变化很小。到达 C 点后，才有足够量的过冷度。（B—C）段为成核前的时间，称为引导时间，影响引导时间的参数主要有蒸发温度和结晶成核前的过冷度。

（3）成核生长期（C—E）。生长期是指溶液相变结晶的时期，也是冰晶的主要生成过程。（C—D）在很短的时间内有一个温度的跳跃，这是由于在此点附近，液体突然结晶凝固，放出大量热量，热量来不及完全导出，致使温度急剧升高。晶核形成后进入冰晶溶液的生长期，生长期温度稳定。

（4）生长完成期（E—F）。E 点以后，温度趋于平缓，表明生长过程已经结束，溶液结晶接近完成。

2.2.3　冰的物理力学性能

冰是由许多水分子汇聚而成的六方晶体。冰的力学性质受分子中氢键的脆弱程度、晶格的几何特性等的影响，在一定向力的作用下，其会呈现弹性、塑性或脆性状态。温度越低，冰晶空间格子的原子变位越困难，晶格也越坚固，冰的弹性、脆性性能越突出；反之，温度越高，冰的塑性性能越显著。在外力作用下，冰结构的变形是不可逆的。这是由于外力作用于冰晶体所消耗的功，一部分转化为温度升高产生的热融解能，另一部分转化为晶体的自由能[34]。

在外荷载作用下，冰体与其他物体一样呈现变形特性，其变形一般可分为弹性变形、塑性变形和脆性变形。冰的变形特性与冰的介质、温度、加荷速率、加荷方向及加荷时间等因素相关。在集中或均布荷载作用下，当垂直力比较小时，冰首先出现瞬时弹性变形，然后出现塑性变形。若垂直力或弯矩较大，等于或大于冰晶间的结合力或冰的极限强度后，冰则迅速发生塑性或脆性破坏。

有研究认为[35]，在冰的脆性破坏过程中，裂纹一旦出现即发生失稳扩展，并同时达到强度极限，其破坏主要是由于冰的局部失稳造成的，在破坏过程中，变形很小。冰的最终断裂是由于单个裂纹的灾变性扩展引起的，裂纹形核的方向成束状分布在主应力轴的周围。

路面表面的积冰厚度较小，且在结冰过程中受外界条件的干扰，如行车荷载的作用、灰尘等杂质的掺入等，其强度必然会低于纯净状态下的冰的强度。在车辆荷载的作用下，路面表面的冰层在瞬间承受较大的外力的作用，冰层内部产生较大的变形，当该变形值超过冰的极限破坏应变时，冰即会发生脆性破坏。

2.2.4　冰与路面的黏结力

道路凝冰和路面表面的黏结力是路面除冰的一个重要的参数指标，黏结力的强弱很大程度上决定了除冰的难易程度。决定凝冰与路面黏结力的因素大致有路面路表状况，冰层的厚度、温度，道路结冰方式。

1. 路面路表状况

沥青路面的路表状况分为宏观纹理和微观纹理，根据美国材料与试验协会（ASTM）按照路面的表面，以及参照平面间距离偏差的波长、振幅定义宏观纹理和微观纹理的方法，通常认为波长 1μm～0.5mm、振幅 1μm～0.5mm 的纹理为微观纹理；波长 0.5～50mm、振幅 0.5～20mm 的纹理为宏观纹理。沥青路面的路表状况对冰雪与路面的黏结作用有重要影响，微观纹理主要是指沥青胶浆和骨料表面的微小构造，主要由集料与胶浆特性决定，同时受到外界环境的影响；宏观纹理主要是由集料的粒径、外形及空隙所决定的，同时受到交通状况、路面使用时间和路面的施工工艺的影响。路面的宏观纹理对冰雪与路面的相互"嵌咬"起决定作用，宏观纹理越突出，冰雪与路面之间的"嵌咬"能力就越强，从而冰雪与路面的黏结力就越强。沥青路面的微观纹理与宏观纹理的示意图如图 2.10 所示。

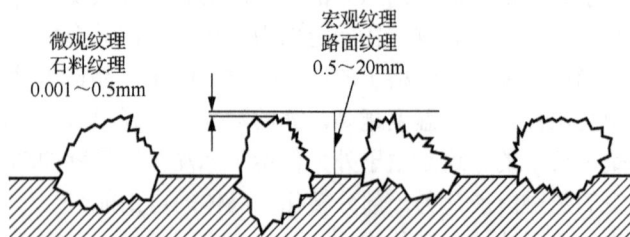

图 2.10　沥青路面微观纹理与宏观纹理示意图

2. 冰层厚度

冰层与路面间的黏结力也受到冰层厚度的影响，冰层厚度不同，冰层与路面的黏结力也不相同。通常认为，冰层厚度越厚，冰层与路面之间的黏结力越大，冰层越薄，黏结力则越小。

3. 温度

温度影响冰层与路面之间的黏结力，不同温度条件下，冰的晶格和强度变化较大，温度越低，晶格越坚固，冰体强度越大，冰层与路面之间的黏结力越大。

4. 道路结冰方式

冬季路面降水结冰的方式通常分为两种：一种为降雪在道路表面的黏附结冰，这种结冰方式通常出现在我国北部或东北部的降雪量较大的地区；另一种为降雨或者湿冷空气（俗称冻雨），这种结冰方式通常出现在我国中东部或西南部等地区。结冰方式不同，冰层与路面之间的黏结力也不同，由于后一种结冰方式结冰速度快，所形成的冰层与路面之间的黏结力更大，对人们日常生产、生活造成的影响较前一种结冰方式也更大。

2.3　除 冰 机 制

道路的除冰机理可分为物理除冰机理和化学除冰机制。物理除冰机制包括自应力除冰、疏水性除冰等；化学类除冰机制主要是将融雪剂融于水中，降低水的冰点从而达到除冰目的，下面从微观角度分析除冰机制。

2.3.1　溶液的依数性及低共熔原理

冬季道路常用撒盐除雪来融化道路表面的积雪，这是因为强电解质水溶液的凝固点低于纯水，解释强电解质降低水溶液凝固点程度的理论主要有稀溶液依数性定律以及低共熔点原理，前者说明了强电解质稀溶液随浓度变化导致其凝固点降低的变化的原理，后者说明了强电解质溶液在浓度达到或者超过一定值之后溶液的凝固点是相等的，即强电解质降低溶液凝固点的能力存在一个极限值。

1. 依数性定理

溶质的溶解是个物理过程。溶解的结果是溶质和溶剂的某些性质发生了变化，这些性质变化（即溶液的性质）可分为两类：一类是由溶质的本性决定的，如密度、颜色、导电性、酸碱性等；另一类性质是由溶质粒子数目的多少决定的，称为溶液的依数性，如溶液的蒸汽压下降、沸点升高、凝固点下降和渗透压等与依数性有关，尤其在非电解质稀溶液中的这些性质便与溶质的本性无关[36]。

固体溶剂与溶液形成平衡的温度为溶液的凝固点。假定溶剂与溶质不生成固溶体，稀溶液的凝固点比纯溶剂的凝固点低，此即为凝固点降低。在纯溶剂凝固点，固、液纯溶剂达到平衡，两者化学势相等。从式（2.9）（由拉乌尔定律推导得出）可以看出稀溶液中溶剂的化学势比液体纯溶剂化学势小，在纯溶剂凝固点时，溶液中溶剂的化学势 μ_A 比固体纯溶剂的化学势 μ_A^* 低，两者不能平衡。

$$\mu_A = \mu_A^*(T, p) + RT \ln x_A \tag{2.9}$$

式中：x_A——溶液中溶质 A 的摩尔分数。

因 $(\partial \mu / \partial T)_p = -S$，温度降低，化学势增大。$S(l) > S(s)$（相同物质液态的熵值大于固态的熵值），温度降低，液体溶剂比固体溶剂的化学势增加得快，降至某一温度时，出现了溶液中溶剂的化学势与固体溶剂化学势相等的局面，两者达成平衡，此温度便是稀溶液的凝固点。

溶液中溶剂的化学势是温度 T、压强 p、x_A 的函数，若不形成固溶体，纯固体溶剂化学势是 T、p 的函数，在凝固点时，两者相等，有

$$\frac{\mu_A^l(T, p, x_A)}{T} = \frac{\mu_A^s(T, p)}{T} \tag{2.10}$$

定压下，两边求全微分得

$$[\partial(\mu_A^l / T) / \partial T]_{p, x_A} dT + [\partial(\mu_A^l / T) / \partial x_A]_{p, T} dx_A = [\partial(\mu_A^s / T) / \partial T]_p dT \tag{2.11}$$

将式（2.9）代入式（2.11），根据吉布斯-亥姆霍兹方程（注意到 μ_A^* 是纯液体溶剂的化学势）得

$$-\frac{H_{m,A}^*}{T^2} dT + \frac{R}{x_A} dx_A = -\frac{H_{m,A}^s}{T^2} dT \tag{2.12}$$

$$\frac{dx_A}{x_A} = \frac{H_{m,A}^* - H_{m,A}^s}{RT^2} dT = \frac{\Delta_{fus} H_m(A)}{RT^2} dT \tag{2.13}$$

从纯溶剂凝固点 T_f^* 到稀溶液凝固点 T_f 积分式（2.13）得

$$\int_1^{x_A} \frac{dx_A}{x_A} = \int_{T_f^*}^{T_f} \frac{\Delta_{fus} H_m}{RT^2} dT \tag{2.14}$$

若纯溶剂的摩尔熔化热 $\Delta_{fus} H_m(A)$ 为常数，积分得

$$\ln x_A = \frac{\Delta_{fus} H_m(A)}{R} \left(\frac{1}{T_f^*} - \frac{1}{T_f} \right) = \frac{\Delta_{fus} H_m(A)}{R} \left(\frac{T_f - T_f^*}{T_f \cdot T_f^*} \right) \tag{2.15}$$

令

$$\Delta T_f = T_f^* - T_f, T_f^* \cdot T_f \approx (T_f^*)^2, \quad -\ln x_A = -\ln(1 - x_B) \approx x_B \tag{2.16}$$

则有

$$\Delta T_f = \frac{R(T_f^*)^2}{\Delta_{fus} H_m(A)} x_B \tag{2.17}$$

$$x_B \approx \frac{n_B}{n_A} = \frac{\dfrac{W_B}{M_B}}{\dfrac{W_A}{M_A}} = m_B M_A \tag{2.18}$$

式中：W——质量，kg；

W_A ——A 物质的质量，kg；

n_A ——溶质 A 的物质的量，mol；

n_B ——溶液 B 的物质的量，mol；

m_B ——溶质 B 的质量摩尔浓度，mol／kg；

M_A ——A 物质的摩尔质量，kg／mol；

M_B ——B 物质的摩尔质量，kg／mol。

故有

$$\Delta T_f = \frac{R(T_f^*)^2}{\Delta_{fus}H_m(A)} M_A m_B = K_f m_B \tag{2.19}$$

于是

$$\Delta T_f = i K_f b(B) \tag{2.20}$$

式中：ΔT_f ——凝固点的下降量，K 或 ℃；

　　　i ——溶液中的溶质粒子种类数（对于非电解质，$i=1$；对于电解质，$i=$ 单分子电离出的离子数，如氯化钠，则 $i=2$）；

　　　K_f ——凝固点的下降常数，K·kg／mol 或 ℃·kg/mol；

　　　$b(B)$ ——溶液的摩尔质量，mol/kg。

凝固点下降常数 K_f 见下式：

$$K_f = \frac{R(T_f^*)^2 M_A}{\Delta_{fus}H_m(A)} \tag{2.21}$$

式中：R ——摩尔气体常量，$R = 8.314\,510\text{J}／(\text{mol·K})$；

　　　T_f^* ——纯溶剂的凝固点，℃ 或 K；

　　　$\Delta_{fus}H_m(A)$ ——纯溶剂的摩尔熔化焓，kJ／mol。

常见溶液的 K_f 如表 2.2 所示。

表 2.2　常见溶液的 K_f 值

溶剂	凝固点 T_f／K（℃）	下降常数 K_f／(K·kg/mol)
水	273.15（0）	1.86
苯	278.50（5.35）	5.12
硝基苯	278.85（5.70）	6.90
乙酸	289.75（16.60）	3.90
环乙醇	279.69（6.54）	39.30
四氯化碳	250.20（−22.95）	29.80
萘	80.30（353.45）	5.12
酚	313.15（40）	7.27
环乙烷	279.65（6.5）	20.20
樟脑	351.15（78）	40.00

2. 低共熔原理

对于溶液来说，当温度降低至凝固点时开始发生凝固现象，体系固液共存时，其中先开始凝固的部分其实是溶剂，溶质本身不存在于该阶段中凝固的部分；溶液浓度的不同影响的是开始凝固时的温度；在凝固开始后，液态溶剂的相对含量不断减少，从而溶液的浓度不断提高，其凝固点不断降低，直至溶液饱和后，凝固点不再降低，该凝固点被称为最低共熔点，也叫低共熔点[37]。表 2.3 给出了一些常用防冻剂与水的低共熔点及浓度。

表 2.3　常用防冻剂与水的低共熔点及浓度

名称	低共熔点/℃	浓度/（g/L）
氯化钠	−21.2	30.1
氯化钙	−28	78.6
亚硝酸钠	−19.6	63.1
硝酸钙	−28	78.6
碳酸钾	−36.5	56.5
尿素	−17.6	78
氨水	−84	161

由上述原理可知，当路表存在一定含量的电解质，发生冻雨冰凌天气时，只要环境温度不低于低共熔点温度，则总有液态的电解质溶液存在于路表冰凌中，道路表面将无法形成完全的结实冰层，路表冰凌对抗滑性能的危害将会降低。

2.3.2　表面自由能

众所周知，雪的主要成分是"固态水-小冰晶"聚结体，无数透明的晶体颗粒（小冰晶），便组成了雪花。也就是说，在某种程度上我们可以把雪看成是一种特殊的冰（小冰晶），无论这种冰（小冰晶）温度有多低，冰（小冰晶）表面都存在升华现象，因此冰雪的周围弥散着水蒸气[38-40]。当把除冰盐撒到被车压实的冰雪路面上时，其中一些易潮解的固态物质吸收了空气中的水分，产生潮解现象，使实冰雪表面形成了少量的水，除冰剂在这些水中及车轮的冲击下渐成溶液。

由于固、液两相的化学势不等，两相不能共存，其中必然有一相要向另一相转变，若固相化学势大于液相化学势，则固相就要向液相转变即固体融化；反之亦然。而这时生成溶液的化学势低于实冰雪的化学势，使冰雪开始融化并随着这个过程的扩大，反应速率加快，从冰雪表面出现微裂到形成大面积的龟裂，从局部融化逐渐扩展为全面融化，露出路面[41-43]。用物理化学的理论推导，可以更清楚地看清这一过程。

当体系发生相变化（不可逆过程）时，

$$dG_{T,p} < 0, \quad \sum_B \mu_B dn_B < 0 \tag{2.22}$$

从化学势计算体系的吉布斯自由能的改变为

$$dG_{T,p} = \mu_s dn_s + \mu_1 dn_1 \tag{2.23}$$

式中：μ_s、μ_1、n_s、n_1 ——固相、液相化学势及物质的量。

固态冰的消失等同于液体水的生成，即

$$-dn_s = +dn_1 \tag{2.24}$$

所以式（2.23）可以写为

$$dG_{T,p} = (\mu_1 - \mu_s) dn_1 \tag{2.25}$$

只要冰变成水的过程在进行，dn_1 总大于零，而 $dG_{T,p} < 0$，即有

$$\mu_1 - \mu_s < 0 \quad 或 \quad \mu_1 < \mu_s \tag{2.26}$$

由此可见，当固态冰转变为液态水时，总是从化学势高的固相向化学势较低的液相转移，直到二者的化学势相等。

2.3.3　盐分溶析机制

1. 析出机制

抗凝冰填料沥青路面之所以具有良好的抗凝冰效果，是因为抗凝冰填料沥青混合料中存在一定的微孔隙，而在微孔壁表面黏附有一层具有表面活性的功能物质，该功能物质使得聚集态的水不能进入，但不阻止气态的水分子进入。当路面受到磨耗、碾压等作用时，外界的气态水进入微孔后溶解其中的抗凝冰剂，形成抗凝冰剂溶液，储存在微孔中。如图 2.11 所示，由于微孔的疏水作用，微孔隙中的抗凝冰剂溶液使得沥青混合料中大部分抗凝冰剂可缓慢、持续地迁移至路表面起到降低路面凝冰的作用，避免在路面的工作寿命期间进行年复一年的撒盐除冰工作。

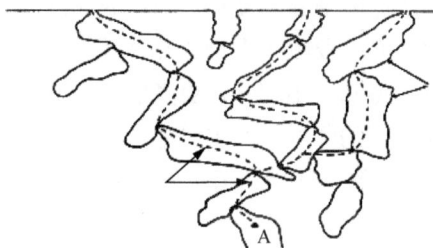

图 2.11　抗凝冰填料的疏水缓释现象

2. 盐析出危害

普通沥青混凝土路面常见的破坏形式有裂缝、坑槽、车辙、泛油、脱皮、拥包、波浪和搓板等，很多破坏都是由于路面的水损害造成的。水损害主要包括两

方面作用：一方面，水渗入沥青路面本身存在的孔隙中及路面结构排水不畅产生的混合料结构内部积水等，对沥青产生了乳化作用，使得沥青黏附性减小，从而导致沥青膜从集料表面脱落；另一方面，当车辆高速通过时，荷载作用使集料之间的剪切力破坏了沥青膜，所形成的泵吸作用使路面结构受到破坏。添加抗凝冰填料的沥青混凝土路面不仅与普通混合料同样受各方面影响产生破坏，水的存在更加剧了路面结构的变化与破坏。

1) 整体强度破坏

在降雨及冰雪的天气里，抗凝冰填料中的盐分会逐渐从载体中渗透出来，在水的作用下慢慢缓释，形成的可溶盐溶液聚集在路面结构内部。对于融雪除冰路面而言，可溶盐溶液属于酸性，会使黏附在集料上的沥青逐渐剥落，甚至使沥青乳化剥落。抗凝冰填料的可释性形成的可溶盐溶液大大降低了沥青混凝土路面内部结构的黏结力，破坏了路面整体强度，使路面性能严重退化。

2) 空隙率影响

复合填料的可释性影响了路面的空隙率。沥青路面经压实后，结构内部仍会存在一定的空隙，这部分空隙是沥青路面路用性能的主要影响因素，其大小直接影响了沥青路面的强度、高低温稳定性、劲度、水稳定性等路用性能，尤其对于添加抗凝冰填料的沥青路面，沥青混合料中的抗凝冰填料在水的作用下慢慢析出流失，从而使混合料级配随着时间的推移也发生了一定的变化，路面结构随之变化，空隙率变化加大，相较于普通沥青路面空隙率偏大。剩余空隙率的增大会增大路面的渗水程度，加快路面平整度的衰减速度，阳光紫外线射入空隙内部会加快沥青老化，在渠化交通的行车路面上很快会出现压密和剪切两种车辙破坏，影响路面使用寿命。因此，空隙率增大会给沥青路面带来很多弊端和损害。

3) 温度场影响

抗凝冰填料的可释性影响道路温度场。路面表面的冰雪在抗凝冰填料中冻结抑制成分的作用下融化，必然要吸收大量的热。因为空气是不良导体，所需要的热量只能从周围的空气中得到一小部分，更多的热量需要从接触到冰雪的路面吸收，这样就导致了路面温度的降低，产生温缩应变及应力。温缩应力的存在对路面十分不利，会导致路面开裂。在极端情况下（温度很低时），可溶盐溶液可能会产生冻胀，破坏路面结构。

2.3.4 除冰效果评价

对于除冰效果，国内外提出了许多的评价方法，归结起来分为两大类：一类是在现场进行的直接评价；另一类是在室内进行模拟实现间接评价。室内外的实际情况存在较大差异，室内试验条件相对于室外的反复荷载、温度变化、水的循环作用、试验时间等都有较大区别。室内外两种评价方式综合起来才能更全面地反映除冰措施的效果好坏。

1. 室外试验

1）路面露出率

路面露出率（图 2.12）是指在车辆行驶的范围内，已露出路面的面积即抑制冻结有效路面面积与整个检测段面积之比，这个比值越大，说明融雪除冰效果越好。融雪除冰沥青混凝土路面正在发挥融雪效能，发挥融雪效能后，与邻近的普通沥青混凝土路面进行相互比较，就可以很直观地定性评价融雪除冰效果。

图 2.12   路面露出率

一般每年的冬季会对路面露出率进行检测 1 次至 2 次，这可以作为评价融雪除冰沥青路面融雪除冰效果的持续性的依据。

2）抗滑性能测定试验

车辆行驶时，安全性能与路面、汽车轮胎之间的抗滑性有直接的联系，在我国一般用摩擦系数、构造深度作为评价抗滑性能的指标。

手工铺砂法测定路面构造深度试验方法用于潮湿的融雪除冰沥青混凝土路面显然是不合理的；而摆式仪测定路面摩擦系数的试验方法受路面温度影响较大，一般试验标准温度为 20℃，这显然与融雪除冰沥青路面冰雪灾害时，路面处于 0℃以下温度的实际情况是相违背的。因此，这两种方法虽然可以用于普通沥青路面的抗滑性能测定，但对于冰雪天气下路面测定的指标实际意义不大，不能作为评价融雪除冰沥青路面抗滑性能的指标[44-45]。于是部分学者提出可以用加速度传感器对冰雪路面抗滑性能评价[46]。加速度传感器（图 2.13）是装载于汽车上的一种能表征加、减速度变化值的仪器，能感应每 0.1s 加速度的实时变化，且准确地反映在显示屏上，每 8min 存储加速度抽样值，可以方便地调阅需要的数值。因此，可以用加速度传感器中加速度的变化值来评价掺加抗凝冰填料沥青混凝土的抗滑性能。例如，在其他条件都相同情况下，融雪除冰沥青路面的抗凝冰效果好，这时在该路面上的加速度变化值应与普通同类沥青混凝土路面上的加速度变化值相差不大；如果融雪除冰效果很差，那么这时沥青混凝土路面上会出现加速度变化不明显或数值不稳定的情况。

图 2.13　加速度传感器

3）滴定法（图 2.14）

硝酸银溶液和氯化物会发生白灼反应，即生成白色沉淀物氯化银（AgCl）。根据这个原理在铺筑的沥青混凝土路面上，滴数滴硝酸银溶液，观察是否产生白色沉淀来确定是否有盐分的析出，间接地评价融雪除冰效果。此方法还可以通过滴入硝酸盐来检测其他沥青混凝土路面是否采取融雪除冰措施，是否为融雪除冰沥青路面等。

如图 2.14 所示，（a）是普通沥青混凝土，（b）是掺加抗凝冰填料沥青混凝土，由于抗凝冰填料中盐分的存在，硝酸银滴定后产生白色沉淀。滴定法一般每年检测 1～2 回，随着观测年份的增加，用此方法还可以最终确定掺加抗凝冰填料沥青混凝土路面融雪除冰效果的持续性、使用寿命等。

（a）普通沥青混凝土　　　　　　　　　（b）抗凝冰填料沥青混凝土

图 2.14　滴定法

4）溶析试验（盐分溶出量确定）

试验前先用蒸馏水清洗待检测路面，清除路面上已析出的盐分；在沥青混凝土路面放置试模，固定在路面，周围用黄油或者胶泥等材料密封。密封好后倒入一定质量的蒸馏水，静止 1h 后测定试模内氯离子的含量来确定氯化物的具体溶出量，计算路面盐分析出量，一般取轮迹带和非轮迹带测定结果的平均值作为最终评定数据。一般以每平方米溶出量作为评价标准，溶析试验如图 2.15 所示。

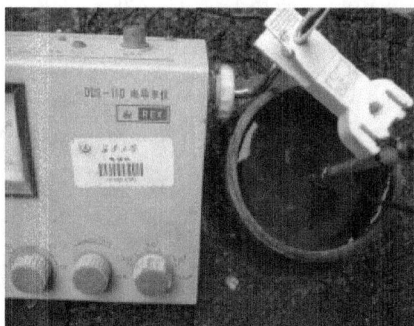

图 2.15　溶析试验

融雪除冰沥青路面能缓解路面冻结的原因是抗凝冰填料中的抑制冻结成分能逐渐从路面析出来降低路面的冰点。只要抗凝冰填料中的冻结抑制成分存在，其降低冰点效果就一直存在。有效成分的测定可以根据电导率来确定。

溶析试验一般每年检测一次，可以作为评价掺加抗凝冰填料沥青混凝土路面融雪除冰效果的使用寿命的依据，直观地了解其持续性。

2. 室内试验

1）马歇尔试件融雪效果评价

按照等体积置换的原则添加抗凝冰填料，制备成型添加抗凝冰填料的马歇尔试件。待冷却脱模后放置在室外，在冰雪天气下观察其表面融雪现象，可以直观地看到融雪效果，如图 2.16 所示。

图 2.16　融雪效果

2）路面破冰模拟试验仪

日本交通研究室和旭川开发建设部在冰雪路面抗滑性能评价研究的基础上，联合研制了鼓轮内接型冻结路面室内走行机[47]，如图 2.17 所示。该设备可以评价轮胎的抗滑性能和冰雪路面车辆荷载的影响。撒布融雪剂除冰雪作业时，可以据此判断撒布时间、撒布量和融雪效果等。但该设备只能在低温条件下工作，制作费用昂贵，因此试验费用较高。

图 2.17　鼓轮内接型冻结路面室内走行机

长安大学新型路面研究所为了更科学、经济、有效地模拟现场路面融雪破冰效果，在此基础上研发了新型的路面破冰模拟试验仪（simulating tester for antifreeze pavement，STAP），如图 2.18 所示，用以模拟不同路面的融雪破冰能力，为研究优良的破冰融雪沥青路面提供支持[48]。

图 2.18　新型路面破冰模拟试验仪

该仪器主要是对车辙实验仪器进行改装，尽可能地模拟现场路面的实际自然环境，装置了制冷系统，使混合料在低温条件下模拟冬季环境。针对掺加抗凝冰填料融雪沥青路面的特点，测定不同温度条件、不同凝冰状态、不同冰膜厚度下路面摆值的变化情况，对比分析掺抗凝冰填料后沥青路面的融雪破冰性能。

图 2.19 中，（a）是抗凝冰填料沥青混凝土，（b）是不掺加抗凝冰填料普通沥青混凝土，从图上可以明显看出在轮胎碾压作用下，抗凝冰填料沥青路面由于盐分的融雪除冰效果及荷载作用，难以形成影响路面抗滑性的冰层；而普通沥青混凝土在轮胎的反复作用下，冰层厚度越来越厚，冰层结构也变得紧凑，更加剧了路面摩擦系数的减小幅度。

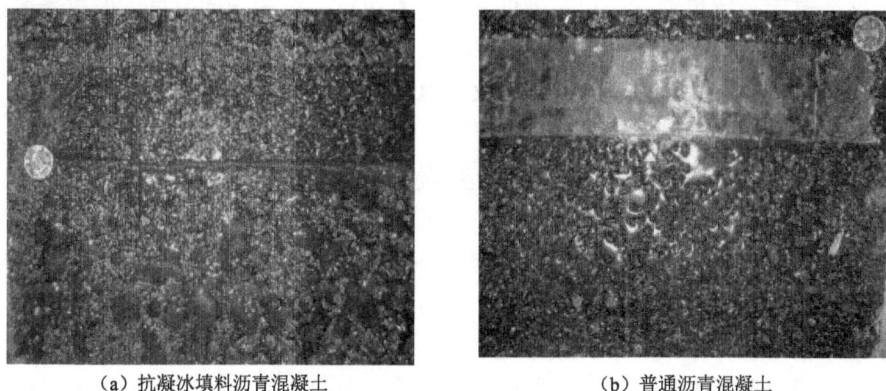

（a）抗凝冰填料沥青混凝土　　　　　　　　（b）普通沥青混凝土

图 2.19　试验对比图

3）电导分析法

电导的原理是：在电解质溶液中，存在着阴、阳离子，当有外加电场作用时，阴、阳离子向着相反方向移动，从而产生了导电现象，在电导率仪上可以显示出度数。电导率的高低取决于水中所含有机酸、碱类及盐量的多少，并随着水中离子浓度的增加而增大。

电导分析法就是利用电导率仪上的读数来分析盐量的多少。溶液的电导率不仅与水中离子浓度有关，而且与溶液温度也有关系因此在试验时，需注意调节电导率仪配置的温度补偿调节器，使测试温度和溶液所处实际温度一致。

3. 试验方法对比

（1）路面露出率检测方法只能定性地评价融雪性能，直观地显示路面融雪的效果。但是，由于抗凝冰填料沥青混合料中抗凝冰填料只对较薄的雪层有融雪除冰的效果，且路面融雪性能需要一段时间和在车辆荷载的作用下才能显现出来，对于大雪状况下的路面，路面露出率不能有效地进行融雪除冰效果评价。

（2）加速度传感器能直观地评价路面抗滑性能，从而评价融雪除冰效果；但是，此方法受驾驶者、路面平整度等方面影响较大。

（3）滴定法较为方便、直观，但只能评价是否有盐分的析出，且只能判断含氯离子的融雪剂，不适用于不含氯离子（环保型）的融雪剂。实际工程中，抗凝冰填料不能均匀地分散在路面结构内部，因此，滴定法需要选择更多的地点来滴定评价。

（4）溶析试验不仅间接地评价了路面融雪除冰效果，而且可以用数据量化，计算出道路表面的盐分析出量，预测融雪持久性。

（5）马歇尔试件能够较直观地看出融雪效果，但是受环境因素影响较大，不适于推广应用。

（6）路面破冰模拟试验仪虽然能直观地看出路面融雪除冰效果，但定量评价时，需要测定 BPN 值，进行曲线回归拟合，实验数据较复杂。

（7）电导分析法通过测定电导率来计算盐分溶析量，较为合理。

2.4 路面凝冰预警

路面凝冰预警系统由三大部分组成：一是监测系统，通过外部监测站的各种气象传感器采集数据；二是传输系统，通过有线或无线技术将数据传输到交通中心系统、信号操作系统、中央数据处理系统等；三是处理系统，其根据采集到的数据通过设计的预警算法可以计算结冰点温度，预测出现凝冰的时间，预报结薄冰危险。

所谓路面凝冰预警系统，就是通过准确、及时的气象信息提高交通管理的智能化水平与交通安全方面的公共服务能力的公路气象服务系统或道路气象信息系统（road weather information system，RWIS）[49]。

我国在这方面的研究起步较晚，近年来在气候、气象对于道路交通安全影响的分析理论与方法方面积累了初步经验，但在气象预报服务技术方面尚未形成系统的研究成果，也未能开展规模化的高速公路气象服务。国家气候中心曾对我国气候气象及灾害性天气对交通系统造成的影响进行了分析评述，并对灾害性天气（暴雨、洪水、冰雪、风、雾及高温天气等）与道路交通进行了相关研究，但尚未达到开展公共服务的层次。随着公路交通气象服务需求增强，我国一些气象台站正在开始建设高速公路沿线的灾害性天气监测系统，但由于资金等条件的限制，进展比较缓慢，而且主要集中于对单一气象现象的监测，有关冰雪造成路面冰雪灾害的预警措施至今尚未能得到系统研究。

基于目前复杂的气候、道路状况等引发的冰雪交通事故，发达国家正在相继建立不同形式的公路气象服务系统或道路气象信息系统 RWIS，一些国家的交通管理机构把 RWIS 和智能交通系统（intelligent transport system，ITS）进行整合，相继开发出一系列的路面气象监测系统，如图 2.20 所示的路面气象监测器。而在路面凝冰或积雪的道路交通安全预警研究方面，国外一些研究机构正在开展应用的研究。

日本成田国际空港股份有限公司、三机工业株式会社、日立电线株式会社于 2005 年共同申请了"路面结冰检测传感器及其设备方法和路面结冰检测方法专利"（专利号：CN1670499；公开授权日：2005-09-21）。该发明涉及的路面结冰检测传感器，由感温部件、具有接触路面的感温部和从该感温部竖直设置的鳍部组成。将具有随变形而变化的光反射峰值波长的光纤布拉格光栅（FBG）粘接在上述感温部件的鳍部上面，用光缆对在路面上设置规定数量的各路面结冰检测传感器间进行连接，从光缆的一端射入脉冲光，接收从各路面结冰检测传感器来的反射波长，来测量路面温度。

图 2.20　路面气象监测器

能量吸收系统公司于 2002 年申请了"路面结冰点监测系统和方法专利"（专利号：CN1615432；公开授权日：2005-05-11）。该专利涉及一种改进的路面结冰点监测系统和方法，包括改进的采样井，用于精确测量路面液体的结冰点，采用只要求两个导体的温度传感器来接收功率及发送、接收数字地址和温度信息，采用改进的算法检测路面上液体的结冰点，采用传导性测量值验证检测到的结冰点，以及通过网络向远程计算机发送温度信息。

上述专利及其应用均以测定路表温度作为判识路表是否凝冰的标准，这样的监测系统和预警应用尚不够完善，是否适应于"冻雨"引发的路面凝冰也未经实际工程验证。

从 20 世纪 90 年代开始，物联网技术经历了飞速发展和广泛应用，尤其是近几年来，交通物联网这一概念的提出，将物联网技术应用在交通运输行业上，主要以交通信息感知、泛在网络和云服务等技术为支撑，实现交通运输系统中人、车、路、环境等多元交通要素信息的融合处理，有机集成交通信息的数据采集、传输、处理与服务的综合体系。

近年来物联网在交通运输行业的应用不断开展，在构建信息化、智能化的现代综合交通运输体系工作中发挥着越来越重要的作用。对于我国高速公路而言，目前其信息化建设的重点仍主要体现在诸如视频监控、光纤通信、ETC 收费等机电系统方面，相对于在冰雪冻雨等恶劣气象条件下，高速公路气象灾害的监测、预警、处置等方面的信息化发展相对滞后，目前还主要集中在凝冰探测和融雪处置技术开发领域，如何通过交通物联网建设，搭建具有智能化特征的高速公路信息化平台方面的研究还是以理论和方案设想为主，尚不能具体应用到实际中。因此，在高速公路纵横和放射性布局建设的大背景下，建设基于物联网的信息化和智能化的高速公路交通监控系统将成为今后我国重点的发展方向。

2.5　预警系统原理

2.5.1　预警思路和目的

基于物联网的信息化和智能化的高速公路交通监控系统，建立公路气象服务系统或道路气象信息系统的冰雪灾害预警系统，建设高速公路沿线灾害性天气监测系统，对灾害性天气（暴雨、洪水等）进行监测。通过智能化的算法分析各种影响因素（降雨量、温度、风速、湿度等），对灾害性天气进行判断和预测，给予道路工作者实时的信息数据，为管理部门采取必要的紧急措施提供依据，保障人们的出行安全，减少或避免灾害性天气造成的损失。

2.5.2　预警因素

路面凝冰，也称作"黑冰""暗冰"，被普遍解释为冬天或气温低于 0℃时，在沥青路面上结成的薄冰。"黑冰"主要依靠空气中的水蒸气凝结形成，其含有的杂质较路面积水或大气降水形成的路面后期结冰要少很多，显得更为纯净，具有很高的光学透性，因此也更难被察觉，容易带来安全隐患。凝冰（黑冰）的形成与冻雨有关，在南方地区，凝结在路面的冻雨便是凝冰。

凝冰的形成不仅仅与降雪、冻雨有关，还与温度、湿度、风速及云层等有着密切的关联。除了降雪、降雨等因素可以引起路面凝冰外，路面在适当的天气条件下，也完全有可能被极薄的冰晶覆盖。

1. 温度

路面冰霜的形成不仅和当时的天气条件有关，而且与路面的属性也有关。当路面温度很低而近地面的空气温度较高时，空气和路面之间有一个温度差，如果路面与空气之间的温度差主要是由路面辐射冷却造成的，则在较暖的空气和较冷的路面相接触时空气就会冷却，水汽达到过饱和的时候多余的水汽就会析出。如果路面温度在当前路面冰点温度以下，则多余的水汽就在物体表面上凝结为冰晶，形成纯净的薄冰。

2. 湿度

空气中相对湿度超过 100%时，水蒸气一般会凝结出来。当道路表面温度低于附近空气露点温度时，空气中的水蒸气就会在路面凝结，物体表面出现结露现象。当道路表面温度低于冰点温度（如果该路段未使用融冰剂等化学物质，在标准大气压下，环境温度为0℃）时，析出的露水经过一段时间后有可能凝固成为薄冰，在温度足够低且路面上方有低温度空气对流的情况下，水蒸气也有可能直接凝华形成冰霜。

空气中的水蒸气仍有可能以析出的方式在路面液化，当路面温度低于 0℃时，液化的水膜凝固成薄冰，也会形成凝冰路面。这种路面凝冰的形成过程集中出现在冬季夜间空气湿度大的地区，除了具有普通凝冰具有的难以察觉和湿滑的危害外，更不利的特点是很难被预报预测，严重影响道路交通安全。

由于南方地区和北方地区之间的气候差异，不同区域产生积雪和结冰的原因也会有较大的差异。北方地区气候干燥，即使环境温度处于 0℃以下时，路面积雪也处于干燥状态，因此薄弱的水膜不太容易存在于道路表面；而对于南方地区而言，空气湿度较大，在夜间及凌晨时容易起雾，特别是环境温度处于 0℃以下时，路面上就容易形成薄冰。

3. 风速

风对于凝冰的形成也有影响。有微风的时候，空气缓慢地流过路面，不断地供应着从附近的水域中蒸发出来的水蒸气，有利于冰霜形成。但是，风大的时候，由于空气流动过快，其接触路面的时间太短，且上、下层的空气容易互相混合，不利于温度降低，也会妨碍凝冰的形成。

4. 云层

任何物体都在不断地向外散发辐射能，并吸收附近物体向它散发的辐射能，同时将这些辐射能转化为热能，这种物体辐射能之间的交换过程称之为辐射传热。太阳辐射、地面长波辐射以及大气逆辐射都是热辐射的一种。太阳辐射是太阳向外发射的粒子流与电磁波，地面吸收太阳辐射以后导致地面温度升高，太阳辐射是导致地面温度升高的主要动力。地面长波辐射是地面吸收太阳辐射以后，又向大气放射的长波辐射，因此地面长波辐射会导致地面热量散失，地面长波辐射是导致地面温度降低的主要因素。大气逆辐射是大气在吸收了地面向外放射的长波辐射以后，自身又向外放射能量的现象，其作用于地面以后同样会导致地面温度的升高。因此，云层对路面表层辐射冷却起抑制作用，云层的存在不利于凝冰的形成，凝冰大都出现在地面辐射冷却十分强烈的时候，一般在晴朗的夜晚。

英国气象局针对凝冰与气象条件进行了试验研究，并分析得出温度、风向、风速和结冰具有较好的一致性。通过大量的观测数据发现，当气温介于-10～0℃，相对湿度大于80%，风速为0～10m/s，风向比较固定时，凝冰易形成[50]。

2.5.3　预警算法

预警算法分为三类：第一类是单因素对凝冰的相关性进行线性预测，主要采取的因素为环境温度；第二类是多因素对凝冰的相关性进行非线性预测，主要采取的因素有环境温度、湿度、风速、降雨量、气压等；第三类是根据已有的历史凝冰数据，通过人工神经元网络算法对新数据进行预测分析。

在高速公路沿线灾害性天气监测系统发展的初期，由于资金等条件的限制，进展比较缓慢，主要集中于对于单因素的监测，预测准确率不高，准确率为 40% 左右，误报情况经常发生。随着公路交通气象服务需求增强，监测技术的发展和完善，以及以往大量监测数据经验的累积，基于多因素对凝冰的相关性进行预测成为主流。与单因素相关性预测相比，多因素的预测率高达 80% 以上，可见采用多要素判别分析，系统根据气象条件预测的准确性大大提高。以下简要介绍几种相关的预警算法。

1. 单因素线性算法

该算法[51]是基于路面温度的单因素凝冰预警时间算法，路面凝冰预警系统中的凝冰预警时间算法实现原理如图 2.21 所示。

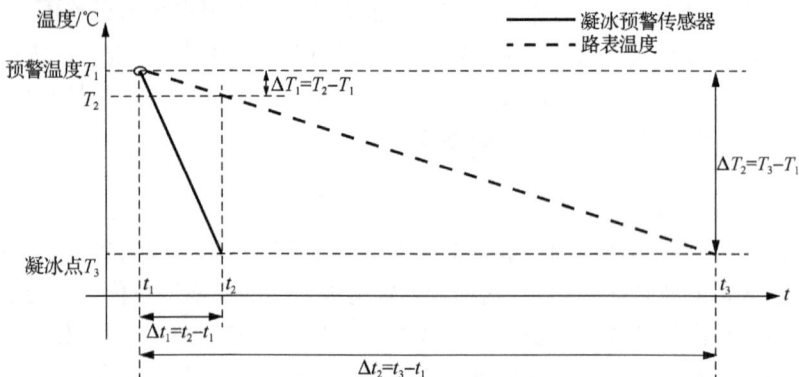

图 2.21　凝冰所需时间算法实现原理

路面凝冰时间算法具体实现步骤如下。

（1）在时刻 t_1，当路面温度≤预警温度 T_1 时，路面凝冰预警传感器开始进行凝冰探测工作。

（2）经过 $\Delta t_1 = t_2 - t_1$ 变化时间后，路面凝冰预警传感器探测出当前道路可能凝冰的温度值为 T_2。

（3）经过 $\Delta T_2 = T_3 - T_1$ 变化时间后，路面凝冰预警传感器感知的实际温度值为 T_3，因此，可得到在 Δt_2 的变化时间内，路面的温度变化值为 $\Delta T_2 = T_3 - T_1$。

（4）假设道路路面的温度变化是均匀的，故可以得到路面温度下降到凝冰点温度 T_3 所需的时间为 $\Delta t_2 = (\Delta T_2 / \Delta T_1) \times \Delta t_1$。

（5）考虑到当地的实际时区，可以采用当地所处时区和监测到的温、湿度等基本信息进行相应的修正，获得较为精确的预警时间。

2. 多因素非线性算法

该算法考虑结冰是多因素综合作用的结果，在此选择多变量多项式方法预测结冰时间。多变量多项式拟合法可以建立任意多元自变量与因变量的映射关系。

将结冰环境下的变量构成一个向量，即 $\boldsymbol{s}=(s_1, s_2, \cdots, s_m)$，$\boldsymbol{a}=(a_1, a_2, \cdots, a_m)$ 为模型参数向量，其一般形式如式（2.27）所示。

$$F = f(\boldsymbol{a}, \boldsymbol{s}) = \sum_{i=0}^{k-1} a_i s_1^{n_{1i}} s_2^{n_{2i}} \cdots s_m^{n_{mi}} \tag{2.27}$$

式中：F——结冰起始时间；

　　　k——模型参数的个数；

　　　m——输入变量的个数；

　　　$n_{1i}, n_{2i}, \cdots, n_{mi}$——相应变量对应的幂次，且需要符合以下条件：① $n_{1i}, n_{2i}, \cdots, n_{mi}$ 为非负整数；② $0 \leqslant n_{1i}, n_{2i}, \cdots, n_{mi} \leqslant R$，$R \geqslant 1$ 是模型阶数；③ $\sum_{m=1}^{m} n_{ji} \leqslant r$。

由泰勒研究成果可知，所有数学函数都能展开成幂级数形式，且幂级数越高越接近实际值，模型拟合精度也越高；但随幂级数的增大，方程的稳定性降低，相关资料表明，幂级数为 3～5 次时就能很好地解决问题，模型的精度也能得到保证。

以温度、风速、降雨量为自变量，结冰时间为因变量，考虑模型的精度及稳定性，分别选择拟合阶数 2～4 次。

所得的多项式的模型如下：

（1）二阶模型

$$t = a_1 + a_2 T + a_3 T^2 + b_1 P + b_2 P^2 + b_3 P^3 + c_1 W + c_2 W^2 + c_3 W^3 \tag{2.28}$$

（2）三阶模型

$$t = a_1 + a_2 T + a_3 T^2 + a_4 T^3 + b_1 P + b_2 P^2 + b_3 P^3 + b_4 P^4 + c_1 W + c_2 W^2$$
$$+ c_3 W^3 + c_4 W^4 \tag{2.29}$$

（3）四阶模型

$$t = a_1 + a_2 T + a_3 T^2 + a_4 T^3 + a_5 T^4 + b_1 P + b_2 P^2 + b_3 P^3$$
$$+ b_4 P^4 + b_5 P^5 + c_1 W + c_2 W^2 + c_3 W^3 + c_4 W^4 + c_5 W^5 \tag{2.30}$$

式中：t——路面结冰时间，min；

　　　T——环境温度，℃；

　　　P——降雨量，mm；

　　　W——风速，m/s；

　　　$a_1 \sim a_5$、$b_1 \sim b_5$、$c_1 \sim c_5$——拟合常数。

3. 人工神经元网络算法

路面结冰是一个多种气象因素综合作用的结果，由于相关的影响因素太多，对于道路交通只追求预测的结果，考虑以冻结率或冻结时间作为预测模型的指标参数之一；同时冰的形成、消融是一个动态变化的过程，其发展必然与时间有关，所以时间因素也一定要体现在预测模型中。综合比较各种算法，认为人工神经网络算法相比其他建模方法在短期趋势预测和综合预测方面更有优势。

人工神经元网络作为一种数据驱动方法，由于无须事先特殊建模及具有较强的非线性映射能力，不断地被引入到对大型复杂装备性能监控数据的实时或离线处理中，以达到状态预测和故障诊断的目的。由于受输入的同步瞬时限制，传统人工神经元网络模型的输入往往是一系列与时间累积无关的离散型，难以直接反映系统中实际存在的时间累积效应。因此，为解决这一问题，一种新型的人工神经元网络模型——过程神经元网络也就应运而生了。从结构上来说，过程神经元网络模型与传统人工神经元网络模型类似，其不同之处在于过程神经元网络的输入、相应的连接权及输出都可以是连续函数。过程神经元网络模型与传统人工神经元网络模型相比，其聚合运算算子除具有一个空间加权聚合运算算子外，还有一个时间累积聚合运算算子，所以过程神经元网络模型非常适用于沥青路面抗凝冰的问题。

基于过程神经元网络的基本性质，参考传统人工神经元网络模型结构，结合相应的实际工程应用背景，提出了多种过程神经元网络模型，如双隐层过程神经元、径向基过程神经元网络、自组织过程神经元网络、输入/输出均为时变函数的过程神经元网络、反馈过程神经元网络等。

神经网络中的 BP 神经网络，即反向传播网络，是利用非线性可微分函数进行权值训练的多层网络，具有极强的容错性、自组织和自学习性，有着较好的函数逼近和泛化能力。它能自动地从历史数据中提取有关知识，可以克服传统定量预测方法的许多局限以及面临的困难，同时也能避免许多人为因素的影响，因而为结冰状态时间序列的建模与预测提供了新的方法。

BP 神经网络的计算过程由正向计算过程和反向计算过程组成。正向传播过程，输入模式从输入层经隐单元层逐层处理，并转向输出层，每一层神经元的状态只影响下一层神经元的状态。如果在输出层不能得到期望的输出，则转入反向传播，将误差信号沿原来的连接通路返回，通过修改各神经元的权值，使得误差信号最小。

人工神经元网络算法相比其他建模方法的优点如下。

（1）自学习、自组织和自适应能力。人工神经元网络是一种变结构系统，当外界环境变化时，其能够通过向环境学习来自动调整，并最终确定合适的网络结构参数。

（2）信息分布存储和容错能力。与计算机专门的存储器不同，在人工神经元网络中信息并不直接存储于某一特定区域，而是按内容分布存储于整个网络上。

（3）泛化推广能力。由于其运算的不精确性，人工神经元网络在网络结构参数确定以后，对输入的微小变化并不灵敏。虽然在要求高精度计算的情况下这是一个缺陷，但在某些情况下这种不精确性却可以表现成为一种去噪容缺能力，而这对模式识别而言恰恰是非常重要的，可以利用这种不精确性比较自然地实现模式的自动分类。

（4）非线性映射能力。人工神经元网络反映的是大量神经元的集体行为，而不是各单元行为的简单相加，因而其表现出来的是一般复杂非线性动态系统的特性。设计合理的人工神经元网络能够以任意精度逼近任意复杂的非线性映射。

（5）大规模并行处理能力。人工神经元网络在结构上是并行的，而且网络中各单元也可以同时进行类似的信息处理过程，因而其运算速度较高，这就为提高系统的运行速度和信息的实时处理提供了必要的条件。

2.6　凝冰预测系统

2.6.1　预警融雪系统功能

路面凝冰预警与融雪处置系统主要是针对高速公路冰雪灾害问题来进行设计开发的。它将气象检测、路面结冰状况检测和除冰融雪喷洒系统融为一体，通过构建凝冰预警与融雪处置管控系统，实现对高速公路冰雪冻雨情况下的路面凝冰预警、自动除冰融雪等一系列智能化处置服务，保障我国高速公路系统的安全畅通、降低高速公路事故发生率、提升高速公路系统运营效率。该系统主要功能由气象监测、凝冰探测、融雪喷洒和管控平台四部分组成。

（1）气象监测主要是检测高速公路沿线的气象数据信息，为凝冰预警和融雪处置的实现提供数据支持。气象监测通过安装在高速公路路边的气象检测设备对高速公路气象数据（如环境温湿度、路面温度、大气压力、风力风向、雨量等）信息进行采集，并将这些数据通过局域网或者专用网络送往监控中心。

（2）凝冰探测主要是用于检测路面实际凝冰点温度并提前预测路面凝冰时间。在监控中心根据气象监测采集来的气象数据信息进行分析、处理之后，启动凝冰探测设备提前探测路面是否会发生凝冰以及路面实际凝冰温度点，推算出路面发生凝冰的预计时间，并发出凝冰预警信息。

（3）融雪喷洒主要是提前对路面凝冰积雪进行融雪剂喷洒，从而防止路面结冰，确保行车安全。根据凝冰探测设备获得当前路面凝冰温度点和气象站检测的气象数据信息，采用相应的控制算法，实现当路表温度在凝冰点温度附近时，自动开启融雪剂喷洒设备，同时也支持手动启动喷洒设备。

（4）管控平台可以通过实时监控、查询气象数据、管理用户及设备信息和系统配置等，从而实现对凝冰预警、融雪处置等智能化服务，同时对用户及设备信息、数据信息以及系统运行中的重要操作等进行记录、存储和管理，方便管理员进行管理与查询。

2.6.2　预警硬件简述

路面凝冰预警与融雪处置系统的硬件部分主要是由监控摄像头、凝冰探测传感器、路域自动气象站和融雪剂自动控制柜组成。

1. 监控摄像头

监控摄像头属于图像采集设备，主要包括摄像头及镜头，由摄像器件、时序脉冲发生器和驱动电路、视频采样及视频处理电路等组成。由于采用的摄像头需要在高速公路周边大量架设，从控制成本的角度来说选用 COMS 摄像头。图 2.22 为监控摄像头实物图。

图 2.22　监控摄像头实物图

2. 凝冰探测传感器

凝冰探测传感器是路面凝冰温度采集设备，其主要作用是通过在高速公路现场快速凝冰，来获取路面的凝冰温度。因为要保证路面积水能进入凝冰传感器进行凝冰试验，所以要紧贴并略低于路面布置凝冰传感器，同时根据实际路面情况应选择地势较低的地面。图 2.23 为凝冰探测传感器实物图。

图 2.23　凝冰探测传感器实物图

凝冰探测传感器包括固液相变发生器、结冰传感器以及信号调理模块。凝冰探测传感器开始工作时，最先启动的是固液相变发生器，它的作用是通过快速凝冰获取当时的路面凝冰温度。随后启动结冰传感器，实时监控探测过程中路面的凝冰状态。信号调理模块由信号放大电路、信号滤波和数据通信接口这三部分组成，其作用主要是完成各模块及上位机系统之间的通信，具体是接收并处理结冰传感器和固液相变发生器传送过来的信号，并将这些信号传送给上位机系统。

不同型号的传感器功能亦不尽相同。常见的功能有检测路面状态，如路面干燥、路面潮湿、路面微湿、路面湿滑、路面冰水混合物、浮雪状态、干雪覆盖、湿雪覆盖、冻雪覆盖、路面霜冻、路面黑冰、实冰覆盖、路面盐水、路面盐冰等。

3. 路域自动气象站

路域自动气象站主要用于高速公路周边气象数据和视频的采集，其气象数据包括环境温、湿度，路表温度，气压，风力、风向，雨、雪量和能见度等。其主要组成部分包括 ARM 数据采集板以及各种气象数据采集传感器。气象数据采集传感器将采集到的数据送到 ARM 数据采集板进行处理后，通过网络芯片提供统一的域名接入以太网将数据传送到路面凝冰预警与融雪处置管控平台，为凝冰探测及融雪处置提供数据支持。图 2.24 为路域自动气象站实物图。

图 2.24　路域自动气象站实物图

4. 融雪剂自动控制柜

融雪剂自动控制柜连接布设于道路沿线的喷洒设备，用于对高速公路的凝冰除雪喷洒的控制。融雪剂自动控制柜主要由喷洒控制模块、继电器和液位检测传感器组成。其中，喷洒控制模块的主要作用是接收和处理上位机的请求。例如，融雪剂喷洒控制柜的启动和停止、接收和处理液位检测传感器的信号及喷洒参数的设置。继电器主要用于远程控制电磁阀来控制喷头喷洒。液位检测传感器主要用于检测融雪剂剩余量。

2.7 凝冰预警等级

2.7.1 气象预警信号等级

欧美国家十分重视道路结冰的监测和预报工作，已经积累了路面温度和结冰预报的工作经验。我国高速公路养护管理部门近十几年逐渐开始注重交通气象的数据采集工作，因此，交通气象监测站的布设，成为道路管理部门的重要工作之一。

现阶段，国内应对道路冰雪灾害的主要措施包括地区预警性天气预报、路段封闭、人工喷洒融雪剂及机械除雪破冰等。其中，地区预警性天气预报存在时效性差、误报率高等缺点，如路段封闭时就损失了道路的通行能力；人工喷洒融雪剂除冰效率低下，有较大交通安全风险；机械除雪除冰容易对路面造成不同程度的损伤。因此，对沥青路面结冰状态的监测工作，是道路养护与交通管理部门冬季作业的关键工作。通过主动预测和预先处置的手段防止路面结冰情况的发生，降低其危害程度，是现阶段保证我国道路安全运营及提升运营效率亟待解决的问题。目前，气象部门给出的道路凝冰预警信号分为黄色、橙色和红色三级，具体情况如表 2.4 所示。

表 2.4 气象部门道路凝冰预警信号等级

图标	含义标准	应对措施
道路结冰 黄 ROAD ICING	当路表温度低于 0℃时，出现降水，12h 内可能出现对交通有较大影响的道路结冰现象	1. 交通、公安部门要按照职责做好道路结冰应对准备工作； 2. 驾驶员应注意路况，安全行驶； 3. 行人外出尽量少骑自行车，注意防滑
道路结冰 橙 ROAD ICING	当路表温度低于 0℃时，出现降水，6h 内可能出现对交通有较大影响的道路结冰现象	1. 交通、公安部门要按照职责做好道路结冰应急工作； 2. 驾驶员必须采取防滑措施，听从指挥，慢速行驶； 3. 行人外出注意防滑
道路结冰 红 ROAD ICING	当路面温度低于 0℃时，出现降水，2h 内可能出现对交通有很大影响的道路结冰现象	1. 交通、公安部门要按照职责做好道路结冰应急和抢险工作； 2. 交通、公安部门注意指挥和疏导行驶车辆，必要时关闭结冰道路交通； 3. 行人尽量减少外出

由表 2.4 可知，气象部门对道路凝冰预警信息发布的标准，以及对交通和公

安部门给出了合理建议，但其依据的标准对于高速公路养护管理部门开展凝冰预警和养护工作而言，缺乏具体参数。

2.7.2　凝冰系统预警等级

路面凝冰预警与融雪系统通过对天气变化、路面状况的实时监测，来获取各种气象数据，然后通过网络及现场发布系统，实时地向外界发布天气的变化情况，以及凝冰预警或警示信息，从而使交通管理者及时做出相应的决策，同时让道路使用者及时了解路况信息，做好出行决定及路线选择。其主要功能和特点有以下几个方面。

1. 路面结冰早期预警

该系统通过对路面温度、路面状态、路面结冰温度预测、降水情况及大气温湿度等方面数据的探测，利用独特的逻辑运算，获得路面结冰预警信息。该系统可提供四级预警，分别是蓝色预警、黄色预警、橙色预警和红色预警，路面结冰早期预警等级如表 2.5 所示。

表 2.5　路面结冰早期预警等级

预警等级	凝冰判断结果	应对措施
1 级（蓝色）	提示	提示注意天降小雪或路面湿滑，路面可能形成不利行驶条件
2 级（黄色）	监视	有结冰倾向，仍需要监视
3 级（橙色）	人工防冰处理	结冰危险不会马上发生，达到一定条件后才结冰，需尽快防冰处理
4 级（红色）	自动防冰处理	结冰危险即将发生或已经发生，需自动触发防冰装置，进入防冰预案

2. 真实结冰温度点

该系统最具特点的检测内容是路面的真实结冰温度点，由于该系统采用的是路面凝冰预警智能传感器，其主动部件可以仿真路面结冰过程，得到真实的路面结冰温度点，从而获知路面结冰危险的存在。

3. 路面状态

为了进一步确认路面结冰危险的存在，该系统还集成了摄像机，用于实时监测路面状态变化。管理可根据需要提取一帧图像或查看实时录像。

该系统能够输出多达 15 种路面状态：路面干燥、路面潮气、路面微湿、路面湿滑、路面冰水混合物、浮雪状态、干雪覆盖、湿雪覆盖、冻雪覆盖、路面霜冻、路面黑冰、实冰覆盖、路面盐水、路面盐冰和未知状态。

按照路面结冰的厚度及路面的摩擦系数，将路面结冰预警等级进行了划分，如表 2.6 所示。

表2.6　路面结冰预警

路面状况	路面摩擦系数	行车条件	预警等级
全部冰冻，冰厚>3mm	<0.15	十分光滑	一级
部分冰洁，冰厚1~3mm	0.15~0.3	光滑	二级
薄冰层初形成，冰厚<1mm	0.3~0.45	稍滑	三级
干燥	>0.45	良好	四级

4. 天气类型数据

该系统还提供七种天气类型（小雨、中雨、大雨、小雪、中雪、大雪和无降水），以及降雨速度，有助于预测洪水及滑坡可能；除此之外，该系统还具有大气的温度和相对湿度数据。

5. 管理软件平台

该系统配有功能强大的道路凝冰预警管理平台软件。该系统可以增加道路行驶的安全性，减少司机对路面安全性的猜测；对于道路管理者来说，可以及时做出防冰雪方案，或由预警管理系统直接控制发热电缆融冰系统启动以实时消除凝冰。

第 3 章　抗凝冰除冰方法

道路表面的防冰技术主要分为两类：一类是被动抑制凝冰技术；另一类是主动抑制凝冰技术。被动抑制凝冰技术主要是在冰雪天气后，道路表面已经附上一层厚厚的冰雪层，利用人工、机械、化学、物理这四种方法去除凝冰；主动抑制凝冰技术是指路面铺筑过程中或已铺筑路面，在天气即将变寒冷时，在其内部结构添加一定的抗凝冰材料或者对道路表面进行改性处理，在之后的冰雪天气发挥作用，提高路面的抗凝冰能力，使人们免受道路凝冰的困扰。

3.1　被动抑制凝冰技术

被动抑制凝冰技术是指当冰雪即将来临或快要来临时所采取的一种人为控制的除冰雪方法，是一种被动的除冰雪方法。实施这种方法主要有：一是采用人工或机械直接对路面进行除冰雪，分为人工清除法和机械清除法；二是向路面撒布一定量的防冻结化学材料，以降低结冰点，使路面冰雪融化或者防止路面结冰；三是利用能量转化技术，通过能量转化设备，将工业电能、太阳能和地热等多种能量转化为热能，达到融雪化冰的目的。

3.1.1　清除法

1. 人工清除法

人工清除法是一种传统的道路除冰雪方法，此种方法主要是运用大量的人力、简单的工具通过人工清扫、铲除等方式清除道路的积雪结冰，使用的工具主要是人工除雪铲、扫把等简易工具，如图 3.1 所示。其优点在于人工自身灵活可控、无污染，清扫范围广、细致、灵活性大。缺点在于需要大量的人力、物力在道路表面去除凝冰，其施工作业很大程度上影响道路车辆的通行及行驶安全，不能连续，且长时间施工，劳动强度大，清除效率低；同时，许多特殊地段不适合由人工来处理凝冰，比如高速公路段、桥风口、山路段等。然而在街道、村落等路面较窄、清除工作量不大的地方或机械无法通行的道路，人工除冰雪仍是最常用和便捷的方法。

图 3.1　人工清除路面积雪

随着时代的发展，城市道路的不断增加，人力除冰雪技术已无法满足人们的需求，特别是在大型城市，交通出现的问题会被其他因素无限放大。在短时间内通过人力清除道路冰雪恢复交通根本无法完成，因此，在城市道路、国道等道路常使用其他更为方便、快捷的除冰雪技术来替代。

2. 机械清除法

机械清除法也是目前传统的除冰雪方法之一，用于清除道路凝冰的机械种类繁多，可以按照机械作业方式、工作原理、使用方式进行分类。

按照机械作业方式可分为机械铲雪和机械吹雪两种方法。机械铲雪方法是通过铲、推、扫等方式清除冰雪，适合城市道路、高速公路路面的大面积的除冰雪作业。但是由于除雪铲底部和路面有一定的距离，这种除冰雪作业方法不能完全清除道路表面的积雪结冰，界面清除后会形成一个新的冰雪层，路面的抗滑系数仍然较低。机械吹雪方法是通过机械对路面未经碾压薄冰积雪进行清除的方法，这种方法通常适用于机场路面等较小面积的可控范围的除雪作业，如匝道、桥面和长大纵坡均属于特殊路段施工范围[52-53]。

按照不同的工作原理可以将除冰雪设备分成轮滚式、投撒式、冲压式、震荡式和切削式这五大类。在实际使用中人们又习惯将除雪机分为螺旋转子式、犁式两种类型，如图 3.2 和图 3.3 所示。

螺旋转子式除雪机拥有对积雪进行切削、推移、抛投、集中等功能，是一种高效率、现代化除雪设备。该除雪机主要应用车辆前面的螺旋式铣削集雪器对冰雪进行切削，然后将雪屑输送到高速旋转的抛雪转子室内；同时，雪屑沿抛雪筒持续地被抛出，进而清除路面冰雪。螺旋转子式除雪机能够清除压实的积雪以及具有一定厚度的积雪，但在处理不平整的道路时会对路面造成一定的损坏，而且螺旋板的磨损也较快。

图 3.2 螺旋转子式除雪机

图 3.3 犁式除雪机

犁式除雪机大多不能独立使用，需要放置在推土机的前方或者是借助其他设备进行辅助除雪工作。这种除雪机主要是用推雪铲刀、侧向板、路面平整板、V形犁等将积雪推走，或者将积雪推到路边。铲刀式除雪机属于轻型除雪设备，适合在雪层松软的路面使用，除雪速度较快并且能够不损坏路面。V 形犁除雪机将路面积雪推向道路两侧，这种除雪机能够清除厚度达到 1m 左右的积雪，并能保持较快的速度。犁式除雪机大多用于清理松软未经挤压的积雪，而这类机械由于效率高、成本低、作业时便捷而被广泛应用。

机械除冰雪在工作效率上具有人工除冰雪不能比拟的高效性能，在具有人力轮换情况下甚至可以实现 24h 不间断地工作，并且机械除冰雪具有超高的机动性，可以应用在较大规模的路面除冰情况，但是机械除冰雪的缺点也是显而易见的。

（1）机械除冰雪前期需要购买除冰雪设备，资金前期投入较大，且这类机械往往在冬季使用，一年中大部分时间处于闲置状态，因此设备利用率较低，成本相对较高。

（2）机械除冰雪方法会给沥青路面或桥面留下划痕或破坏，从而给沥青路面或桥面带来巨大的损耗，降低道路的使用寿命，给道路交通带来潜在的破坏。

（3）机械除冰雪由于设备的原因，只能清除道路表面的部分宏观构造中的冰雪，而在道路宏观构造、微观纹理中的积雪结冰仍不能被有效清除，使得道路表面的摩擦系数依旧很低，抗滑性能不能得到有效保证。

（4）在机械进行除冰雪的同时，必须对道路交通进行限制，因此会对正常的交通出行造成不必要的影响。

（5）在除雪过程中，常常因遇路障而使主机或除雪装置遭到破坏，而大部分犁式除雪机回避路障的能力较差。

总体来说，机械除冰雪方法受到许多因素（如路面状况、气温高低及冰雪厚度）的限制与制约，前期购置除冰雪机成本较高，利用效率较低，且机械除冰雪施工作业时会降低工作断面的交通流量或中断交通，从而影响行车安全。

3.1.2　撒布融雪剂

撒布融雪剂除冰雪主要是在积冰雪路撒布融冰盐，通过融冰盐溶解于雪水，降低溶液的凝固点来使溶剂（雪水）的蒸汽压降低，积雪的融点下降，从而使冰雪融化，达到清除积雪和积冰的目的。

撒布融雪剂除冰雪方法是一种应用较为广泛的除冰雪方法，此方法是人为利用手动或者用机械设备向有冰雪附着的凝冰道路撒布融雪剂，如图 3.4 和图 3.5 所示。融雪剂从组成元素看可分为含有氯元素的氯盐类融冰剂、无氯元素的非氯盐类融雪剂以及混合类融冰雪剂。近年来，国内很多高校实验室也将融雪剂分为非环保型融雪剂和环保型融雪剂[54-55]。

图 3.4　人工撒布融雪剂　　　　　　图 3.5　机械撒布融雪剂

1. 非环保型融雪剂

非环保型融雪剂一般分为氯盐类和硫酸盐类等其他盐类。氯盐类融雪剂通常都包含 NaCl、KCl、$MgCl_2$、$CaCl_2$ 等，其中在氯盐型融雪剂中，使用历史最悠久、使用量最大的是氯化钠（NaCl）。通过人力或机械将氯盐类融雪剂抛撒在附着有凝冰路面上，降低道路表面凝冰的融点，能迅速地融化积雪、抑制结冰，并在短时间内有一定防止凝冰形成的作用。当外界气候条件适宜时，融雪剂可彻底去除道路冰雪，充分保障该路段的交通安全。抛撒的氯化盐含量高、除凝冰效率高、能耗低、对交通的影响较小、几乎没有设备成本要求。氯盐类融雪剂因为具有材料来源广泛、价格便宜、融雪效果好的特点，得到了普遍的应用。

虽然氯盐类融雪剂除冰雪效果较好，但由于氯离子的存在，氯盐类融雪剂融化后产生的氯化盐液体会对周围的生态环境造成较大的影响，如长期使用融雪剂除冰雪会给排水系统、路面、桥面和钢筋等设施造成严重破坏。氯盐对道路路面的腐蚀破坏，会损害道路表面的机体构造，使其使用性能严重下降，减少道路的使用寿命，道路路面腐蚀破坏如图 3.6 所示；对道路桥梁结构危害极大，极易造成道路结构和桥梁结构尤其是钢铁构件的锈蚀破坏；对道路、桥梁的附属结构，特别是混凝土结构，长期使用会因氯离子大量累积而导致混凝土内钢筋腐蚀破坏、加速混凝土冻融、促进碱集料反应造成混凝土的剥落，从而降低混凝土的结构承载力，影响道路桥梁附属结构的使用寿命，附属结构腐蚀破坏如图 3.7 所示。同时也给环境如水域、土壤和生态等造成严重污染，破坏土壤成分、造成土壤结块、土壤盐碱化，影响植物的生长、污染地表和地下水。氯盐类融雪剂除冰雪方法不仅严重破坏环境，同时会造成巨大的、不必要的经济损失。

图 3.6　道路路面腐蚀破坏　　　　　　　图 3.7　附属结构腐蚀破坏

2. 环保型融雪剂

正是由于氯盐类融雪剂存在以上问题，近些年来，非氯盐类融雪剂（也称环保型融雪剂）成为新的研究热点，各国都在积极研发环保型融雪剂。环保型融雪剂和氯盐类融雪剂的根本区别在于氯元素的有无，环保型融雪剂主要有乙酸钾（CH_3COOK）、乙酸镁 $[(CH_3COO)_2Mg \cdot 4H_2O]$、乙酸钙 $[(CH_3COO)_2Ca]$ 及甲酸盐和尿素 $[CO(NH_2)_2]$ 等。

这类环保型融雪剂成分中不含氯盐和硫酸盐等腐蚀物质，对环境及结构物的破坏污染较小，且其融冰化雪速率快于氯盐，持续时间长，但环保型融雪剂降低冰点的性能弱于氯盐，使得融雪剂使用时用量大且使用温度不能太低。这导致融雪剂短时间内能够使冰雪融化除冰效果明显，但是除冰效果受周围温度影响明显，如果周围环境温度持续下降，极易产生反结冰现象，已经融化的冰雪形成的水会在路表再次冻结成冰，使道路表面摩擦系数降低、抗滑性极差，从而更容易导致交通事故。同时，这类材料的价格高昂，价格为氯盐类的 15～30 倍，比较昂贵，很难大面积投入使用，因此材料的使用范围受到限制，一般只用于隧道口、风口、钢桥面、飞机场等小范围地方。

3. 混合类融雪剂

混合类融雪剂结合了氯盐类融雪剂融雪的高效率、低成本和非氯盐类融雪剂的环保效果，不仅可以降低融冰雪成本，还可以减少环境污染，便于大面积使用。也有研究者将适量缓释剂加入混合融雪剂中，进一步减少氯盐类融雪剂给道路、桥梁带来的危害。除了撒布融雪剂外，融雪剂是在道路表面使用，要求融雪剂具有一定的耐压性能，承受车辆顺利通过而不发生使用状态的形变，因此在添加混合盐化物时，需要配比一定量的沙石、水泥、石头等物质，增加其硬度和摩擦系数，不仅能够提高路面的摩擦系数，而且通过汽车的碾压可以达到去除积雪的目的。但是由于砂石在路面上被碾压、摩擦，对路面也会造成一定的损伤。

4. 撒布砂石

在冰雪路面上撒布一定粒径的砂石材料，如砂、石屑、炉灰、煤渣和砂盐混合料等，能提高冰雪路面的摩擦系数。由于砂、碎石的存在，一方面使冰雪层的冻结强度不均匀，另一方面砂石在冰雪层的运动使得雪不易压实，达到了抗滑的目的。由于砂石材料既经济又环保，该方法在欧洲应用非常广泛，但大量撒布砂石，会对路面造成损害，对沿线环境也会造成污染，不建议使用。

3.1.3 导电混凝土

导电混凝土按照混凝土种类可分为导电水泥混凝土和导电沥青混凝土，以导电水泥混凝土研究居多，其工作原理是通过在普通混凝土中添加适当种类和含量的导电组分材料，使具有导电性的材料代替混凝土中的普通骨料，从而使混凝土具有一定的导电性能和力学性能，变成具有良好导电性能的导电体。

导电混凝土的核心在于提高混凝土的热传导能力，导电材料的选取遵循来源广、工艺简单、成本低的原则，以便于在工程中大面积使用。导电材料主要有石墨粉、碳纤维、钢纤维等。在通电情况下，导电混凝土电阻发热，利用其电热效应使路面温度升高，产生的热量传输到路面中，从而达到融雪化冰的目的，如图 3.8 所示为美国一段导电混凝土路面的除冰雪效果图。

早在 21 世纪初，美国学者在总结了路面各种融雪化冰技术的研究成果基础上，提出了采用钢纤维除冰方法，并且对其导电性能和力学性能进行了研究，结果发现此种技术具有良好的导电性能和除冰雪性能，如图 3.9 所示为试验路段的铺筑[56]。随后，武汉理工大学针对解决路面凝冰问题，相继开展了碳纤维导电混凝土的研究工作，先后完成了碳纤维导电混凝土组合结构选取、电热转换效率、融冰雪控制方法及现场试验系统的研究工作[57]。

图 3.8　导电混凝土路面除冰雪效果图

图 3.9　导电混凝土试验路段的铺筑

　　导电混凝土消除了盐的使用给道路结构和环境所带来的负面效应，但能源消耗量大，同时能源转化效率低，制作工艺复杂，使用费用昂贵。另外，导电材料的加入对材料自身的力学性能有较大折损，且混凝土的电阻率随着时间的推移而逐渐变化，导致混凝土的电阻不稳定，耐久性有待提升，安全性差。这些因素制约了该技术的大范围普及使用，如果条件允许（主要指经济条件），可以在冰雪易发的交通要道采用。

3.1.4　电热类融冰法

　　电热类融冰法是将热水、地热能、燃气、太阳能等热能或电能通过能量转化设备传输至路面而融雪化冰。其热源一般来自地热、热电厂、供暖厂或者通过电加热。此种技术主要是通过预先在沥青混凝土中埋入恒温控制系统，使之与地热等热源相连接，通过传送热源的方法达到防止路面凝冰的效果。

电热类融冰法主要包括发热电缆法、地热管法、太阳能加热法、微波除冰法、流体加热法、洒水消融法和红外加热法。

1. 发热电缆法

发热电缆法起源于 20 世纪 40 年代，在欧美用于公寓住所取暖发热，代替了传统的取暖方法。由于发热电缆在发热地暖系统中取得了良好的效果，被广泛应用到游泳馆、酒店、健身中心、医院、商场等大型公共建筑，同时公园绿植种植区、运动场地、农业种植大棚等在气温较低时为了提高温度也采用了发热电缆加热系统。发热电缆加热系统因经济舒适、环保节能、操作方便等优点受到了欢迎。由于发热电缆法具有发热效率高、热稳定性好、无污染等优势，在民用建筑、室外设施和路桥面除冰雪等多个领域中都得到了应用。

近 20 年来，由于该技术的快速发展，世界各国不间断地开展对发热线的改造、铺装设计等研究，并已经具有非常丰富的经验。基于发热电缆独有的优势，除用于地暖系统、管道伴热系统、屋顶及屋顶天沟冰雪融化系统以外，也在足球场、草坪、花坛供热系统得到了广泛应用。

发热电缆加热技术在路桥面融雪的工程应用源于 1961 年，位于 Newark（New Jersey）桥梁表面层采用沥青混凝土铺装，为了保证在冬季该桥梁能够快速融冰，Henderson[58]将该加热装置内置于桥面结构内部，其所产生的热量足以融化 25mm/h 的降雪量，但发热电缆在车辆作用下被拔出，试验失败，且由于气候原因未获得有效数据。1964 年，相关研究人员吸取了前期失败教训，选取了 Teterboro（New Jersey）的一架桥梁及其附近的斜坡，如图 3.10 所示，将该发热系统在调试后再次埋设于路桥面结构内部，取得了良好的融冰效果，其耗能为 $323 \sim 430 \mathrm{W/m^2}$，年运营费用大约为 5 美元/$\mathrm{m^2}$。

图 3.10 发热电缆在道路工程的应用

发热电缆法以电力为能源，发热电缆为发热体将电能转化为热能。发热电缆法通过结构层内的导热将热量传到物体表面，再通过物体表面与冰雪之间的显热和潜热交换进行融雪化冰。发热电缆加热系统具有无污染、运行费用低、热稳定性好、控制方便等优势。

2. 地热管法

地热管法是指在管道内部注入热水或水蒸气，直接利用热能融化表面的冰雪。该方法不用外加动力设备，主要依靠重力进行循环，其主要缺点为建造和铺装加热管道比较复杂，耗费时间较长，难以推广使用。

3. 太阳能加热法

太阳能加热法是夏季将太阳能产生的热能存储起来，在冬季里利用所存热能来融雪化冰。此方法要建立一套太阳能融雪系统，该系统由集热装置、蓄热体和融雪装置三部分组成。这种系统只用于某些特殊地方的特殊路段。该方法的特点是清洁、环保和能源利用率高。

4. 微波除冰法

微波除冰法是美国在 20 世纪 80 年代率先提出来的。该方法是利用微波穿过冰层直接加热路面材料，使路面温度升高、冰雪融化，达到除冰效果。微波加热除冰法中，冰不易吸收微波，而路面材料能够吸收大量微波。因此，微波能够透过冰层加热路面，使贴近路面的冰层融化，消除冰层与路面之间的结合力，然后就可以很容易地利用除冰机械对其清除。此方法适用于难以去除的、坚固的较厚冰层，且具有对环境无污染、对路面无损害等特点，但其效率较低，造价较高，也具有一定的局限性。

5. 流体加热法

流体加热法是采用自然的热水源或存储的太阳能来进行加热的方法，将水作为储存热能的载体在冬季释放进行融冰化雪。该方法需建立融冰化雪系统，主要包括集热装置、蓄热装置和融雪装置。该方法能有效利用能源、具有较强的热水系统蓄热能力，且运行费用低，但系统施工难度大、建造和安装费用高，系统运行时需精确控制水量大小，控制难度系数高，容易出现温度过高或者温度不够的现象，难以达到所需的加热速率。

6. 洒水消融法

洒水消融法是利用液态水与积雪接触，通过二者之间的温度差产生热传递，从而将积雪温度提高到熔点以上转化成流动水与洒水一起排走。该方法对环境无污染，对路面损害小，但是效率低。洒水量难以控制，洒水量少达不到融冰效果还容易再次结冰；洒水量大容易造成路面抗滑系数过低，形成潜在的交通风险。洒水消融法适合于面积小，排水性能好的场所，融化的冰水必须要迅速排走，否则易于再次结冰。

7. 红外加热法

红外加热法主要是基于红外加热原理将光线对准待融化的冰雪并对其加热，或者采用喷洒高温气体的方式融冰化雪。该方法主要用于清理机场跑道的积雪，由于红外加热法的升温速率较慢，且受外界风速影响较大而不容易推广。

此类方法融冰雪速度快、安全环保，但其能耗大、融雪化冰效率相对较低、加热温度对路面性能有较大影响，且其费用高、工艺复杂，而且此类方法的应用对路面材料、结构和施工都有特殊要求，铺设时施工难度大，其后期的维修养护需要开挖路面，无法在老旧道路表面直接使用，故难以推广使用，适用范围相对较窄。

3.2　主动除冰技术

主动除冰技术是一种利用路面特殊的力学特性或构造特性，通过行驶车辆反复作用，无须其他人为辅助自发完成清除凝冰或改变冰雪的状态，从而达到改善交通行驶功效的技术。相对于路面凝冰，这类路面也称为抗凝冰路面，是近年来国内外道路工作者的研究重点。关于主动除冰的技术措施主要有以下 5 种。

（1）路面材料中添加储盐类材料以降低冰点。

（2）在满足路面各种力学性质及耐久性的条件下，采用加大构造深度，以减小或消除冰雪对路面的影响。

（3）路面材料中添加高弹性材料产生自应力除冰。

（4）将弹性材料压入在道路表面，通过弹性材料发生形变而导致结冰路面的黏结力下降，从而使路面冰雪破裂。

（5）在沥青路面表面上涂抹疏水材料，利用疏水材料的疏水性降低冰层与路面两者之间的黏结力，对凝冰的形成进行抑制。

3.2.1　储盐类路面铺装

按照是否含碳元素的原则划分，通常将除冰剂分成无机和有机两大类。

一类是以"氯盐"为主要成分的无机除冰剂：与有机除冰剂相比，无机除冰剂除雪效果稍逊一筹，如氯化钠、氯化钙、氯化镁、氯化钾等，这些除冰剂通常又称为"化冰盐"。其优点是价格便宜，仅相当于有机类除冰剂的 1/10，但它通常在凝冰产生后被大量喷洒于凝冰上表面，因此用量很大，导致对大型公共基础设施的腐蚀是很严重的[59-62]。常见的除冰剂就属于这一类,用得最多的是氯化钠(即食盐)。

另一类是以乙酸钠、乙酸镁、乙酸钙为主要成分的有机除冰剂。该类除冰剂抗凝冰效果好、腐蚀损害小,但价格高,一般用于机场等重要场所,属于相对比较环保的除冰剂。

1. 无机除冰剂

关于储盐类除冰剂在路面上应用较少,主要在日本开展了一些关于抑制冻结铺装的技术研究,其目的是从本质上减缓路面的冰冻,通过在沥青混合料中添加氯化钠和氯化钙等盐化物,用盐化物来降低冰点,从而达到防冻效果。盐分的添加方式有:①以粉体形式置换混合料中的部分矿粉,添加量约为7%;②以颗粒形式表面裹油后置换混合料中的细集料,添加量约为5%;③盐分以水泥固化成粒状物质,置换混合料中的粗、细集料,添加量约为8%;④在开级配沥青混合料空隙中填充不冻液、盐分等抑制冻结的材料。

经以上对比分析研究,本节针对几种最具代表性的除冰剂(包括氯化钠、氯化镁、氯化钙、硫酸镁、硫酸钙等),具体地分析它们的理化性质。

1)氯化钠

氯化钠为无色立方结晶或白色结晶,密度 2.165g/cm³,熔点 801℃,沸点1 413℃;溶于水、甘油,微溶于乙醇、液氨,不溶于盐酸,在空气中微有潮解性;常温下性质稳定,无分解、无毒、无刺激气味。氯化钠水溶液的溶解度随温度不同而不同,其相应的溶液浓度在小于最低共熔点对应的浓度时,随着浓度的增加冰点降低,当溶液浓度超过最低共熔点对应的浓度时,其溶液的冰点不变,如表 3.1 和表 3.2 所示。

表 3.1　氯化钠溶解度

温度/℃	0	10	20	30	40	50	60	80	100
溶解度/ (g/100g)	35.7	35.8	36.0	36.3	36.6	37.0	37.3	38.4	39.8

表 3.2　氯化钠溶液冰点

溶液浓度/%	4	6	8	10	12	14	16	18	20	22	23
冰点/℃	-2.5	-3.7	-5.2	-6.7	-7.5	-9.2	-11.0	-13.1	-15.3	-19.0	-21.2

表 3.1 表明氯化钠的溶解度随温度升高而增加,是易溶盐,温度对其溶解度的影响不大;表 3.2 表明其溶液冰点是关于浓度的函数,在溶液临界浓度23%左右,即在浓度为23%时,浓液达到了最低共溶点,小于23%时其冰点随着浓度增加而降低,超过23%时溶液的冰点都是-21.2℃。

2）氯化镁

氯化镁呈无色六角晶体，密度 2.316～2.33g/cm³，熔点 714℃，沸点 1 412℃，有毒性。$MgCl_2$ 的水合物种类很多，常温常压下，较稳定的是六水氯化镁，即 $MgCl_2 \cdot 6H_2O$，易潮解。当温度在 80～117℃时，$MgCl_2 \cdot 6H_2O$ 分解成 $MgCl_2 \cdot 4H_2O$；温度升至 135～180℃时，$MgCl_2 \cdot 4H_2O$ 继续失去 2 个结晶水；在 180～230℃时 $MgCl_2 \cdot 2H_2O$ 再次失去 1 个结晶水；高于 230℃时，$MgCl_2 \cdot H_2O$ 脱去最后 1 个结晶水成为无水 $MgCl_2$；随着温度升到 304～554℃，此时的无水 $MgCl_2$ 水解生成 $MgO \cdot HCl$；其中在温度超过 527℃时，部分的 $MgO \cdot HCl$ 分解成 MgO；可见 $MgCl_2$ 的稳定性很差。

氯化镁水溶液的冰盐合晶共饱和点温度可低达-33.6℃，易溶于水，其不同温度下溶解度如表 3.3 所示，溶液不同浓度的冰点如表 3.4 所示。表 3.4 反映氯化镁的水溶液冰点受控于浓度，相对于氯化钠而言，在浓度低于 18%时两者降低冰点的效果相当，当浓度大于 18%小于 30%时，其冰点的下降速率明显低于氯化钠的冰点下降速率。

表 3.3　氯化镁溶解度

温度/℃	0	10	20	40	60	80	100
溶解度/（g/100g）	34.6	34.9	35.3	36.5	37.9	39.8	42.2

表 3.4　氯化镁溶液冰点

溶液浓度/%	4	6	8	10	12	14	16
冰点/℃	−2.5	−3.9	−5.3	−6.9	−8.0	−10.7	−13.0
溶液浓度/%	18	20	22	24	26	28	
冰点/℃	−15.7	−18.6	−22.0	−26.0	−30.5	−33.6	

3）氯化钙

氯化钙呈无色、白色或浅白色立方结晶，一般商品为白色多孔块状或粒状、蜂窝状，无臭，味微苦；密度 2.15g/cm³，熔点 782℃，沸点＞1 600℃，极易溶于水，是良好的防冻剂，冰点在-55℃左右，溶于醇、丙酮、乙酸。其在常温下由水溶液析出 $CaCl_2 \cdot 6H_2O$ 结晶，加热至 200℃时变成二水物，继续加热至 260℃变成白色多孔状的无水 $CaCl_2$。其吸湿性极强，暴露于空气中极易潮解；主要用作气体的干燥剂，生产醇、酯、醚和丙烯酸树脂时的脱水剂；在食品工业中通常用作钙质强化剂、固化剂、螯合剂、干燥剂。

工业氯化钙在水中的溶解度如表 3.5 所示，其最低冰点如表 3.6 所示。

表 3.5 工业氯化钙的溶解度

温度/℃	0	10	20	30	40	60	80	100
溶解度/（g/100g）	59.5	65.0	74.5	100.4	100.4	—	—	159.5

表 3.6 工业氯化钙溶液冰点

溶液浓度/%	4	6	8	10	12	14	16
冰点/℃	−2.0	−2.9	−4.3	−5.6	−6.7	−7.8	−12.0
溶液浓度/%	18	20	22	24	26	28	
冰点/℃	−14.7	−17.8	−21.9	−25.7	−30.5	−33.6	

4）硫酸镁

硫酸镁是白色粉末，密度 2.66g/cm³，熔点 1 124℃，具有腐蚀性，溶于水、乙醇、甘油。其溶解度如表 3.7 所示，在水中超过 70℃溶解度下降。其水溶液具有降低冰点作用，但效果较氯盐差。

表 3.7 硫酸镁的溶解度

温度/℃	0	10	20	25	30	40	50	60
溶解度/（g/100g）	25.5	30.4	35.1	37.4	39.7	44.7	50.4	54.8

5）硫酸钙

硫酸钙是白色固体，密度 2.61g/cm³，熔点 1 450℃，带两分子结晶水的叫作石膏或生石膏（$CaSO_4 \cdot 2H_2O$）。将石膏加热到 150～170℃时，大部分结晶水失去，变成熟石膏（$2CaSO_4 \cdot H_2O$），常用作调凝剂。$CaSO_4 \cdot 2H_2O$ 微溶于水，其溶解度呈特殊的先升高、后降低的情况，如表 3.8 所示。

表 3.8 石膏（$CaSO_4 \cdot 2H_2O$）的溶解度

温度/℃	0	10	20	30	40	50	60	100
溶解度/(g/100g)	0.18	0.19	0.19	0.2	0.21	0.2	0.27	0.16

2. 有机除冰剂

1）乙酸钠

乙酸钠是无色透明或者白色颗粒结晶，可燃，三水合乙酸钠密度 1.45g/cm³，熔点 58℃；无水乙酸钠密度 1.528g/cm³，熔点 324℃，沸点大于 400℃。乙酸钠易溶于水，20℃溶解度为 46.4g，微溶于乙醇，不溶于乙醚。湿法制取的乙酸钠有乙酸的气味。无水乙酸钠分子式为 CH_3COONa，相对分子质量为 82.03。

2）乙酸镁

乙酸镁是无色单斜晶体，易潮解，常见乙酸镁有无水和带四个结晶水两种形态。四水合乙酸镁密度 1.454g/cm³，熔点 80℃，100℃时脱水。乙酸镁溶于水，无水物 20℃溶解度为 53.4g，溶于乙醇。其可由碳酸镁与乙酸反应制得。四水合乙酸镁分子式为(CH₃COO)₂Mg·4H₂O，相对分子质量为 214.46。

3）乙酸钙

乙酸钙是白色松散细粉，无臭，味微苦，易吸潮。由于无水乙酸钙吸湿性非常好，常以一水合乙酸钙的形式存在。乙酸钙密度 1.5g/cm³，熔点 160℃。其易溶于水，无水物 20℃溶解度为 34.7g，微溶于乙醇。一水合乙酸钙分子式为(CH₃COO)₂Ca·H₂O，相对分子质量为 176.18。乙酸钙常用作除冰剂、抑霉剂、稳定剂、缓冲剂、增香剂、防腐剂、营养强化剂，其不同浓度的水溶液的冰点变化如表 3.9 所示。

表 3.9　乙酸钙溶液的冰点

溶液浓度/%	2	4	6	8	10	12	14	16	18	20	22	24
冰点/℃	−0.7	−1.4	−2.1	−2.8	−3.5	−4.2	−4.8	−5.6	−6.3	−7.0	−7.7	−8.4

3. 常见储盐类产品

1）Mafilon

Mafilon（简称 MFL）是德国的钢铁制造公司 Mannesmann Handel AG 和日本株式会社 MITec 进行技术合作，以抑制冬季沥青路面的冻结为目的而开发的铺装用添加材料。该产品在日本经过了 10 余年的研发与实践，现已成为一种成熟的路面高端添加剂，在日本、韩国和俄罗斯等冬季道路交通事故多发地广为应用，并且除冰效果良好。

Mafilon 是一种粉末状材料，与矿粉具有相似的级配（图 3.11），可以置换沥青混合料中的部分或全部矿粉。Mafilon 的物理性状如表 3.10 所示，其主要成分为二氧化硅（SiO₂）、氯化钠（NaCl）、氧化镁（MgO）、氧化钙（CaO）等，其中能有效地降低冰点成分的为氯化钠，其占产品总质量的 50%以上。掺加 Mafilon 的沥青路面能够起到主动融冰化雪的作用，可以铺筑在陡坡路段、隧道的出入口处、桥面上及山区高速公路等易积雪路段，有效防止路面积雪结冰。另外，在城市道路的十字交叉口等需要车辆减速或急拐弯处铺筑主动融雪沥青路面，防止车辆在下雪天刹车打滑。

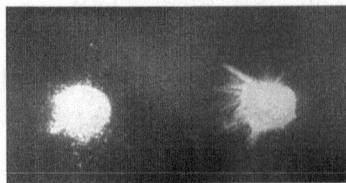

图 3.11　Mafilon 和矿粉对比（左边为矿粉，右边为 Mafilon）

表 3.10　Mafilon 的物理性状

试验项目		指标
形状		粉状，无结团
熔点/℃		≥700
水分含量/%		≤0.5
密度/（g/cm³）		2.10～2.40
pH		≤8.0～8.5
粒度级配/%	≥600mm	≤0
	≥300mm	≤2
	≥150mm	≤10
	≥75mm	≤30
成分		氯化钠、碳酸钙、三氧化二铁等
碳钢腐蚀率/（mm/a）		≤0.07
其他		皮肤接触无刺激性

　　Mafilon 主要采用多孔结构的火成岩包裹盐分，单粒径约为 0.075mm，与矿粉类似。研磨成粉末状颗粒置换混合料中的矿粉，使盐分充分分散在混合料中。通过渗透压和毛细管现象及行驶车辆的摩擦效果，Mafilon 材料中的盐分从沥青混合料内部浓度较高的狭小空间逐渐向盐分浓度较低的路面析出，并迅速溶于水中，使水的液相蒸汽压下降，但冰的固态蒸汽压不变。为达到冰水混合物固液蒸汽压平衡，冰雪开始融化，从而防止和延缓冬季路面的冰冻，发挥融雪化冰效果；同时，盐分析出后多孔材料的体积保持不变，避免了混合料因有效成分析出造成空洞的危害。

　　2）Verglimit

　　Verglimit 防冻剂是瑞士 VERGLIMIT 公司旗下一款专门用于防止路面结冰的产品。它是一种能同沥青混合料一起拌和的化学多分子防冻材料，可简单拌制在路面中，随时有效，在 0℃时效果明显。

　　Verglimit 是一种淡黄色颗粒状材料（图 3.12），密度为 1.80g/cm³，粒径为 0.1～5mm，熔点为 175℃，溶解后的 pH 为 11～12，松散密度为 0.84g/cm³，振实密度为 0.86g/cm³。铺设含有 Verglimit 防冻剂的抗凝冰路面可以减少交通事故的发生，降低交通堵塞的可能性，减少除冰时盐的投入，延长路面的使用寿命，低投入成本，无维护费用，目前在许多国家都有使用。同时，Verglimit 在我国也得到了应用，是一款非常受欢迎的抗凝冰路面材料。

图 3.12　Verglimit

　　Verglimit-260（简称 V-260）是目前的代表性产

品，具有极强的耐高温性能，可达 260℃。V-260 盐化物以颗粒形式在表面裹一层油，用来置换混合料中的细集料，添加量约 5%，是通过化学工艺处理而得到的路面防结冰材料，使用时添加到沥青路面上面层沥青混合料中，在冬季气温较低的条件下，其具有迅速被激活的特性，即通过渗透压和毛细管现象及行驶车辆的摩擦作用使抗冻结材料析出，降低路面的冰点，以有效阻止路面结冰。当路面层深度发生差异，路面受到压缩、振动、磨损等各项因素影响时，V-260 会从不同的深度被极其缓慢地抽提迁移到面层释放出来，从而与路表面的冰雪结合，降低冰雪的冰点，使冰雪融化，达到防止或延缓路面结冰的效果。在路面潮湿、有水、有积雪情况下，路面层深度 5～10mm 处，V-260 是作为溶液存在于混合料的孔隙间和毛细管里。在低温有冰雪条件下，这些溶液从空隙间渗漏到路面，使液相蒸气压下降，而冰的蒸气压表现为组成冰的分子逃逸到水中的倾向，为达到冰水混合物固液蒸气压相等的状态，固态冰向液态水转化，宏观上表现为冰被融化了。当路面干燥时，由于溶液中水分的蒸发作用，溶液体积减小而退回到孔隙间和毛细管里。较深层面 V-260 是以稳定的固体状态存在，但在车辆不断经过的磨损过程中，较深层面 V-260 固态颗粒不断地释放到浅层的溶液中，补充深度 5～10mm 处溶液渗透的损失。

图 3.13　IceBane

3）IceBane

IceBane 作为一种填料添加到沥青混合料中，是沥青混合料的重要组成部分（图 3.13）。IceBane 的主要技术指标见表 3.11，其主要化学成分包括二氧化硅、氯化钠、氧化镁、氧化钙等，其中有效冻结抑制成分为氯化钠，占总量的 50%左右，氯盐被吸附于岩溶类多孔材料中。由于 IceBane 要与矿粉进行混合，融雪路面对 IceBane 的级配有特殊的要求，即 0.075mm 筛孔的通过率要大于 75%。另外，在沥青混合料的拌和过程中温度比较高，达到了 165～175℃，故 IceBane 具有较好的高温稳定性。

表 3.11　IceBane 的主要技术指标及要求

试验项目	技术指标	技术要求
视密度/（g/cm³）	2.16	2.1～2.3
外观	乳白色粉末状	无结团
0.075mm 筛孔通过率/%	75.2	≥75
含水量/%	0.2	≤0.5
盐分含量/%	56	50±10
pH	8.3	8～8.5

通过改性剂的改性,使有效成分从路面内部逐渐析出到达路表和积雪层接触,通过降低冰点,达到抑制冰雪路面黏结层形成的目的。路面反复有行车荷载作用,有效成分不断对路表进行补偿,保证了路表积雪和路表面层界面之间的有效成分含量,从而起到对这一界面的黏结抑制作用。

4. 储盐添加方式(载体)

储盐类主动抗凝冰技术是以具有抗凝冰性能的化学物质置换混合料中的某种材料,混合料中具有抗凝冰性能的化学物质通过渗透压力和毛细管现象溶出,或因路面磨耗露出,以达到路面防冻和覆冰剥落的效果。储盐的添加方式可分为五大类:①发泡水泥颗粒;②储盐置换集料;③抗凝冰材料置换矿粉;④多孔火山岩吸附后置换;⑤储盐树脂置换。

1)发泡水泥颗粒

将加入了储盐的特殊水泥凝固物破碎,用它置换一部分碎石。铺装后,除冰剂逐渐从混合物的特殊骨材中溶出,发挥抑制冻滑效果,如发泡水泥石颗粒和储盐发泡水泥石颗粒 [图 3.14(a)、(b)]。

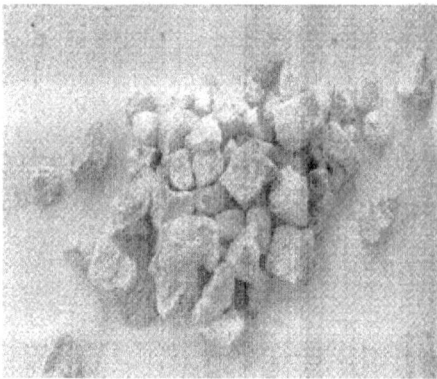

(a)发泡水泥石颗粒

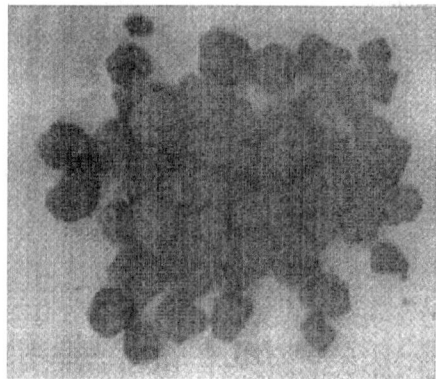

(b)储盐发泡水泥石颗粒

图 3.14 发泡水泥石颗粒和储盐发泡水泥石颗粒成品

2)储盐置换集料

用除冰剂置换沥青混合物料中的一部分碎石、碎屑、砂等,均匀分散在混合料中的除冰剂有效成分逐渐溶出而发挥抑制冻滑效果,如沸石储盐集料和陶粒储盐颗粒等,如图 3.15(a)、(b)所示。

3)抗凝冰材料置换矿粉

用抗凝冰材料置换普通沥青混合料中的矿粉,利用路面的孔隙和毛细管原理,化学材料从铺装表面不同的深度被缓慢地抽提迁移到道路面层释放出来,与里面的凝冰发生类似盐化学的作用防止或延缓路面结冰,化学类材料如 V-260、Mafilon 等,如图 3.16(a)、(b)所示。

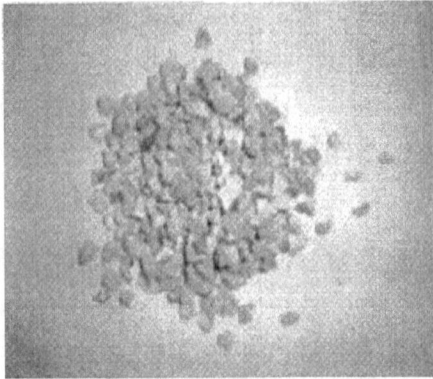

（a）沸石储盐集料

（b）陶粒储盐颗粒

图 3.15　沸石储盐类集料和陶粒储盐颗粒成品

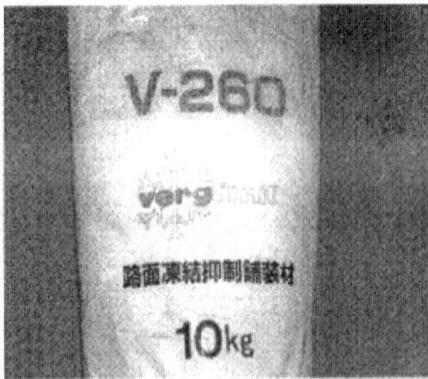

（a）V-260

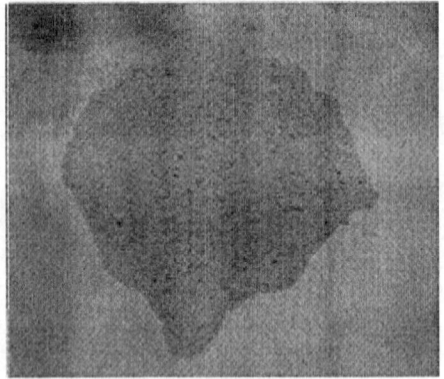

（b）Mafilon

图 3.16　V-260 和 Mafilon

4）多孔质火山岩吸附后置换

多孔质的火山岩细粉末的空隙吸附除冰剂等抗凝冰有效成分，再与细骨料和石粉等进行置换，使混合料中分散的有效成分缓慢溶出而产生抑制冻滑效果，如储盐火山岩集料，如图 3.17 所示。

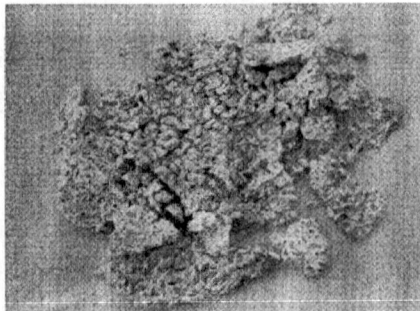

图 3.17　储盐火山岩集料

5）储盐树脂置换

在半柔性铺装的沥青混凝土孔隙中注入吸水树脂，通过吸收聚合物盐无盐害的乙酸钾等，使其形成水泥状固定在半柔性铺装表层。这种聚合物盐类防冻剂能持续保持抑制冻滑效果，具有抑制冻滑功能恢复能力的特征。

3.2.2 抑制冻结类铺装

抑制冻结类铺装技术主要是通过改变道路表面的宏观、微观构造，或者加入一定量的特殊材料到路面结构层中，抑制凝冰的形成，同时在车辆行驶过程中，加速破坏凝冰。这类技术可分为粗糙型路面技术、自应力弹性路面技术、镶嵌型路面技术、疏水路面技术。

1. 粗糙型路面技术

粗糙型路面技术是指通过新建或加铺构造深度极大的路面抗滑磨耗层，以弥补凝冰所形成的薄冰层对构造深度造成的损失，提供足够的路表抗滑能力，减轻凝冰对路面行车安全的影响，从而减少冰雪对路面通行能力的影响，并通过较大的表面或内部集料间隙提供顺畅的排水通道，使路面抗滑功能在凝冰期间得以有效维持的路面技术[63-64]。

20 世纪 90 年代，日本针对札幌市冬季极易出现的"滑冰场路面"进行了试验路段研究尝试。铺设的类型有自应力型和粗糙型。自应力型路面是增加路面面层（或罩面层）材料的柔性，使柔性大幅度提高，从而增加了路面受力时的弹性变形量。路面结冰后，行车辗压时使路面冰层直接承受不均匀的垂直和水平力作用而自动破碎。粗糙型是采用大粒径、开级配等沥青混凝土铺筑面层，增加面层的粗糙度。冰冻后，行车碾压时，水平力的作用使结冻层很快被磨耗掉，也增加了制动效果。铺设后观测，粗糙型路面的除冰效果不如自应力型路面，但是稳定性比较好。1 年后观测，粗糙型路面全部稳定，无耐久性问题，特别是半开级配路面面层粗糙程度保持效果很好。图 3.18 为某高速公路粗糙路面的实际除冰效果图。

图 3.18 粗糙路面的实际除冰效果图

粗糙型路面在抑制凝冰方面有如下特点。

（1）宏观构造大。利用构造深度来弥补薄冰对路面构造深度造成的损失，在行车压力下提供较大的横向摩擦力，使路面在行车压力下达到自动碎冰的效果。

（2）良好的排水性能。粗糙型路面因较大的表面或内部集料间隙具有良好的排水性能，凝冰在融化后变成水，能及时将水排走，不会在路面形成水膜，能有效维持路面良好的抗滑性能。

（3）良好的耐久性。粗糙型路面大粒径集料占比较高，在车辆的反复行驶作用下，磨耗低，抗滑损失小。

汽车行驶在粗糙型结冰路面时，轮胎与路面间的颗粒发生摩擦，结冰路面受力不均，使得冰块破裂而达到融冰雪效果。常见的粗糙型铺设技术分为以下四类[65]。

1）开级配沥青混凝土（OGFC）

大粒径的开级配沥青混凝土铺筑面层，混合料使用的粗集料较多，内部孔隙率很大、表面粗糙，结冰后行车时，轮胎和路面间的局部颗粒作用，使结冰层承受不均匀受力而成为凸形形状及破碎。一般采用改性沥青混合料，孔隙率在18%～22%。

2）多碎石沥青混凝土（SAC）

为了解决虽然高速公路沥青表面层抗滑性能好，特别是构造深度满足要求，但透水性又小这一技术问题，我国研究开发了多碎石沥青混凝土，它属于一种粗集料断级配沥青混凝土。混合料孔隙率接近4%，SAC孔隙率小，具有优良的摩擦系数和表面构造深度及抗辙槽能力。

3）沥青玛琋脂碎石（SMA）混合料

20世纪60年代初，德国为抵抗带钉轮胎对路面的磨耗而开发了沥青玛琋脂碎石混合料SMA，主要成分是粗集料（>2mm的颗粒占70%～80%）、沥青、填料或纤维组成的胶泥，属于一种骨架密实型沥青混凝土，具有抗辙槽能力强、抗滑性能好、抗磨耗能力强、老化慢，路面使用性能和耐久性好等优点。

4）碎石封层

碎石封层技术是一种在喷撒沥青类结合料后立即撒布一定粒径的粗集料，经碾压面形成薄封层的技术。碎石封层具有如下优点：卓越的抗滑性能和抗磨耗性能；良好的封水效果；可以有效防止路表水下渗，减少路面水损害；对原路面起到保护作用，延缓路面沥青材料老化；施工设备简单，施工工艺简便，施工速度快；使用寿命长，价格便宜等。

粗糙路面使用最多的就是大孔隙开级配沥青混凝土，由于该材料的孔隙连通，在有少量凝冰时可以提高抗滑性能，在冰层较薄或积雪不厚的凝冰初期具有较好的抗凝冰效果。但是随着冰雪的加大，内部的孔隙被充满时的路面抗滑性能将逐渐下降，可配合其他的除冰雪方式，即借助撒布融冰盐的方法除冰，会导致成本比常规路面多 20%左右，加之适应范围受约束，因此其在除冰方面没有得到足够发展。

2. 自应力弹性路面技术

自应力弹性路面技术是指在沥青路面材料内添加一定量的弹性颗粒材料，改变路面与轮胎的接触状态和路面的变形特性，同时利用弹性材料局部变形能力较强的特性，通过路面在外荷载作用下产生的自应力，使路面凝冰破碎融化，从而有效抑制路面凝冰的路面技术。对弹性颗粒沥青路面的除冰效果和抑制结冰机理进行了系统研究，研究认为弯拉破坏和剪切破坏共同作用导致了弹性颗粒路面表面冰层的破坏，但是剪切破坏是主要控制因素，因为弹性颗粒与混合料中的石料存在巨大的模量差，路面在外部荷载作用下产生较大的弹性变形，在路面冰层较薄的情况下，可使凝冰破碎融化，从而达到融冰效果，提高路面抗滑能力。

早在 20 世纪 40 年代，由于交通运输业的迅猛发展，废旧轮胎数量急剧增加，美国橡胶回收公司运用废旧橡胶颗粒替换一部分细集料，开启了自应力弹性路面之先河。北美、北欧及日本的自应力弹性路面中常用的弹性材料多为由废旧轮胎加工而成的橡胶颗粒，该种自应力弹性路面不但可以有效提高路面的除冰雪能力，提高道路安全性能和运输效率，而且为废旧弹性材料的回收利用提供科学、合理的新途径，利于环境保护和节省资源。美国将 4.75～9.5mm 橡胶颗粒掺入混合料中，并依次在 3%、6%、12%掺量下研究发现，橡胶颗粒的掺量越高，其除冰效果越明显，但耐久性和成型问题未能得到解决。

图 3.19 和图 3.20 为橡胶改性沥青混凝土路面与普通路面的除冰效果比较，采用橡胶颗粒沥青混凝土具有除冰雪、抗滑、耐磨、降噪优良的路用性能，在山区多冰雪地区值得推广。其不足之处是橡胶颗粒的选取范围少，没有对材料的耐久性进行研究，对橡胶颗粒混凝土的材料、配比、试验方法未能形成一个相对可以参考的技术指标和规范。

我国对橡胶颗粒沥青路面的研究起步较晚，但也取得了一定的研究成果。1998 年哈尔滨建筑大学开始了废旧轮胎橡胶颗粒沥青混凝土研究，刘晓鸿[66]对橡胶颗粒沥青路面路用性能研究发现，掺加橡胶颗粒的沥青混凝土具有除冰可行性，但是对橡胶颗粒的技术形状、成型工艺、除冰雪机理未做研究，缺乏实际的工程路段验证。2002 年哈尔滨工业大学周纯秀[67]先后对橡胶颗粒的技术性质、橡胶颗粒沥青混合料的成型工艺、除冰雪性能进行系统研究，并通过试验路段检验了研究的性能，研究表明：

图 3.19　橡胶改性沥青混凝土路面除冰效果　　　　图 3.20　普通路面的除冰效果

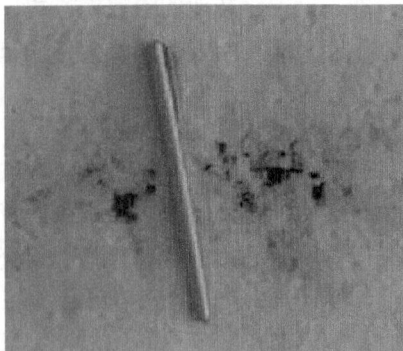

（1）在橡胶颗粒混凝土中随着针片状橡胶颗粒含量的减少，其混合料的压实性、稳定性、耐久性得以提高，橡胶颗粒表面特性差异对混合料的性能有影响但不显著。

（2）橡胶颗粒沥青混凝土的拌和成型温度较普通沥青混凝土高 10~20℃，拌和过程严格控制，先将橡胶颗粒与石料干拌 30s 左右，再加沥青矿粉搅拌 90s 左右，成型时采用二次击实成型，路面施工中也应采用二次碾压工艺。

（3）橡胶颗粒沥青路面除冰效果受橡胶颗粒的掺量、分布位置、路面层厚度、冰层厚度、外界温度的影响，当气温低于-12℃或冰层大于 9mm 时路面除冰效果基本消失。

橡胶作为一种自应力路面的改性材料，能显著提高道路的低温能力，改善沥青的感温性和黏弹性。用于改性的橡胶品种很多，常用的几种分述如下。

（1）氯丁橡胶沥青。在沥青中掺入此种橡胶，可使沥青的气密性、低温柔性、耐化学腐蚀性、耐燃烧性、耐久性得到明显提升。氯丁橡胶与沥青相互作用的机理是：橡胶可以看作沥青的外加剂[68]，它起到促进沥青结构形成的作用，它分布在沥青胶体结构的分散介质中或在沥青上形成本身的结构网：一方面保证强度，高温下不产生流动[69]；另一方面保证低温下的变形，从而扩大了混合物的工作范围。

（2）丁基橡胶沥青。具有优异的耐分解性，并有较好的低温抗裂性和耐热性能，多用于道路路面工程和制作密封材料和涂料，丁基橡胶沥青的配置发放与氯丁橡胶沥青类似，在此不做更多赘述。

（3）再生橡胶沥青。将再生橡胶摄入沥青中，可大大提高沥青的气密性，低温柔性、耐久性。再生橡胶与石油沥青的作用机理、氯丁橡胶和石油沥青的作用机理类似，且更为复杂。制备再生橡胶沥青时，要将废旧橡胶加工成 1.5mm 以下的颗粒，然后与沥青混合，经过加热搅拌脱硫后混合均匀即可[70]。

自应力弹性沥青混凝土中由于加入了橡胶颗粒，其路面变形能力增强并由此达到了除冰的目的，这就要求自应力弹性沥青混凝土的弹性大于一般的沥青混凝土。沥青混凝土弹性的增大，又会面临一个问题，路面在长期荷载的作用下，橡胶颗粒的变形会使得混合料内部"石料—橡胶颗粒—沥青—石料"之间发生稳定性下降。当荷载作用时间达到一定程度时，橡胶颗粒势必会从混合料中剥离，路面发生破坏，也就是我们说的耐久性不足。然而，自应力弹性沥青混凝土的除冰机理，就是需要橡胶颗粒大的变形能力。这里我们就需要找到混凝土及其耐久性之间的平衡点。一般基质沥青的黏弹性小，不能长期束缚住橡胶颗粒的变形，高变形弹性颗粒与沥青胶结料的沥青黏结性较差，其寿命常不如普通沥青混合料路面，这是影响自应力弹性路面广泛应用的重要原因和技术难点。

3. 镶嵌型路面技术

镶嵌型路面技术是指路面在刚铺筑时，将橡胶材料压入道路表面，通过橡胶发生形变而导致结冰路面的黏结力下降，从而使路面冰雪破裂。其原理与自应力弹性路面相似，不同之处在于自应力弹性路面是在拌和过程中，向沥青混合料添加一定量的弹性颗粒材料，而镶嵌型路面是在沥青路面铺筑成型后将橡胶材料压入道路表面。

日本在镶嵌型路面研究成果与应用方面均处于世界领先水平，早在 20 世纪 80 年代末在东京的高速公路上进行橡胶道路铺筑试验，将新铺筑好的沥青路面撒播 2cm 左右的橡胶颗粒，然后由压路机把橡胶颗粒镶嵌在沥青中，提高路面弹性，裸露的部分可以增加路面摩擦力，产生的自应力在道路上能够达到除冰雪的目的。某日本道路建设公司在铺筑的沥青混凝土表面按一定间距开一直径 50mm、深 25mm 的小洞，然后压入同样尺寸的橡胶小圆柱体，并同时用纤维添隙料填充。在结冰后只要行车一碾压，由于橡胶的弹性，冰层就会自动破裂。常见的弹性路面铺装技术如下。

1）弹性体混入型技术

汽车荷载作用在路表及路面内部掺加弹性材料的路面结构上，具有使路表冰雪破碎、加快路面出露的性能；弹性材料以废旧橡胶颗粒、聚氨酯树脂为主。在积雪寒冷地区，与普通路面相比，该路面与冰面的黏结强度较小，抑制冻结的效果优异。与化学类抗冻结路面相比，抑制冻结过程中材料无损耗，抑制冻结效果持续时间长。

2）弹性体混入、撒布型技术

在孔隙率较高的开级配沥青混合料中掺加橡胶颗粒并进行铺筑，铺筑完成后在路表撒布橡胶颗粒并马上进行碾压，这种路面可以起到排水、降噪和抗冻结等多种作用。该方法是将橡胶颗粒应用于排水型路面中，包括将橡胶颗粒掺加至结构中部分与路表部分，路面具有卓越的抑制结冰、排水及降噪功能。混合料孔隙中的橡胶颗粒起到降低噪声的作用，多孔结构将积水迅速排除，保证行车安全性，高品质的改性沥青保证路面优异的耐久性。

3）弹性体压入型技术

在沥青路面铺筑过程中，在路面表面撒布、压入具有弹力的合成橡胶集料，在冬季雪后冰板形成后的行车荷载的作用下，通过橡胶骨架的弹性破冰，促进冰面剥落及路面露出，但路面的抑制结冰的耐久性及持续性还需长期观测。其技术特点有：通过橡胶骨料的弹性抑制结冰，压实积雪的剥离较容易（降低除雪作业对路面的损坏）；长时间保持抑制冻结效果，具有与一般路面相同的耐久性；施工方法简单，不需要长时间的养护。

4）空隙填充型技术

采用以聚氨酯树脂、橡胶颗粒（1～2mm）及砂浆等构成的抑制结冰材料填充多孔沥青路面的空隙，通过物理作用达到抑制结冰的目的，其不能与使冰点降低的盐化物材料混合使用。该方法形成类似橡胶弹性路面的结构，减弱冰雪与路面的黏结，促进冰面与路面剥离，从而抑制路面结冰，提高路面的安全性并提高除雪效率。其技术特点是：聚氨酯树脂弹性层可以降低噪声，确保路面在行车时的安静与舒适；弹性层可以着色，进一步提高安全性；路面上的结冰在汽车荷载的作用下破碎，降低除雪作业的难度。

5）刻槽填充型技术

在沥青路面、半柔性路面或混凝土路面上开槽（宽6～12mm、深6～12mm、间隔25～60mm），将抑制材料聚氨酯树脂压入槽中形成抗冻结路面。冰板形成后，在行车荷载的作用下，通过路面表面的弹性部分破冰，弹性聚氨酯树脂使冰面易破碎、与路面易分离。其技术特点是：利用聚氨酯树脂的弹性变形抑制结冰，可以应用于既有道路，降低除雪作业难度，属于环保型抑制冻结路面。

镶嵌型路面技术能够防止路面结冰，增大路面的防滑能力，但耐久性、平整度不理想。随着时间的延长，橡胶颗粒被持续地压入，破坏了道路表面原有的结构，使橡胶颗粒极易脱落并造成道路坑洼，无法再具有抑制结冰性能。

4. 疏水路面技术

疏水路面技术是指通过机械撒布或人工涂刷的方式将疏水材料喷洒到沥青路面上，利用疏水材料的疏水性降低冰层与路面两者之间的黏结力，提升道路疏水性能的路面技术。

1997年德国植物学家率先发现荷叶表面具有自清洁功能和超疏水现象，特别是超疏水表面引起各国学者广泛关注。一开始国外专家在较为粗糙的表面喷涂疏水物质构造了超疏水表面，开拓了防覆冰涂层研制的新思路。之后在实验研究中发现超疏水界面能够降低冰层与基体黏附力，推动了疏水防结冰技术的发展。目前，国内在广东揭普惠高速公路上采用了有机硅雾封层技术。与其他的沥青路面雾封层预养护技术相比，疏水雾封层技术表现出其独特的优势：优良的防结冰抗滑性、耐久性、抗渗性，施工工艺简便，良好的社会效益和经济效益。如今，疏水防覆冰技术已然成为许多相关行业领域极为关注的热点问题之一。

超疏水现象的出现是一种独特的润湿性行为，而润湿性指的是液体铺展在固体表面并将固体表面气体取代的过程，润湿性是固体表面一个重要的特性。从物理学方面来说，润湿是指液体附着在固体表面后，形成一个整体的能量下降到最低的状态。当衡量固体的润湿性时要通过液体在固体表面的静态接触角 θ，静态接触角 θ 是在固-液-气三相交点处做气-液界面的切线与固-液界面的夹角，一般我们定义超疏水为静态接触角大于 150°、滚动角小于 10°时，就认为固体表面具有超疏水性。滚动角是一个临界值，表示的是当倾斜表面上的液滴刚好滚落倾斜表面时与水平面的瞬时夹角。另外，研究认为当静态接触角大于或等于 0°、小于或等于 90°时，固体表面表现为亲水；当静态接触角大于 90°而小于或等于 180°时，固体表面就处于疏水状态，150°以上定义为超疏水。

超疏水表面具有良好的疏水防覆冰性能。较大的接触角和较小的润湿滞后角可以有效地使物体表面的液滴滚动滑落，进而使其难以结冰；同时，微观结构内部的气体能够起到阻热的作用，从而使滴落在其上的液滴结冰时间延缓；另外，超疏水界面还能够起到改变液体结晶过程的作用，比如降低冰点，改变结晶类型等。即使液滴在疏水表面形成冰层，也能够明显降低两者之间黏附力，使冰层更易脱落。制备超疏水表面有两个基本原则：一是在具有低表面能的材料上面构筑微纳米级别的粗糙结构；二是在具有微纳米级别结构的材料表面修饰上一层低表面能物质。

目前，超疏水路面的研究主要集中在疏水界面的构筑、疏水材料的制备和选取上。各个国家和地区对其研究都正在探索阶段，并未形成一套完整的质量控制标准和技术评价指标。

第4章　主动抗凝冰雾封层应用技术

沥青路面雾封层作为高速公路沥青路面的预防性养护手段之一，由于其良好的施工工艺和技术优势受到业界的广泛重视。高速公路沥青路面的预防性养护是指在道路路面结构良好或是路面结构病害发生初期，通过采用先进的道路监测或检测技术发现高速公路的安全隐患，并根据路面的技术状况对其采取针对性、预防性的养护措施。沥青路面预防性养护是缓解高速公路养护资金短缺、提高路面养护质量、预防病害发展的有效手段。

沥青路面预防性养护主要包括裂缝填封、雾封层、石屑封层、冷薄层罩面（稀浆封层、微表封层和覆盖封层）和热薄层罩面（开级配、密级配和间断级配）等。沥青路面雾封层技术是将雾状的乳化沥青或再生剂喷洒到原有沥青路面上的一种预防性养护技术，可以应用于存在轻度或中度的集料松散损失、路面贫油渗水、微细裂缝、沥青混凝土老化等病害的各级公路。

沥青路面雾封层技术所用的沥青材料具有比较大的流动性，沥青中的有机高分子可以渗透到路面的微细裂缝和表面空隙中，与原路面的沥青成分进行渗透交换，改善路面材料及结构性能。沥青中的有机高分子组分的渗透作用可以补充路面面层沥青混凝土中的沥青成分，恢复沥青路面原有的弹性和黏附力，并可以封闭路面的微细裂缝和表面空隙，防止路面水分的渗透，减轻高速公路的受水损害和低温损害。雾封层技术更新和保护了原沥青路面，改善了路面的使用性能，提高了道路工程的耐久性。

此外，沥青路面雾封层技术的施工技术难度较低，节约了沥青道路的养护资金，提高了高速公路的管理效率。雾封层施工简单、方便，材料安全、环保，道路封闭养护时间较短。在通常情况下，雾封层施工后的沥青道路夏天 2～4h、冬天 8～12h 即可开放交通，雾封层预养护技术减轻了路面施工对道路交通运输及自然环境的影响。在新路面通车 2～4 年或者路面大修后 1～2 年时，并且在交通量等级低、路面抗滑性能优良，需要进行预防性养护时可考虑使用雾封层。目前常用的雾封层按使用材料可分为两大类：一类是普通乳化沥青类雾封层；另一类是含"再生剂"类沥青乳液。

沥青路面雾封层技术历经 20 余年的技术应用研究，其应用程度已经相当成熟，并根据新材料、新技术和新设备的发展，雾封层的应用也在不断地拓宽。从最开始的仅用于裂缝的封填等的微型病害的预防，发展到现在的功能型的雾封层，根据不同的功能性设计，使雾封层具有不同的功能。为解决高寒区的沥青路面老化问题，缠艳萍[71]研发了耐紫外线老化的雾封层；再生雾封层，主要是掺加一定的养护剂进入乳化沥青或改性乳化沥青中形成再生雾封层，通过养护剂的作用激活老化的沥青，延长使用的寿命；水性环氧树脂改性乳化沥青雾封层能大幅度提高乳化沥青的黏结性能；在雾封层乳液加入了树脂，采用快速破乳的改性剂乳液，并按照一定比例加入陶土、石英砂，研发了适用城市道路的快凝抗滑型雾封层[72]；为美化环境、利于组织管理交通、缓解驾驶员疲劳驾驶、提高行车安全，将无机金属盐类颜料填入沥青或胶结料中，研发出彩色雾封层[73]。

借由传统的雾封层材料向功能型的雾封层材料跨越，再加之路面凝冰对路面行驶能力和路面结构安全造成的危害，为辅助路面的清雪，对抗凝冰的雾封层材料的研究十分必要。

基于此，本章从最初的抗凝冰剂和乳化沥青的混合，对其配伍性进行研究，进而考虑稳定性以确定抗凝冰剂掺量，以及综合考虑环保性，以进行缓蚀剂的使用。然而，其设计主要考虑单一性能设计，很难确保材料除了融冰雪以外的其他性能，如耐久性和长效性等。

4.1　试验原材料

沥青路面主动抗凝冰涂料是一种由沥青、水、乳化剂、保护胶、抗凝冰剂等按照一定的施工工艺混合制备而成的具有抗凝冰功能的雾封层涂料。

4.1.1　沥青

沥青是生产抗凝冰涂料的主要原材料。沥青质量的优劣对于改性沥青产品的质量有着相当重要的影响。因此，为了生产出合格的抗凝冰涂料，必须严格挑选沥青原材料。挑选主要从两方面着手：首先，沥青材料要符合道路工程使用要求；其次，就是沥青原材料的易乳化性。

沥青材料的易乳化性可以从沥青的胶体结构、沥青的含蜡量、沥青的种类和沥青的选择等方面来考虑。

1. 沥青的胶体结构

沥青胶体结构理论[74]早在 20 世纪 50 年代就提出来了。沥青质、胶质、油分构成了沥青的胶体结构，固态微粒的沥青质是分散相，液态油分是分散介质。过渡性的胶质起络合作用，使分散相能很好地胶溶在分散介质中。在沥青胶体结构中，沥青质是胶核，胶质吸附在其表面，逐渐向外扩散，使以沥青质为核心的胶核胶溶于油分介质中，形成胶体结构单元——胶粒，若干胶粒集聚而形成胶团。

根据沥青胶体结构中胶团粒子大小和数量，以及在分散介质中的分散状态，把沥青分为溶胶结构型、凝胶结构型和溶-凝胶结构型三类。沥青质含量很少的沥青为溶胶结构型，沥青质含量很多的沥青为凝胶结构型，沥青质含量适中的沥青为溶-凝胶结构型。

从乳化的角度来看，溶胶结构型沥青最易乳化。因为其中的油分含量多，沥青质含量很少甚至不含沥青质，并且相对分子质量也小，胶粒或胶团完全分散于油分中，胶粒或胶团之间没有吸引力或者吸引力极小，易于被剪切分散，形成稳定的乳液。凝胶结构型沥青最难乳化。因为其中的沥青质含量很多，并且相对分子质量很大，胶粒或胶团形成连续的三维空间网络结构，必须在较高温度和极强的机械作用下才能被剪切开来，分散性也差，难以形成稳定的乳液。溶-凝胶结构型沥青乳化的难易程度介于前两者之间。

综合道路工程使用和易乳化性两方面的要求，溶-凝胶结构型沥青适合于用作乳化沥青原材料。适合乳化的溶-凝胶结构型沥青的四大组分最佳构成比例如表 4.1 所示。

表 4.1　沥青最佳构成比例　　　　　　　　　　（单位：%）

沥青质	胶质	芳香组分	饱和组分
5～10	30～35	30～35	5～15

2. 沥青的含蜡量

蜡是高熔点烃类和非烃类的混合物。组成蜡的化合物主要以正构烷烃和熔点与正构烷烃接近的长烷基侧链的少环烃类为主。含蜡量是道路石油沥青的一项重要指标。沥青中蜡含量在 3% 以下时，蜡一般不会形成结晶而是溶解在油分中。溶解状态的蜡对沥青的性能没有明显影响。沥青中蜡含量在 3% 以上时，蜡在沥青中是以松散粒子状态存在或形成结晶网格。如果蜡在沥青中是以松散粒子状态存在，会使沥青黏度增大。如果蜡在沥青中形成结晶网格，会促使沥青向凝胶型结构发展，但胶体体系不稳定，有明显触变性，在低温条件下会使沥青塑性变差，脆性增强。蜡对沥青的延度、针入度、软化点三项指标都有影响，对延度的影响最大，蜡含量增加，沥青的延度迅速下降。

在选择用于乳化的沥青原材料时，必须把含蜡量作为一个重要指标来检验。含蜡量较高的沥青难以乳化，乳化剂用量大，乳液稳定性差，蒸发残留物的性能也受到影响，特别是延度。

3. 沥青的种类

油源和加工工艺决定了沥青的化学特性。不同油源、不同加工工艺的沥青，相同油源、不同加工工艺的沥青，不同油源、相同加工工艺的沥青，在化学组成、分子结构上都会有很大差异，因而在胶体结构和性能方面也有很大差别，乳化性能也就各不相同。

相同油源、相同加工工艺的沥青，其黏度较小者易于乳化，黏度较大者难于乳化；针入度较大者易于乳化，针入度较小者难于乳化；标号低的沥青难乳化，标号高的沥青易乳化性相对较好；重交通道路石油沥青难于乳化，中轻交通道路石油沥青易于乳化。沥青的易乳化性能与沥青中的沥青酸含量也有关系。通常认为沥青酸总量大于 1%的沥青易于乳化。

4. 沥青的选择

根据以上分析，并结合《公路沥青路面施工技术规范》（JTG F40—2004）中喷洒用 PC-1 型乳化沥青的残留物性能指标标准（表 4.2），综合确定三种沥青作为备选的基质沥青，分别是 SK-70# 沥青、中海 70# 沥青和中海 90# 沥青，其基本性质如表 4.3 所示。

表 4.2　乳化沥青的残留物性能

检测项目	技术要求	测试方法
针入度（100g，25℃，5s）/0.1mm	50~200	T 0604
延度（15℃）/cm	≥40	T 0605

表 4.3　基质沥青的三大指标

检测项目	技术要求			测试方法
	SK-70#	中海 70#	中海 90#	
针入度（100g，25℃，5s）/0.1mm	63	61	87	T 0604
软化点/℃	48.8	49.4	45.5	T 0606
延度（15℃）/cm	≥100	≥100	≥100	T 0605

4.1.2　水

水也是生产抗凝冰涂料的主要原材料之一。水不仅是沥青的分散介质，同时又是乳化剂、保护胶和抗凝冰剂等原材料的溶剂。因此，水质对乳液的生产和产品质量有直接影响，水源的选择和对水质的要求不容忽视。制备抗凝冰涂料的水质标准主要从外观、pH、硬度等几个方面来考虑。

1. 外观

从外观上讲，试验用水要求是无色透明、无悬浮、无沉淀的。外观混浊，含有铁锈、泥沙等杂质或悬浮和沉淀杂质的水对沥青的乳化会造成不良影响，或使乳液过于稳定，或使乳液不稳定，严重时可能导致乳化不成功。

2. pH

水的 pH 是水中氢离子浓度$[H^+]$的负对数，$pH = -lg[H^+]$。pH=7 水呈中性，pH

>7 水呈碱性，pH<7 水呈酸性。当水的 pH 在 4.4～8.3 内，水的酸度和碱度同时存在。

水的 pH 在很大程度上决定沥青乳化的好坏，甚至是成败。各种乳化剂都要求在一定的 pH 范围内使用，才有最大的活性，以达到最好的效果。当水的 pH 在 6.0～8.5 内，且乳化剂溶解时，水的 pH 不会对乳化剂本身造成影响。当水的 pH 在小于 6 的酸性范围和大于 8.5 的碱性范围内会有两种情况：一种是水的 pH 与乳化剂 pH 相一致，乳化剂溶解时，水不会对乳化剂产生负面影响；另一种是水的 pH 与乳化剂的值不相一致，乳化剂溶解时，水会使一部分乳化剂消耗掉，从而使这部分乳化剂失效，这种负面作用对于沥青的乳化是很不利的。

因此，对改性乳化沥青的生产来说，水的 pH 也是一个不可忽视的指标。

3. 硬度

天然水中一般都含有可溶性矿物质，其中最主要的是钙盐和镁盐。水的硬度就是指水中钙盐和镁盐的总含量，其表示方法有多种，常用的是以度为单位，即 1L 水中含有钙镁盐的总量相当于 10mg 氧化钙时，称为 1 度。

Ca^{2+}、Mg^{2+}能与阴离子乳化剂反应生成不溶于水的物质，在水中沉淀出来，消耗掉一部分乳化剂，从而影响乳化剂效果，甚至会造成乳化不成功。

Ca^{2+}、Mg^{2+}还可以与水中的 CO_3^{2-}、HCO_3 形成盐，这些盐随温度的升高溶解度下降，从水中析出，沉积在锅炉、水箱等储水和加热设备以及管道壁上，结成水垢，影响传热效果，严重时会引起设备爆炸，管道破裂。

综合考虑外观、pH、硬度三方面因素，本书对抗凝冰涂料提出的水质指标见表 4.4。本书所有试验用水均来自自来水。自来水经过杂质分离和软化处理，经检验，从外观、pH、硬度三方面都能满足使用要求。

表 4.4　抗凝冰涂料水质指标

外观	pH	硬度
无色透明无异味无杂质	6.0～8.5	<8 度

4.1.3　乳化剂

乳化剂是乳化沥青生产的关键性原材料，正是由于它的存在，才使得沥青的施工状态由热拌变为冷拌。乳化剂占乳液总量的比例非常小，但其对乳化沥青的生产、储存及混合料的施工性能都有很大的影响。

1. 乳化剂的分类

根据乳化剂溶解于水中乳化剂分子亲水基是否带有电荷，把乳化剂分为离子型和非离子型。离子型乳化剂由于在水中电离后亲水基所带的电荷的不同，又分为阴离子型、阳离子型和两性离子型。

1）离子型乳化剂

（1）阴离子型乳化剂。阴离子型乳化剂由于原料便宜易得，工艺简单，所以最早生产的乳化沥青即为阴离子乳化沥青。根据亲水性基团的不同，阴离子型沥青乳化剂可分为以下三大类，即羧酸盐类、硫酸盐类、磺酸盐类。这里主要阐述常用的阴离子型乳化剂——脂肪酸钠类（属羧酸盐类），其他两类不常用，不再赘述。

脂肪酸钠类是最古老而又大量应用的表面活性剂，应用总量十分可观。其中，日常应用的肥皂就可以作为沥青乳化剂。其生产方法很简单，可由从油脂获得的脂肪酸或脂肪酸甲酯皂化而得。

由于这种乳化剂原料易得，生产工艺简单、价格低廉，常用于乳化沥青生产。所生产的乳化沥青一般为中裂型，也有部分为慢裂型，可用于稀浆封层、贯入、表面处置等。阴离子乳化沥青要求在碱性条件下使用。

虽然阴离子型乳化剂具有价格上的优势，但其使用性能不如阳离子型乳化剂，在国际范围内属于淘汰品。我国阴离子型乳化剂多为代用品，不是专门为乳化沥青开发的，对沥青原性质影响较大，施工过程中出现的问题较多，所以应用阴离子型乳化剂一定要考虑成本、施工效果和施工质量的综合效应。

（2）阳离子型乳化剂。微表处用改性乳化沥青所用的乳化剂应是阳离子型乳化剂，此类乳化剂发展较晚，但实践证明它与各种矿料有更好的黏附性，且成型速度快，早期强度高，用量少，既发挥了阴离子型乳化剂的优点，又弥补了它的不足，因此自开发以来就备受关注。

阳离子型乳化剂品种繁杂，分类方法各异，通常按照化学结构可分为烷基胺类、季铵盐类、木质胺类、咪唑啉类等[75]。

① 烷基胺类。其通式为 R-NH$_2$，其中 R 以 C$_{12}$～C$_{22}$ 较好，直链的较支链的好。二烷基或三烷基一般没有乳化性。此外，由于烷基单胺缺乏乳化力，容易从集料中剥脱，现在阳离子常为烷基二胺乳化剂。这种乳化剂乳化力良好，而且对集料的黏附性也好。常用的乳化剂为烷基丙烯二胺。国内生产这种类型乳化剂的厂家较少，但在国外则应用相当广泛，烷基胺类乳化剂在使用前通过调节 pH 使其处于带电状态。

烷基胺类乳化剂中，由于氨基的氮原子上有一对孤电子，易与质子结合，具有碱性，再加上烷基可以给电子，使得氮原子的电负性增强，形成的铵正离子也因正电荷分散而稳定，所以烷基胺类乳化剂带有很强的正电荷，由此制作的乳化沥青的破乳速度一般很快。

② 季铵盐类。这种乳化剂合成简单，原料来源丰富，价格相对较低，已成为我国沥青乳化生产的主要乳化剂之一。季铵盐类乳化剂本身就是带电状态的，因此在使用时不需要调酸。其与带负电荷的集料反应相对较快，制备的乳化沥青多

为中、快裂型；另外，乳化剂本身带有的永久性电荷，很难通过改变 pH 来调节拌和性能。

③ 木质胺类。木质胺类是慢裂乳化剂的首选产品。它以造纸废料中的主要成分——木质素为原料，成本低廉，合成也较简单，因此成为稀浆封层用的主要乳化剂。木质素胺化反应过程可分为两步进行第一步，环氧烷烃或环氧卤代烷烃与有机胺反应，生成环氧烷基胺或环氧卤代烷基胺中间体第二步，胺基化后的环氧烷烃或环氧卤代烷烃中间体与碱木素反应，发生醚化接枝。

由于木质胺相对分子质量大、不易溶解，阻碍了氮原子与质子的作用，再加上氮原子孤电子转向环状结构，进一步降低了木质胺的碱性，使用时，需要盐酸调节 pH，且制作的乳化沥青是典型的慢裂乳化沥青。

④ 咪唑啉类。咪唑啉分子中的环状结构，使得氮原子上的孤电子对与环状结构的 π 电子相互作用，形成一个均匀的共轭体系而变得稳定，氮原子上的孤电子对部分地转向环状结构，因此，氮原子与质子的结合能力降低，碱性降低，由此制作的改性乳化沥青的破乳速率一般较慢。

（3）两性离子型乳化剂。分子结构与氨基酸相似，即分子中同时存在酸性基和碱性基，易形成"内盐"，主要有甜菜碱型、氨基酸型等。两性离子型乳化溶液的特点是其带电性随着 pH 的变化而变化。其耐硬水、钙分散能力较强，与其他各类型的乳化剂有良好的配伍性，但价格较高[76]。

2）非离子型乳化剂

上述（1）～（3）均为离子型乳化剂，而非离子型乳化剂大多是由环氧乙烷与带活泼氢的化合物（如酚、醇、羧酸、胺等）反应得到的，其活性不仅与疏水烷基有关，还与聚氧乙烯链的长短有关。它具有高表面活性、稳定性以及良好的乳化能力，与其他乳化剂及其助剂的配伍性较好，并对金属离子有一定的螯合作用。它的活性与溶液的 pH 无关，在转相点（phase inversion temperature，PIT）形成的乳液最稳定。

2. 乳化剂的复配体系

在实际生产中，往往采用不同种类的乳化剂进行复配，以满足单一乳化剂难以达到的效果，同时还能减少乳化剂用量，降低成本。

1）非离子型与离子型乳化剂复配

离子型乳化沥青中的粒子，由于静电斥力而产生一定的张力，沥青乳液的稳定性降低。而与非离子型乳化剂复合使用时，二者将交替吸附在颗粒表面，大大降低了颗粒之间的静电张力。另外，非离子型乳化剂水化作用形成的水化层，对乳液的稳定性也有一定的协同效应。例如，季铵盐类中裂型乳化剂加非离子型乳化剂入烷基聚氧乙烯醚，并调节其用量，可得到稀浆封层用慢裂快凝型的乳化剂。

2）阴、阳离子型乳化剂复配

一般阴、阳离子型乳化剂在水溶液中不能混合，否则会生成沉淀或发生絮凝，活性降低甚至消失。研究发现，在一定条件下，阴、阳离子型乳化剂的复配体系有很高的活性，显示出极大的增效作用[77]。其增效作用来源于正负离子间强烈的相互作用，它使乳液内部的乳化剂分子更容易形成胶束，表面吸附层中阴、阳离子的交替排列更为紧密，使吸附量增加。

然而并非所有阴、阳离子型乳化剂直接混合就能得到活性很高的复配体系，在其制造过程中，阴、阳离子型乳化剂及活性剂的种类选择都很重要，一般是先将阳离子表面活性剂经适当处理后再与阴离子表面活性剂复配使用。

3. 乳化剂对沥青材料性能的影响

事实上，沥青乳液只是在使用过程中的一种暂存形式。乳液破乳后，水分析出，沥青又恢复自身的原有状态。然而破乳之后，乳化剂仍然残留在沥青材料中。乳化剂对沥青材料的性能可以有影响也可以无影响，可以是负面影响也可以是正面影响。

在乳化沥青中，沥青以 $0.1 \sim 10 \mu m$ 的细小微珠分散于水中，微珠的表面被乳化剂分子形成的界面膜覆盖。破乳后，沥青微珠间相互融合，沥青恢复原有状态。如果乳化剂分子在沥青分子间起剪切作用，则沥青微珠间的融合就会受到影响，乳化剂分子就像一道隔墙一样，把沥青微珠相互隔开，沥青恢复不到原有状态，则沥青材料性能就会下降。如果乳化剂分子在沥青分子间起凝聚作用，则对沥青微珠间的融合有所促进，乳化剂分子就像一座桥梁一样，可使沥青微珠顺利通过，并把它们牵拉到一起，促使沥青微珠间相互融合，沥青不但可恢复到原有状态，而且比原有状态融合得更紧密，则沥青材料性能会比原来提高。如果乳化剂分子对沥青无剪切作用，也无凝聚作用，则沥青可恢复到原来状态，保持原有的性能不变。

4. 乳化剂的选择

乳化剂是一种能够降低水的表面张力的表面活性剂，具有亲油和亲水两种基团，能够阻止沥青和水相互排斥，使其形成稳定的乳状悬浊液。乳化剂是生产乳化沥青的关键性基材，其在乳液中占的总量极少，但是决定了生产后乳液的稳定性和施工后的使用性能。材料备选的乳化剂是常见的两种离子型的乳化剂——阴离子型乳化剂 PFBE-100、阳离子型乳化剂 PFBE-200，其主要指标如表 4.5 所示。

表 4.5　乳化剂主要指标

乳化剂名称	破乳类型	离子类型	外观	pH
PFBE-100	慢裂快凝	阴离子	无色至淡黄色透明液体	9～11
PFBE-200	中裂	阳离子	乳白色膏体	5～7

4.1.4　保护胶

保护胶也称为稳定剂。抗凝冰涂料属于双重复合型热力学不稳定体系，除具有与乳化沥青完全相同的特征外，还由于抗凝冰成分的加入，增加了不稳定的因素，所以抗凝冰涂料的储存稳定性比乳化沥青更差。为了解决这一问题，使乳液的储存稳定性达到标准，除了在乳化生产工艺技术方面应严格控制以外，还可以加入适量稳定剂（保护胶）进行调整。

常用的稳定剂可分为无机稳定剂和有机稳定剂两大类。无机稳定剂主要包括氯化铵、氯化钙和氯化钠等无机盐类。无机稳定剂可以增大水相密度，减小与沥青相的密度差，增强乳液颗粒周围的双电层效应，增大 ζ 电位，增加颗粒之间的相互排斥力，减缓颗粒之间的凝聚速度，提高乳化能力，从而改善乳液的稳定性。有机稳定剂包括聚乙烯醇、羧甲基纤维素钠、淀粉和聚丙烯酰胺等。沥青乳液中加入有机稳定剂，可以提高水相黏度，在分散的微粒上形成界面膜，使其微粒相互碰撞时不易聚结，减小沥青微粒的沉降速率。界面膜由密排的定向分子组成，膜的强度越大，沥青微粒聚结需要克服的阻力也越大，因而乳液就越稳定。材料备选的保护胶是常见的非极性保护胶 PFEAS-100 和极性保护胶 PFEAS-200，其主要指标如表 4.6 所示。

表 4.6　保护胶主要指标

保护胶名称	保护胶极性	外观	其他
PFEAS-100	非极性	淡黄色液体	有刺激性气味
PFEAS-200	极性	白色絮状固体	能融于热水

4.1.5　抗凝冰剂

抗凝冰剂属于一种化学类的抑制冻结类材料，通过降低凝固点的方式，起到融冰降黏的功效。凝固点是指某物质液态与固态相处平衡、两者共存时的温度。抗凝冰剂析出迅速吸收空气中的水分，产生了潮解现象，在表面形成少量的水，进而形成浓溶液。一方面，低冰点物质在溶解到水里时，会产生一定的热量；另一方面，溶液的依数性定理可以解释融冰化雪的机理。稀溶液的依数性是指当溶液中的溶剂的种类和数量确定之后，该溶液所具备的性质（如沸点、凝固点及渗透压等特性）只取决于溶液中所含溶质分子的数目，而与溶质本性无关，即与溶质的种类无关。

抗凝冰剂按照碳元素的有无，分为无机抗凝冰剂和有机抗凝冰剂两大类，无机类抗凝冰剂以"氯盐"为主，如氯化钠、氯化钙、氯化镁、氯化钾等，其中氯化钠来源广泛、价格低廉、除冰效果好，应用最为广泛。但它通常被用于凝冰产生后大量喷洒于凝冰上表面，因此用量很大，导致对大型公共基础设施的腐蚀是很严重的。有机类抗凝冰剂又称为环保型抗凝冰剂，以乙酸盐为主，如乙酸钾、乙酸钠、乙酸镁、乙酸钙、乙二醇等，该类除冰剂抗凝冰效果好，腐蚀损害小，但价格高，难以广泛使用，一般用于机场等重要场所属于相对比较环保的除冰剂。还有一种混合类盐化物，是结合了氯盐类融雪剂融雪的高效率、低成本和非氯盐类融雪剂的环保效果，不仅可以降低融冰雪成本还可以减少环境污染。国内外的主要产品有 Mafilon、IceBane 等，具有融冰雪效率高、持续时间较长等特点。本试验选用 8 种具有代表性抗凝冰剂，其类型及种类如表 4.7 所示。

表 4.7　抗凝冰剂类型及种类

抗凝冰剂类型	抗凝冰剂种类
无机类	抗凝冰剂-1，抗凝冰剂-2，抗凝冰剂-3
有机类	抗凝冰剂-4，抗凝冰剂-5，抗凝冰剂-6
混合类	抗凝冰剂-7，抗凝冰剂-8

综上所述，制备抗凝冰涂料所需的原材料包含沥青、保护胶、乳化剂和抗凝冰剂等，分别选取以下几种原材料进行试验研究。

（1）沥青型号：SK-70 号、中海 70 号和中海 90 号。

（2）乳化剂：阴离子乳化剂 PFBE-100、阳离子乳化剂 PFBE-200。

（3）保护胶：非极性保护胶 PFEAS-100、极性保护胶 PFEAS-200。

（4）抗凝冰剂种类：抗凝冰剂-1～抗凝冰剂-8。

4.2　主动抗凝冰涂料的乳化稳定机制

抗凝冰涂料是将具有抗凝冰剂和乳化沥青互相混合形成的一种多分散体系，从本质上说抗凝冰涂料属于抗凝冰剂乳胶体系，本节先从乳化沥青的乳化机制和沥青乳液稳定机制进行分析，即分析乳液稳定的物理化学原因，再分析抗凝冰剂的掺加，其中抗凝冰剂与沥青、乳化剂和保护胶的共存稳定性属化学作用因素，而抗凝冰剂的添加量属物理作用因素。本节就这两方面的因素进行分析，以便于原材料选取和配方试验研究。

4.2.1　乳化机制

沥青材料不溶于水也不与水混合，但通过高速剪切作用，将沥青破碎成微小颗粒，分散在有乳化剂作用的表面活性物质的水溶液中，则可获得一种均匀分散的胶体。乳液中沥青颗粒直径为 $1～5\mu m$。乳化剂的基本作用是降低表面张力，其特点是分子中有一个水溶性亲水性的极性基团和一个油溶性、憎水性的非极性基团。在沥青—水体系中，乳化剂分子移动于沥青与水界面间，其分子的憎水基团吸附于沥青的表面，并使其带有电荷，而亲水基团则进入水相，从而将沥青颗粒与水连接起来，降低了两者之间的界面张力。同时，由于沥青粒子带有同样电荷而互相排斥，妨碍它们之间互相凝聚，沥青乳液能保持一定时期的均匀和稳定。电荷的性质取决于乳化剂的憎水基团或烃链部分的电荷，如其为负电荷，则沥青粒子带有负电荷，而形成的乳液为阴离子沥青乳液；反之，则为阳离子沥青乳液。如沥青粒子既具有负电荷，又具有正电荷，则乳液为两性离子沥青乳液。此外，还有非离子型沥青液。

上述各种沥青乳液均属水包油（O/W）型乳液。其中，沥青含量在 40%～65%，其余为水和乳化剂及稳定剂，如沥青的含量提高到 70%以上时，则将形成为油包水型乳液。

1. 界面张力

在沥青与水的接触面上，有相互排斥和各自尽量缩小其接触面积的两种作用。因此，只有当沥青与水面分为两层时，它们的接触面积最小、最稳定。如果加以搅拌，沥青变成微小颗粒分散于水中，这样就增大了接触面积，是不稳定的。一旦搅拌停止，它们又把接触面积恢复到原来最小的情况，且分为沥青与水两层。这是由于两种液体之间的表面张力差引起的，如滴下一滴水时，水很快就会呈球形，且此时表面张力最小。一般将物体的相界面（液体-液体、液体-固体、液体-气体）之间的张力统称为界面张力，液体-气体界面之间的张力称为表面张力。界面张力比表面张力要小很多[78]。

Antonow 规则提出，当两种液体接触时，其界面张力 $\sigma_{1,2}$ 可由下式算出：

$$\sigma_{1,2} = \sigma_1' - \sigma_2' \tag{4.1}$$

式中：σ_1' 和 σ_2' ——两种液体在相互饱和时的表面张力；

$\sigma_{1,2}$ ——界面张力。

表面张力与温度和压力有一定的关系。由 Ramsay 和 Shields 提出的公式，即

$$\sigma V^{\frac{2}{3}} = K(T_C - T - 6.0K) \tag{4.2}$$

式中：σ ——表面张力；

V ——液体摩尔体积；

K ——常数；

T_C ——临界热力学温度。

可以从两个方面解释温度对表面张力的影响：一方面是温度对液体分子间相互作用的影响，即随着温度升高，分子热运动加剧，动能增加，分子间引力减弱，从而使得液体分子由内部到表面所需的能量减少；另一方面是温度变化对表面两侧的体相密度的影响，即温度升高，与表面层相邻的两体相的密度差变小，故表面张力减少。上述两因素在宏观上均表现为温度升高，表面张力下降。一般来说，液体体积受压力影响很小，因而压力对表面张力影响不大，但在高压情况下，会

引起较明显的变化。

由表 4.8 可以看出，水的表面张力较大，沥青的表面张力较小，二者差别较大。

表 4.8　液体的表面张力

液体名称	与液体表面接触的气体	测定温度/℃	表面张力/（N/m）
水	空气	25	0.072
沥青	空气	>100	0.024
水银	空气	20	0.475
乙醇	氮气	20	0.022

2. 界面能的作用

乳化沥青是以沥青为分散相分散在水分散介质中而形成的分散体系。沥青经力学作用后形成细微的颗粒，这就大大增加了表面积。

$$S = \frac{a}{r} \tag{4.3}$$

式中：S ——沥青微滴的总表面积；

　　　a ——沥青微滴的形状系数；

　　　r ——沥青微滴的半径。

按照吉布斯（Gibbs）吸附定律

$$\Delta G = \sigma_{aw} \Delta S \tag{4.4}$$

即

$$G = \sigma_{aw} S + C \tag{4.5}$$

当沥青与水的界面张力（σ_{aw}）为一定值时，随着总表面积（S）的增加，表面自由能也随之增加。因此，沥青-水体系为热力学不稳定体系，为降低体系自由能，必然导致沥青的聚结。为使沥青保持高度的分散性，即不缩小总表面积，唯一的途径只有降低沥青-水的界面张力。通常最有效的办法是采用乳化剂来降低界面张力。根据 Traube 规则，表面活性剂分子结构中每增加一个 CH_2，其界面张力效应可增加 3～3.5 倍，如乙酸较甲酸就更能降低界面张力。

乳化剂降低水溶液界面张力的规律如下：当水中乳化剂含量非常少 [图 4.1（a）]时，只有几个乳化剂分子在空气与水的界面上定向排列，此时空气与水几乎是直接接触，水的表面张力还没有明显降低。随着乳化剂含量的增加 [图 4.1（b）]，相当于表面张力曲线急剧下降段。此时，只要增加很少的乳化剂含量，乳化剂分子就会很快在水面上定向排列，使空气与水的接触面积减少，水溶液的表面张力急剧下降。同时，乳化剂分子也聚集在一起，形成一些单纯的小型胶束。胶束的形成是为了缓和憎水基和水相斥作用而趋向于稳定。直到水溶液的表面定向排列有足够数量的乳化剂分子，紧密排列在液面上形成单分子膜。此时，空气与水溶液完全处于隔绝状态［图 4.1（c）］。如再增加浓度，乳化剂就以数十个乃至数百个分子聚集在一起形成球状或棒状胶束。通常将已开始形成胶束的最低浓度称为临界胶束浓度（critical micelle concentration，CMC）。达到临界胶束浓度以后［图 4.1（d）］，若浓度继续增加，乳化剂分子将继续聚集形成胶束，使溶液中的胶束数目不断增加，但由于表面已形成单分子膜，乳化剂的分子定向排列于空气与水溶液之间，空气与水的接触面积不可能再减少，它不能再降低水的表面张力，此时，即相当于曲线的水平段[79]。

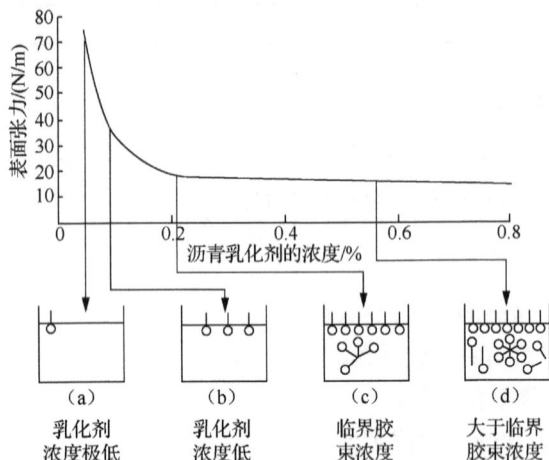

图 4.1　乳化剂水溶液浓度与表面张力示意图

影响 CMC 的因素如下。

（1）同系物中，若亲油基，碳氢链越长，则 CMC 越小。

（2）亲油基中烷烃基相同时，非离子型的 CMC 比离子型的小 100 倍。

（3）在水中，亲水基对 CMC 影响较小，但亲水性强，CMC 高。

（4）相同情况下，亲水基支化强度高者，CMC 高。

（5）无机盐使表面活性剂 CMC 变小。

如果在此水溶液中加入沥青，那么沥青与溶液之间形成第三界面，乳化剂胶束很快吸附沥青颗粒，亲油基嵌入沥青颗粒中定向排列，重新形成沥青为胶核的沥青乳化剂胶束，形成沥青乳液。这就是沥青能够变成乳化沥青的基本机理。

乳化剂溶液只有当其溶液浓度高于临界胶束浓度 CMC 时才能显示其作用，CMC 是溶液性能的转变点，但将其视为一个范围而不是一个点是比较合适的。CMC 一般都很低，通常为 0.001～0.02mol/L，即 0.02%～0.04%。对于沥青乳化剂来说，CMC 不是应用乳化剂的最佳值，而只能做一个参考，实际用量一般要远远大于 CMC。这是因为在乳化过程中，沥青的比表面积很大，如果溶液中的胶束过少，则很难将沥青的表面粘满形成单分子膜，所以其应用的浓度要远远大于 CMC。

3. 界面膜的稳定作用

在沥青-水的分散体系中，乳化剂吸附在沥青微滴的表面，定向排列而形成界面膜。此界面膜不仅可降低沥青与水的界面张力，而且对沥青微滴起着机械的保护作用，使沥青微滴在相互碰撞时不致产生聚集。

界面膜的强度和紧密度取决于乳化剂的性能和用量。乳化剂用量适宜时，膜的强度较大，沥青微滴聚结需要克服较大的阻力，故能形成稳定的沥青乳液。最佳乳化效果的乳化剂用量与乳化剂对沥青的吸附作用有关。我国石油沥青的特点是饱和分含量高，沥青质含量低，因而与水的界面张力较大。采用较长烷基链（16～18 烷基）的乳化剂具有与沥青较好的相互吸附作用。不仅如此，表面膜中若有极性物质存在，则表面活性大大增加，膜的强度也提高。分子间相互作用形成"复合物"结果，表现为界面张力降低更多，从而有利于乳化；界面张力降低，即表面吸附量增加，而形成更紧密的分子排列，也就增加了界面膜的强度，提高沥青乳液的稳定性；对于离子型乳化剂，由于沥青微滴带有相同电荷，增加沥青微滴之间的排斥力，也可以提高乳液的稳定性。

4. 界面电荷的稳定作用

通常稳定的沥青乳液中沥青微滴都带有电荷，这些电荷来源于电离、吸附和沥青微滴与水之间的摩擦。沥青-水界面上电荷层的结构一般是扩散双电层分布。双电层由两部分组成：第一部分为单分子层，基本固定在界面上，这层电荷与沥青微滴的电荷相反，称为吸附层；第二部分由吸附层向外，电荷向水介质中扩散，此层称为扩散层。由于每一沥青微滴界面都带相同电荷，并有扩散双电层的作用，因此沥青-水的体系称为稳定体系。

5. 胶束溶液的增溶

增溶（solubilization）或称加溶，即在表面活性剂存在时，两互不相溶之物可以"相溶"。增溶后的溶液与真溶液不同，增溶后的体系，其依数性不强，即不是分子分散。影响增溶的一些因素有以下几方面。

（1）表面活性剂结构。碳氢链越长，增溶能力越大；二价离子比一价离子表面活性强；二维表面活性剂比一维强；直链比支链强；非离子型活性＞阳离子型活性＞阴离子型活性。

（2）被增溶物结构。碳氢链越长，增溶量越小；碳链结构上的环越大，增溶量越小；两亲分子易被增溶；芳香烃比脂肪烃易增溶；有支链比直链易增溶。因此，选择乳化剂时宜注意乳化剂的增溶效果，乳状液、微乳状液与胶束的区别如表 4.9 所示。

表 4.9 乳状液、微乳状液与胶束的区别

种类	颗粒	类型	界面张力	颗粒形状	透光性	稳定性	表面活性剂用量
乳状液	>0.1μm	O/W, W/O, 多重型	10～100（m·N/m）	一般为球形	不透明	分层	少，不加辅助剂
微乳状液	10nm 至几百微米	O/W, 双连续 W/O	10^{-2}～10^{-6}（m·N/m）	球形	透明	分层	多，加辅助剂
胶束	1nm 至几十微米	O/W, W/O	1～10（m·N/m）	各种形状	透明	不分层	超过 CMC 即可

综上所述，沥青乳液之所以能形成稳定的乳状液分散体系，主要是由于乳化剂降低了体系的界面能、界面膜的形成和界面电荷的作用。乳化液是一种液-液粗分散体系，也是一种热力学不稳定体系。抗凝冰涂料就是乳状液的一种。

4.2.2 沥青乳液稳定机制

1. DLVO 稳定理论

DLVO 稳定理论[80]是 1941 年由德查金（Darjagain）、朗道（Landau），以及 1948 年由维韦（Ven Wey）和奥韦比克（Overbeek）分别提出的带电胶体粒子稳定的理论，它是关于胶体稳定性的比较成功的理论，基本观点如下所述。

（1）当带电胶体离子通过布朗（Brown）运动而相互接近时，它们之间存在着斥力势能，同时也存在着引力势能。

（2）胶体系统的相对稳定或聚沉取决于斥力势能或引力势能的相对大小。

（3）斥力势能、引力势能及总势能随着胶体粒子间距离的变化而变化，但斥力势能和引力势能与距离的关系不同。

设胶体之间的总势能为 Φ，Φ 为吸引能 Φ_A 和排斥能 Φ_B 之和，则 $\Phi = \Phi_A + \Phi_B$，其中

$$\Phi_A = -\frac{Aa}{12d} \tag{4.6}$$

式中：A ——哈梅克（Hamarker）常数；

　　　a ——胶体微粒半径；

　　　d ——两个微粒间的距离。

$$\Phi_B = \frac{Da\varphi^2}{2e^{kd}} \tag{4.7}$$

式中：D ——介电常数；

　　　a ——胶体微粒半径；

　　　φ ——热力电位；

　　　$1/k$ ——扩散双电层的理论厚度；

　　　d ——两个微粒间的距离。

　　抗凝冰涂料可以看作是胶体溶液,从引力能公式可以看出,胶体微粒之间的吸引力与微粒半径和微粒间的距离有关。微粒半径越大,吸引力就增大。因此,沥青微粒半径越大,越容易发生絮凝和聚结,不利于乳液稳定。

　　从引力能公式可以看出,胶体微粒之间的排斥力与微粒半径、热力电位、扩散层厚度、微粒间的距离有关。微粒半径越大,排斥力也就越大;热力电位越大,排斥力就越大;扩散层厚度越大,排斥力也越大;微粒间的距离越大,排斥力越小。斥力越大,微粒之间就越不容易发生碰撞、聚结,乳液就越稳定。

　　热力电位越大,扩散层厚度越大,斥力势垒越高,乳液越稳定。胶体微粒在第二位能穴产生聚结,则这种聚结状态很不稳定,很容易又恢复分散状态,利于乳液的储存稳定;若在第一位能穴产生聚结,则这种聚结状态很难再转化成为分散状态,不利于乳液的储存稳定。

　　双电层电位 φ 与距离成指数关系, $\varphi = \varphi_0 e^{-kx}$,其中 k 的倒数为双电层厚度,式(4.7)表明扩散层内电势随表面距离 x 而指数下降,下降速度由 k 决定, φ_0 为表面处即 $x = 0$ 时的电势。

　　DLVO 理论的适用范围:①稀体系;②电解质稳定的憎水胶体。但该理论未考虑水化层的稳定作用,在浓分散体系中,由于压缩双电层受到压缩, ξ 电势变得很小,无法解释浓分散体系的稳定现象。因此,在浓分散体系中,必须使用表面活性剂或高分子(又称保护胶体)来稳定分散体系。

2. 胶体理论

　　根据胶体溶液的性质,抗凝冰涂料可看作疏水胶体溶液。疏水胶体溶液又称溶胶,是由多分子聚集的微粒($1 \sim 100\text{nm}$)分散于水中形成的分散体系。微粒与水之间水化作用很弱,与水之间有较明显的界面,所以溶胶是一个微多相分散系统,具有聚结不稳定性。

　　由于胶粒不能水化而主要靠粒子表面带相同电荷,互相排斥才免于凝结而得稳定。但疏水胶粒只有在构成吸附层的吸附离子和部分异性离子存在时,才能带电而具有一定程度稳定性。若将疏水胶体(一般指溶胶)中少量电解质用透析法除去,胶粒失去电荷,胶体就产生凝结而沉淀。因此,胶体中必须有少量电解质的存在作稳定剂,其正、负电荷组成胶粒的双电层结构,使疏水胶粒带一定量电荷而达到一定程度的稳定作用。电解质的加入量必须适当,若加入过多,随着外加离子浓度的增加,可将原来分布在扩散层中的异性离子挤到吸附层中,使其离子吸附层较远的扩散层中的异性离子向吸附层靠近,使扩散层逐渐变薄,降低了起稳定作用的电位。当电位降至临界值以下,胶粒发生凝结。可见,溶胶对电解质是敏感的。这就是乳液中须加入无机稳定剂来改善乳液储存稳定性的原因。

3. 界面膜理论

　　界面膜是吸附于分散微滴表面的乳化剂分子、离子和反离子所形成的水化层。

在乳状液中，水为分散介质，构成胶团的全部离子都是水化的，在分散微粒周围形成一个具有一定弹性的水化界面膜。当胶团相互靠近时，水化界面膜因受到挤压而变形，每个胶团都力图恢复其形状而使胶团分开。乳状液稳定性的主要影响因素是界面膜的强度和紧密程度，若界面膜中吸附分子排列紧密不易脱附，界面膜牢固且具有一定强度和弹性，则能形成稳定的乳状液。

4. 斯托克斯（Stokes）公式

当乳液中的沥青微粒在重力作用下发生沉降时，微粒沉降的速率可用一个经典的斯托克斯公式[81]表示，即

$$v = \frac{2gr^2(\rho_1 - \rho_2)}{9\eta} \tag{4.8}$$

式中：v——微粒的沉降速率；

g——重力加速度；

r——分散相颗粒半径；

ρ_1——分散相（沥青）的密度；

ρ_2——连续相（水）的密度；

η——连续相的黏度。

从上述公式可以看出，沥青与水两相的密度差、沥青微粒半径、水相的黏度对沥青微粒的沉降均有影响。减小沥青微粒半径、减小沥青与水两相的密度差、提高水相的黏度可降低沥青微粒的沉降速率，有利于乳液的稳定。

5. 布朗运动

布朗运动是微小粒子表现出的无规则运动。悬浮在流体中的微粒处于不停顿的无规则运动中，这种微粒的运动称之为布朗运动。布朗运动有以下三个特点。

1）无规则、永不停歇

每个液体分子对小颗粒撞击时给颗粒一定的瞬时冲力，由于分子运动的无规则性，每一瞬间、每个分子撞击时对小颗粒的冲力大小、方向都不相同，合力大小、方向随时改变，布朗运动是无规则的。因为液体分子的运动是永不停歇的，所以液体分子对固体微粒的撞击也是永不停歇的。

2）颗粒大小的影响

颗粒越小，颗粒的表面积越小，同一瞬间，撞击颗粒的液体分子数越少。据统计规律，少量分子同时作用于小颗粒时，它们的合力是不可能平衡的；而且同一瞬间撞击的分子数越少，其合力越不平衡，且颗粒越小，其质量越小，因而颗粒的加速度越大，运动状态越容易改变，即颗粒越小，布朗运动越明显。

3）温度的影响

温度越高，液体分子的运动越剧烈，分子撞击颗粒时对颗粒的撞击力越大，因而同一瞬间来自各个不同方向的液体分子对颗粒撞击力越大，小颗粒的运动状

态改变越快，故温度越高，布朗运动越明显。

6. 费希尔（Fisher）理论——渗透效应

乳液中，在两颗粒相碰时，高分子层交叉，是相吸还是相斥？对此，费希尔提出过剩渗透压公式为

$$V_R^0 = \frac{4}{3}\pi RTBc_i^2 \left(\delta - \frac{H}{2}\right)^2 \left(3r + 2\delta + \frac{H}{2}\right) \tag{4.9}$$

式中：B ——第二维里系数；

　　　R ——理想气体常数；

　　　T ——热力学温度；

　　　δ ——吸附层厚度；

　　　H ——吸附量；

　　　r ——颗粒半径。

在好的分散介质中，B 为正值，颗粒产生排斥作用，不容易聚结，乳液就稳定；在差的分散介质中，B 为负值，产生相吸作用，乳液就不容易稳定。

纳珀（Napper）的热力学函数辨别法如下。

两个质点的吸附层接近时，其排斥自由能的变化为

$$\Delta G_R = \Delta H_R - T\Delta S_R \tag{4.10}$$

式中：ΔH_R ——焓变；

　　　T ——绝对温度；

　　　ΔS_R ——熵变。

只有 ΔG_R 为正时，体系才稳定。式（4.10）中，ΔH_R：正为吸热，负为放热；ΔS_R：正为由有序变为无序。在加温时絮凝，ΔG_R 由正值变为负值，只有 ΔH_R 为正，且 $\Delta H_R - T\Delta S_R > 0$，即焓为主要因素，叫做焓稳定；反之也可推断，当冷却时发生絮凝的体系是熵稳定体系。在部分非极性介质中的聚合物的稳定因素是熵稳定，水溶液体系为焓稳定。抗凝冰乳化沥青乳液在冷却时易发生沥青微粒聚沉，因此属于熵稳定。

7. 聚沉的动力学——Van Somluchowski 理论

当乳液中颗粒相遇时产生不可逆的接触，假设 n_0 个大小一样的颗粒，半径为 a，当两颗粒之间的距离为 $R=2a$ 时，即黏住，此时决定因素为扩散[82]。设单聚体的颗粒数为 n_1，当颗粒间的距离很远时，颗粒无聚集，$n_0 = n_1$；当颗粒相碰时，而且黏住的概率为 1 时，$n_1 = 0$，不再有单聚体，故可写成：当 $r = \infty$ 时，$n_1 = n_0$；$r = R$，$n_1 = 0$。若乳液中两个球状沥青微粒均运动，则单聚体粒子数目随时间变化的公式为

$$n_1 = \frac{n_0}{\left(1+\dfrac{t}{T}\right)} = \frac{n_0}{1+\dfrac{2t}{T}+\left(\dfrac{t}{T}\right)^2} \approx \frac{n_0}{1+\dfrac{2t}{T}} \tag{4.11}$$

各种粒子数目分别为

$$n_1 = \frac{n_0}{\left(1+\dfrac{t}{T}\right)^2} \quad （双粒子） \tag{4.12}$$

$$n_2 = \frac{n_0\left(\dfrac{t}{T}\right)^{2-1}}{\left(1+\dfrac{t}{T}\right)^3} \quad （三粒子） \tag{4.13}$$

$$n_3 = \frac{n_0\left(\dfrac{t}{T}\right)^{3-1}}{\left(1+\dfrac{t}{T}\right)^4} \quad （四粒子） \tag{4.14}$$

$$n_k = \frac{n_0\left(\dfrac{t}{T}\right)^{k-1}}{\left(1+\dfrac{t}{T}\right)^{k+1}} \quad （k+1\ 粒子） \tag{4.15}$$

对于各种粒子的合计即粒子总数，则有

$$\sum n = \frac{n_0}{1+\dfrac{t}{T}} \quad （粒子总量） \tag{4.16}$$

当 $t=T$ 时，颗粒数减去一半，故将 T 称为凝结时间。随着时间增加，单聚体数量逐步下降，多聚体数量逐步增加，由此沥青颗粒会逐渐聚结，不利于稳定。

上述公式适用于无保护层的颗粒。对于有保护层的颗粒，由于并非每次碰撞均能被粘住，可用活化能因子来表示聚沉的动力学。

$$-\frac{\mathrm{d}c}{\mathrm{d}t} = kc \qquad k = A\mathrm{e}^{-\frac{E_c}{kT}} \tag{4.17}$$

式中：A ——频率因子；

　　　k ——反应速率常数；

　　　c ——活化能因子。

　　　E_c ——防止聚沉的活化能。

因此

$$-\frac{\mathrm{d}n_t}{\mathrm{d}t} = 4\pi n_0 DR\mathrm{e}^{-\frac{E_c}{kT}} nt \tag{4.18}$$

4.2.3　抗凝冰剂作用机制分析

1. 化学作用因素分析

1）抗凝冰剂与乳化剂间的相互作用分析

抗凝冰剂对溶胶稳定性的影响规则有以下几个方面。

（1）起聚沉作用的主要是与胶粒相反电荷的离子。

（2）反离子价数越高，聚沉能力越大。

（3）与溶液具有同样电荷的离子能削弱反离子的聚沉能力，且价数越高，削弱作用加强。

根据以上规则，可以得到以下结论。

（1）为使得反离子的价数最低，降低聚沉能力，阴离子乳化沥青宜选择电离后阳离子为 1 价的抗凝冰剂。

（2）为使与溶胶具有同样电荷的离子价数最高，削弱反离子的聚沉能力，阳离子乳化沥青宜选用电离后阳离子为二价的抗凝冰剂。

2）抗凝冰剂与保护胶间的相互作用分析

保护胶一般带有多个亲水基团大分子或高分子物质，能够在水中溶解。极性保护胶在水中溶解后能够电离，大分子或高分子部分带负电荷，非极性保护胶在水中不电离，但由于含有亲水基团，存在氢键作用。对于极性保护胶，由于溶解电离后大分子或高分子部分带有负电荷，显然不宜与阳离子为二价的抗凝冰剂配伍，为避免电荷性质相反分子间相互作用絮凝，也不适宜用于抗凝冰涂料体系。

某些非极性保护胶的水溶液中加入特定的抗凝冰剂后会出现凝胶现象，因此，抗凝冰剂加入保护胶溶液中不能出现凝胶现象。综上所述，保护胶与抗凝冰剂间应满足如下条件。

（1）保护胶在水溶液中与抗凝冰剂之间可以进行电荷数相同的离子交换但不能发生类似化学交联的螯合作用。

（2）保护胶水溶液中加入抗凝冰剂后不发生凝胶。

根据上述条件，阳离子为一价的抗凝冰剂宜选用极性的保护胶，而阳离子为二价的抗凝冰剂宜选用非极性的保护胶。

2. 物理作用因素分析

在乳化沥青中加入抗凝冰剂，必然会引起抗凝冰涂料中水相密度的变化。由于抗凝冰涂料中水相密度大于沥青密度，放置一段时间后沥青将向上聚集、凝结直至破乳。如何控制沥青向上聚集、凝结的速度是抗凝冰涂料具有一定的储存时间的关键。

将乳化沥青看作是表层包裹乳化剂的沥青微粒分散在水中形成的热力学不稳

定体系，沥青微粒在水中的运动服从布朗运动，温度和微粒大小一定的条件下，影响该体系布朗运动的两个因素是水相的密度和黏度。水相的密度增加并提高了沥青微粒在水中所受到的"浮力"，致使沥青微粒向表层富集，减少了布朗运动的空间，增加了微粒间相互碰撞合并的概率；而水相的黏度是影响乳化沥青微粒布朗运动的另一个因素，黏度越大，布朗运动的速率越慢，碰撞合并的概率减小，乳化沥青微粒向上运动聚集凝结所需的时间越长。

按照斯托克斯沉降速率公式（4.8）分析，对于抗凝冰涂料，减小沉降速率的方法如下。

（1）减小乳化沥青微粒的大小，通过控制剪切速率、时间和乳化剂效果，使分散相（沥青）颗粒半径更小。

（2）增大连续相（水）的密度，在制备抗凝冰涂料时可以根据加入的抗凝冰剂浓度与密度的关系对抗凝冰剂增稠。

（3）增加连续相（水）的稠度，提高抗凝冰剂溶液的黏度。

（4）采用密度更接近于水的沥青，减小沥青与水两相的密度差。

4.3　主动抗凝冰涂料材料评价方法

4.3.1　释放速度评定方法

1. 抗凝冰剂释放速度测试方法

抗凝冰剂的初期释放速度是按照如下步骤测定。

（1）将已知抗凝冰剂含量的抗凝冰涂料涂覆在一定面积的容器内，干燥后形成抗凝冰涂料膜。

（2）将相同质量的抗凝冰剂研磨成通过 100 目方孔筛的细粉，撒布在另一个面积相同的容器内，撒布要尽可能均匀。

（3）同时向两容器内加入相同质量的水，所加水的质量是使抗凝冰剂完全溶解后浓度在 1% 以下，以便于可用分析仪器直接检测抗凝冰剂浓度，而不需要进行稀释处理。根据抗凝冰剂质量和仪器的分析灵敏度范围以及取样所需质量，加水质量为抗凝冰剂质量的 150 倍～300 倍，同时记录下加水的时间。

（4）在纯抗凝冰剂完全溶解消失时，记录下所经过的时间，而后迅速用玻璃棒轻轻搅动抗凝冰涂料膜上方的水溶液，玻璃棒不接触抗凝冰涂料膜。然后快速取样，测定样品的质量和其中的抗凝冰剂浓度，计算已经溶解出来的抗凝冰剂质量，以抗凝冰剂溶出质量与初始质量之比值作为初期释放速率。

（5）每隔一段时间取样，称量取样质量和测量样品中的抗凝冰剂浓度，计算不同时间的抗凝冰剂析出速率，或称抗凝冰剂累计析出百分率。

（6）以抗凝冰剂析出速率达到接近恒定，连续三个数据最大数据与最小数据之差不超过 3%，且此后任意连续三个数据最大数据与最小数据之差也不超过 3% 时，取此最先出现的连续三个数据中的最大数据为可直接溶出的抗凝冰剂比率，而剩余部分为包覆比率。

2. 抗凝冰剂释放速率计算

假定在 t 时刻取第 i 个样品，以 $M_{t(i)}$ 表示 t 时间内水相抗凝冰剂累计析出质量，则有

$$M_{t(i)} = \frac{1}{\rho_i}\left(m_0 - \sum_{i=1}^{n} m_{i-1}\right)c_i + \frac{1}{\rho_{i-1}}\sum_{i=1}^{n} m_{i-1}c_{i-1} \qquad (4.19)$$

式中：m_0——浸泡水的质量，实际考虑到抗凝冰剂不断的溶解，水与抗凝冰剂的质量之和为一变数，但因抗凝冰剂相对质量较少，抗凝冰剂的溶解引起溶液体积和密度的变化可以忽略；

$M_{t(i)}$——第 i 个取样对应的 t 时间内累计析出的抗凝冰剂质量，g；

m_i——第 i 个样品的取样质量，g；

c_i——第 i 个样品的浓度，g/L；

ρ_i——取第 i 个样品时的抗凝冰剂溶液密度，因抗凝冰剂浓度较低，其密度接近水的密度，均取 1.00g/cm^3。

按抗凝冰剂释放速度 $v_{t(i)}$ 为累计析出百分率的定义，则 t 时刻抗凝冰剂释放速率为

$$v_{t(i)} = \frac{M_{t(i)}}{M_0} \times 100\% \quad i = 1, 2, 3, \cdots, \infty \qquad (4.20)$$

式中：M_0——抗凝冰涂料薄膜中抗凝冰剂初始含量。

若在 t 时刻取第 j 个样进行测量和计算后，满足

$$\max\left(\left|v_{t(j)} - v_{t(j-1)}\right|, \left|v_{t(j)} - v_{t(j-2)}\right|, \left|v_{t(j-1)} - v_{t(j-2)}\right|\right) \leqslant 3\% \quad j \geqslant 3$$

且此后任意连续三个 $v_{t(i)}$ 数据的最大值与最小值之差也满足上述关系，则可溶出抗凝冰剂的比率定义为

$$\max(v_{t(j)}, v_{t(j-1)}, v_{t(j-2)}) \quad j \geqslant 3 \qquad (4.21)$$

抗凝冰剂包覆比率为

$$1 - \max(v_{t(j)}, v_{t(j-1)}, v_{t(j-2)}) \quad j \geqslant 3 \qquad (4.22)$$

4.3.2　黏结力评定方法

黏结力是判断抗凝冰涂料是否能有效发挥其路用性能的重要指标之一，黏结力大小反映了抗凝冰涂料与道路表面的结合能力。抗凝冰涂料黏结力不足，会导致雾封层在没有完全发挥抗凝冰能力之前脱落、剥皮，抗凝冰涂料的能力大幅降

低。为判定抗凝冰涂料黏结力，本节设计了采用便携式拉拔仪测定抗凝冰涂料膜对车辙试样面层黏结力的试验，其中采用车辙板试件是由于车辙板试件较钢板试件和水泥混凝土试件相比，更能真实地反映实际路面的结合能力。

评定方法步骤如下：按照试验规范制作沥青混合料车辙板，待其冷却固化 2d 以上后，取沥青混合料车辙试样从中剖开，涂上一定厚度的抗凝冰涂料，自然状态下干燥后用环氧树脂粘上拉头，待环氧树脂固化后用便携式拉拔仪拉拔拉头，测定抗凝冰涂料膜对车辙试样面层的黏结力，以此评价抗凝冰涂料的黏结力。

为避免环氧树脂可能渗透到车辙板，导致测量数据偏大，造成干扰，抗凝冰涂料膜要比较厚，黏结拉头的环氧树脂黏度要大，固化速率要快，因此决定在测定时抗凝冰涂料膜的干膜厚度取 $300g/m^2$，环氧树脂用黏度大于 15 000cP[①]的改性环氧树脂，环氧固化剂采用黏度大于 30 000cP 的聚酰胺固化剂。

4.3.3 抗凝冰效果室内模拟评定

抗凝冰涂料的抗凝冰性能是检验其抗凝冰效果最为重要的环节，室内为了进行模拟其抗凝冰效果，室内自行制定了以下试验方法。

（1）将抗凝冰涂料涂敷在培养皿中，干膜厚度控制在 $200g/m^2$ 左右。待其干燥后放入设定温度的环境箱中保温，同时放入一瓶干净的纯净水。

（2）在无扰状态下保温至少 3h，保证培养皿和纯净水温度降至设定温度，此时纯净水为过冷状态，温度 0℃。

（3）迅速将过冷状态的纯净水倒入培养皿，控制倒水量，在抗凝冰涂料膜表面形成约 1mm 厚的水膜，倒过冷水的过程时间不超过 20s。继续在设定温度下保温，每隔一段时间观察是否结冰和结冰的状态，间隔时间的选择是当观察过后环境箱恢复到指定温度后继续保温至少 30min 的时间，为便于控制，规定观察时间间隔为 1h。

（4）倒入过冷水后冷冻 0.5h、1.5h、2.5h 和 3.5h 后分别观察结冰现象，若有结冰，用玻璃棒轻敲或搅动。

（5）检验结冰状态，以此来判定抗凝冰效果的优劣。

4.3.4 稳定性评判方法

1. 乳化沥青储存稳定性

1）固含量

参照《公路工程沥青及沥青混合料试验规程》（JTG E20—2011）的规范要求，乳化沥青蒸发残留物含量（固含量）试验方法和步骤如下。

---

① $1cP = 10^{-3}Pa \cdot s$。

（1）将试样容器、玻璃棒等洗净、烘干并称其合计质量（m_1）。

（2）在试样容器内称取搅拌均匀的乳化沥青试样 300g±1g，称取容器、玻璃棒及乳液的合计质量（m_2），准确至 1g。

（3）将盛有试样的容器连同玻璃棒一起置于电炉或燃气炉（放有石棉垫）上缓缓加热，边加热边搅拌，其加热温度不应致乳液溢溅，直至确定试样中的水分已完全蒸发（通常需 20～30min），然后在 163℃±3.0℃温度下加热 1min。

（4）取下试样容器冷却至室温，称取容器、玻璃棒及沥青一起的合计质量（m_3），准确至 1g。

乳化沥青的蒸发残留物含量按式（4.23）计算，以整数表示为

$$P_b = \frac{m_3 - m_1}{m_2 - m_1} \times 100 \qquad (4.23)$$

式中：P_b——乳化沥青的蒸发残留物含量，%；

　　　m_1——试样容器、玻璃棒合计质量，g；

　　　m_2——试样容器、玻璃棒及乳液合计质量，g；

　　　m_3——试样容器、玻璃棒及残留物合计质量，g。

2）储存稳定性

参照《公路工程沥青及沥青混合料试验规程》（JTG E20—2011）的规范要求，乳化沥青的储存稳定性是在规定的容器（沥青乳液稳定性试验管）和条件（储存温度为乳液制造时的室温）下，储存规定时间（5d，根据需要也可为 1d）后，竖直方向上试样浓度的变化程度，以上、下两部分乳液的蒸发残留物含量的差值表示为

$$S_s = |P_A - P_B| \qquad (4.24)$$

式中：S_s——试样的储存稳定性，%；

　　　P_A——储存后上支管部分试样蒸发残留物含量，%；

　　　P_B——储存后下支管部分试样蒸发残留物含量，%。

2. 抗凝冰涂料储存稳定性

从斯托克斯原理可知，通过黏度和密度之间的关系调整，使抗凝冰涂料达到普通乳化沥青的稳定性，但需要添加很多的增稠保护胶，但是黏度太大不利于施工。此外，抗凝冰涂料与普通乳化沥青有着本质的差别，因此不宜用评价普通乳化沥青稳定性的方法来评判抗凝冰涂料的稳定性。

抗凝冰涂料在储存过程中，由于水相的密度较大，不可避免会发生分层，乳化沥青向表层富集。若分层状态在搅拌等外力作用下可以破坏，使之恢复到初始的状态且不影响使用效果，那么抗凝冰涂料可以认为是稳定的。因此，定义抗凝冰涂料的稳定时间为在分层后经过外力搅拌仍可恢复到初始状态的时间，而实际中精确的稳定时间难以确定，考虑到生产、运输与施工环节所需的时间，人为规

定 10d 为抗凝冰涂料的稳定性时间，即只要抗凝冰涂料放置 10d 后能够搅拌恢复到初始状态，那么在 10d 的周期范围内抗凝冰涂料仍是处于稳定状态。

4.4 主动抗凝冰涂料材料的制备

4.4.1 抗凝冰涂料制备

1. 开发技术路线

综合上述对抗凝冰涂料原材料、性质、判定方法等分析，抗凝冰涂料的开发技术路线如图 4.2 所示。

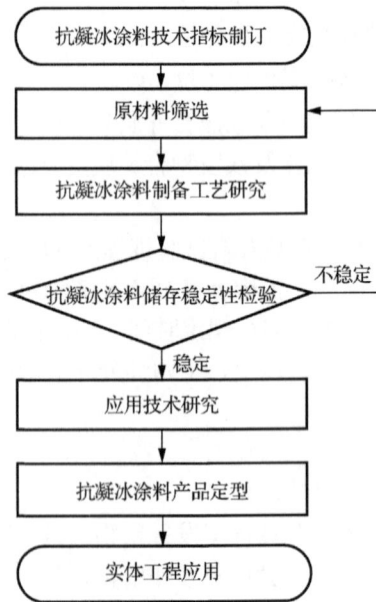

图 4.2 抗凝冰涂料材料研究技术路线

2. 生产设备

乳化设备性能的优劣对改性乳化沥青的质量、产量、成本及性能起着主导作用。由于改性乳化沥青微粒的细度和分散的均匀性是影响改性乳化沥青储存稳定性的关键因素，乳化设备是否能使沥青微粒高度分散于乳液中，成为乳化沥青是否制备成功的首要问题。

按沥青乳化设备的力学作用原理及结构形式，乳化设备可以分为以下四大类。

1）搅拌式乳化机

搅拌式乳化机是最简单的乳化设备，搅拌棒配有桨叶，一般其位置均偏离搅拌器的中间部位，这样设计可以很好地防止搅拌过程中漩涡的产生，用这种乳化机时，虽然原材料事先按所需比例配制好，使得乳化沥青生产精度比较高，但是由于搅拌器罐体较小，生产效率低下。此外，由于设备的简易性，造成乳化沥青颗粒均匀性差，分散效果不好，现在基本上不再采用。

　　2）均化器类乳化机

　　乳化设备最早使用的设备之一就是均化器，目前工程中常采用的均化器按使用条件的不同分为高压均化器和低压均化器两类。

　　均化器的工作原理是皂液和热沥青的混合物在设备压力下从小孔喷出，液流在压力差的作用下体积产生膨胀、扩散，由此而带来沥青微粒之间的激烈碰撞、摩擦作用，使得沥青产生破碎，并且能够均匀分散。这类乳化机可实现流水线式生产，连续生产带来乳化沥青制备产量的提升。均化器与其他乳化设备相比，其主要的优点是均化头处没有旋转部件，因此制造加工比较容易，而且乳化效果也比搅拌式乳化机好。但其缺点是喷头容易堵塞，因此在使用过程中应对沥青和皂液进行仔细的过滤，并且要按时进行喷头的清洗工作。

　　3）胶体磨式乳化机

　　胶体磨式乳化机的关键部件是机腔中的转子与定子。胶体磨的工作原理是沥青和皂液在机械搅拌作用下由进口流入机腔，在转子的高速旋转下，沥青与皂液沿转子与定子的缝隙方向移动。转子与定子的圆锥形构造面上均设有齿槽，因此，沥青在转子高速旋转下，就会在转子与定子的缝隙空间中受到离心力、冲击力和摩擦力的综合作用，从而剪切、破碎成细小的沥青微粒，进而均匀分散在乳状液中。通过调节转子和定子间隙的大小可以相应地制备不同细度的乳化沥青。胶体磨类乳化机体积小、安装运输方便，而且操作简单，精度也较高，是目前最常用的乳化机。经过数十年来的演变，国内外已出现了诸如立式、卧式等不同形式的胶体磨，并且转子和定子的形状也有多种。

　　4）剪切机类乳化机

　　对于剪切机类乳化机，转盘和定盘是乳化机的主要工作部件。转盘和定盘均设计成中空结构，工作面则在转盘与定盘所形成的圆柱面上，圆柱面上均匀分布着与轴线平行的凹形通槽，形成了许多可以产生剪切作用的刀隙套盒，套盒一层固定，另一层可以转动。当混合液进入机器中，经搅拌初步破碎、分散后，沥青在高速旋转的转盘所产生的离心力的作用下发生破碎，从而获得高度的分散性。这类乳化机的制造精度要求较高，是先改性后乳化生产工艺常用的乳化设备。

　　上述四大类型乳化机中，搅拌式效果最差，目前基本已经不再使用；均化器类乳化机稍优于搅拌式，目前也已经很少使用；胶体磨类乳化机目前无论是室内制备还是工程上批量生产乳化沥青和改性乳化沥青均广泛地采用；剪切机类乳化机能够有效地把高黏度的改性沥青分散在皂液中。生产道路工程用乳化沥青基本是采用机械方法制作沥青乳液，即沥青（或改性沥青）经过机械的强力搅拌、剪切，形成微小的颗粒悬浮在乳化剂水溶液中，成为水包油状的乳状液。生产乳化沥青的核心设备即为胶体磨。

综合上述分析，结合试验条件，本书采用胶体磨作为乳化沥青的生产设备。

3. 生产工艺的研究

参考改性乳化沥青的制备工艺，将抗凝冰剂的掺加类比于改性剂的掺加，根据抗凝冰剂掺加工艺的不同，可将抗凝冰涂料的生产工艺概括为以下四种：①制作出乳化沥青，然后掺加抗凝冰剂，即先乳化后改性；②将抗凝冰剂掺配到乳化剂水溶液中，然后与沥青一起进入胶体磨制作出抗凝冰涂料；③将抗凝冰剂，乳化剂水溶液、沥青同时进入胶体磨制作抗凝冰涂料；④将改性沥青进行乳化制作出乳化的改性沥青，即先改性后乳化。（其中②、③两种方法可以统称为边乳化边改性法，也有资料将②称为内掺法，将③称为外掺法。）

1）先乳化后改性

先乳化后改性是一种相对简单的制作改性乳化沥青的方法。生产工序是将热沥青和乳化剂水溶液一起通过胶体磨制成普通的乳化沥青，再通过机械搅拌将胶乳状的改性剂（抗凝冰剂）加入乳化沥青中，制成改性的乳化沥青。该方法的优点是操作简便，对设备要求不高，缺点是只适合胶乳状的改性剂，生产工艺示意图如图 4.3 所示。

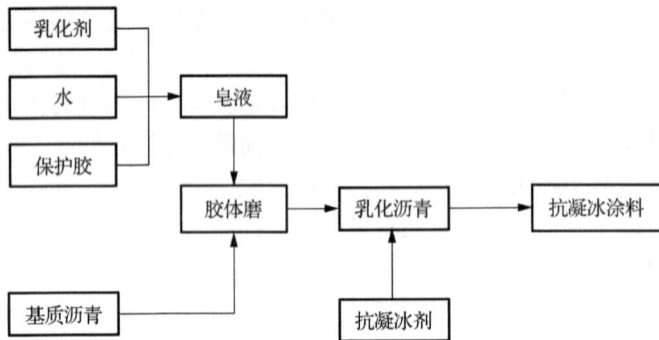

图 4.3 抗凝冰涂料（先乳化后改性）生产工艺示意图

2）边乳化边改性（图 4.4）

边乳化边改性是国外常用的一种制作改性乳化沥青的方法。典型的生产工序是将改性剂掺配到乳化剂皂液中，然后将"改性"的皂液与沥青一起进入胶体磨制成改性乳化沥青 [图 4.4（a）]；将改性剂单独放到一个罐中，最终在泵送管道中与乳化剂、水、保护胶等混合后再与热沥青一起进入胶体磨制成改性乳化沥青 [图 4.4（b）]。

抗凝冰剂优点是与生产普通乳化沥青的工艺完全相同，不需要对生产设备做任何改动。但是，采用该方法生产抗凝冰涂料时，抗凝冰剂的剂量受到一定限制，且要求抗凝冰剂能够耐受皂液的 pH；而将抗凝冰剂通过管道直接连接到胶体磨的方法可以克服这一缺点，但要求对普通乳化沥青设备进行必要的改进后方可用于抗凝冰涂料的生产。

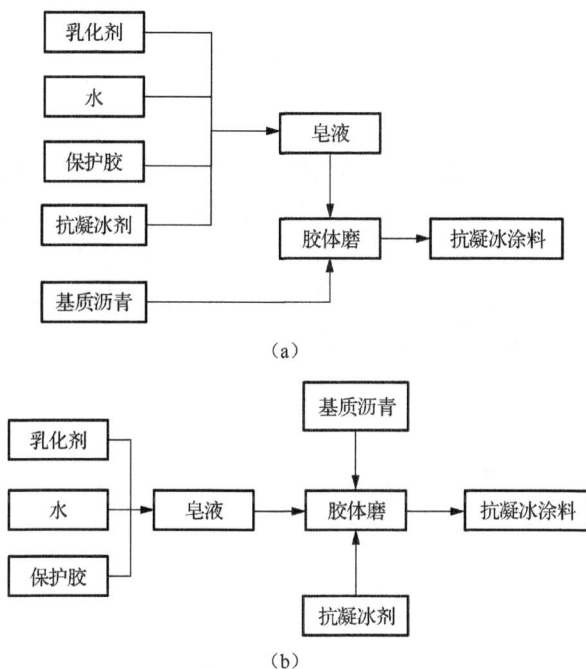

（a）

（b）

图 4.4　抗凝冰涂料（边乳化边改性）生产工艺示意图

3）先改性后乳化

该方法是将现成的改性沥青加热到一定温度，成为流淌状态后再与皂液一起进入胶体磨制成乳化的改性沥青，生产工艺示意图如图 4.5 所示。

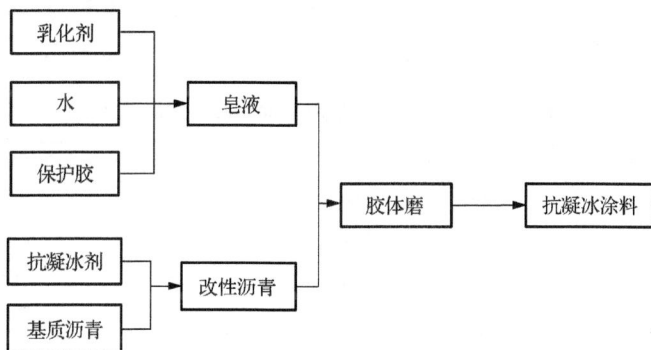

图 4.5　抗凝冰涂料（先改性后乳化）生产工艺示意图

国内有资料认为，用边乳化边改性方法制作的乳化沥青具有黏度大、固含量高、储存稳定性好等特点；而先乳化后改性制作的改性乳化沥青的储存稳定性较差，经过一段时间后胶乳会发生分离、沉淀，形成乳白色分离层。但也有资料表明，三种制作方法得到的改性乳化沥青的储存稳定性相差不大。

目前，我国各改性乳化沥青生产单位都是根据自身设备情况选用不同的生产工艺，且制作出的改性乳化沥青没有发现明显的优劣差异。

4. 确定生产工艺

本节通过对上述三种生产工艺进行研究，结合实验室生产设备生产条件，基于前期大量对比试验发现，边乳化边改性和先改性后乳化这两种生产工艺制得的抗凝冰涂料的稳定性较差。基于对先乳化后改性工艺的研究，本节根据试验对比，对该工艺进行了改进，形成改进的先乳化后改性工艺，并确定该工艺为本节生产抗凝冰涂料的生产工艺，如图 4.6 所示。

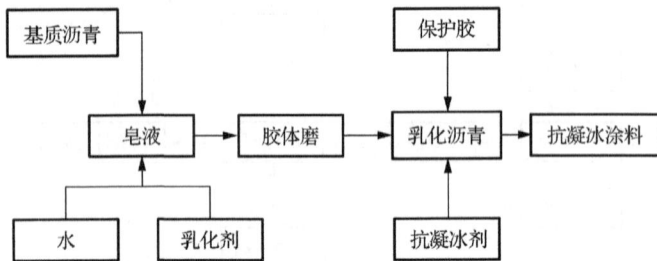

图 4.6　抗凝冰涂料（改进的先乳化后改性）生产工艺示意图

4.4.2　I 型抗凝冰涂料配方研究

1. 沥青选取

现分别将三种沥青和阴离子乳化剂 PFBE-100、极性保护胶 PFEAS-200 及抗凝冰剂-1～抗凝冰剂-4 制成含抗凝冰剂 10%、总固含量为 50% 的抗凝冰涂料，观察其稳定性。沥青种类与抗凝冰涂料稳定性的关系如表 4.10 所示。

表 4.10　沥青种类与抗凝冰涂料稳定性的关系

沥青种类	抗凝冰剂种类	稳定性判定
SK-70#	抗凝冰剂-1	稳定
	抗凝冰剂-2	稳定
	抗凝冰剂-3	稳定
	抗凝冰剂-4	稳定
中海 70#	抗凝冰剂-1	不稳定
	抗凝冰剂-2	不稳定
	抗凝冰剂-3	不稳定
	抗凝冰剂-4	不稳定

续表

沥青种类	抗凝冰剂种类	稳定性判定
中海 90#	抗凝冰剂-1	不稳定
	抗凝冰剂-2	不稳定
	抗凝冰剂-3	不稳定
	抗凝冰剂-4	不稳定

由表 4.10 中结果可以看出,沥青种类选择对抗凝冰涂料的稳定性有显著影响,SK-70#沥青最适宜用作抗凝冰涂料的原材料。

2. Ⅰ型抗凝冰涂料制备方法

Ⅰ型抗凝冰涂料按照如下方法进行制备。

1)沥青的准备

沥青是乳化沥青中最主要的组成部分,一般占到乳液总质量的 40%~65%,沥青的准备过程就是将沥青加热到适宜的温度,使其呈流动状态。在这个环节中,温度的控制十分重要。如果沥青温度过低、黏度大、流动困难,则会造成乳化困难;但若沥青温度过高,会有部分低沸点物被蒸出,污染环境,浪费资源,并且过高温度的沥青与皂液混合时,还会引起皂液的沸腾,不安全,而乳液的出口温度也会相应提高,影响乳化剂的稳定性和乳化沥青的质量。

沥青的温度并没有一个绝对的范围。一般情况下,低标号沥青、重交沥青、改性沥青所需温度要高些,而高标号沥青、中轻交通沥青、基质沥青所需温度相应低一些。总体把握原则就是将沥青加热到流动状态,能方便地加入皂液中即可,不必追求过高的温度,摒弃沥青温度越高、乳化越充分的不科学观点。

对于试验所用的 SK-70#基质沥青,建议温度为 140~145℃。

2)皂液的制备

首先将计量好的水置于调温电炉上加热至 60~65℃,加入乳化剂,稍做搅拌,调节 pH。乳化剂只有在一定的 pH 下,才有最大的溶解度,当 pH 不合适时,无论乳化剂的浓度、皂液的温度如何调整,乳化剂都不能将沥青很好地分散,乳化效果差;当达到适宜的 pH 时,即使略降低乳化剂的浓度,乳化剂仍能将沥青分散,只是其稳定性会受影响。因此,皂液的 pH 是影响乳化剂乳化效果的最主要因素,选择正确的 pH 至关重要。将皂液继续加热至 80℃以上,直至乳化剂水溶液由浑浊或半透明状态变为完全透明为止。

3)沥青的乳化

沥青的乳化步骤如下。

(1)预热胶体磨,取适量热水倒入胶体磨中,开启机器使内部充分预热。

(2)打开排阀,排出机器内部水后关闭排阀。将准备好的乳化液加入胶体磨中充分搅拌,时间控制在 30s 以内,防止搅拌时间过长乳化液温度下降。

（3）将称量好的热沥青缓慢加入胶体磨中，充分搅拌，消除产生的气泡。

（4）乳化时间控制在 3～5min 以内，确保沥青充分乳化。乳化沥青成品呈棕褐色，颗粒细腻均匀，无结团、结块现象。

（5）将极性保护胶 PFEAS-200 加入乳化沥青中，搅拌至溶解完全。

（6）采取胶体磨进行乳化，期间会有水分蒸发散失。根据经验，水分散发量占乳液的 10%～20%。因此，根据配方设计，补充计量的水。

（7）以 SK-70# 沥青、水和乳化剂 PFBE-100 生产沥青固含量为 50% 的阴离子乳化沥青。

（8）加入抗凝冰剂，搅拌至溶解完全，即成 I 型抗凝冰涂料。

（9）打开排阀，将乳化好的沥青接入预热过的烧杯内，上盖后放进 60℃烘箱内消泡 30min 取出，待冷却后倒入干净容器内密封储存。

4）影响沥青乳化的因素

（1）温度。主要包括基质沥青温度和乳化液温度。在寒冷的冬季，温度下降对沥青的正常乳化影响非常显著，应确保乳化过程的连续进行。

（2）乳液配方。不同的乳化剂、稳定剂类型及酸碱环境都会对沥青的乳化有重要影响，应根据工程实际需要选择适宜的乳液种类及最佳配比。

（3）油水比，即沥青乳液中沥青与水的含量比。油水比大，乳液黏稠，乳化困难；油水比小，则乳液过于流淌，不满足施工及养护要求。

（4）乳化时间。乳化时间过短，沥青不足以充分乳化；时间过长，则乳化效果不明显，还会造成水分过多蒸发，导致沥青乳液配比的失衡。

（5）乳化沥青的储存。乳化沥青制备后应及时使用，乳化沥青静置存放时，有时会产生水油分层现象；为了延缓分层速度，一般应采取密闭容器避光，在常温下进行储存。施工前应对乳化沥青进行充分搅拌，促使上、下层乳液浓度均匀。需要注意的是，当室温低于-5℃时，沥青乳液不宜进行储存，以免造成破乳。

3. 抗凝冰剂浓度、保护胶浓度与稳定性的关系

在抗凝冰涂料中，抗凝冰剂溶解于水相，由前面的相关分析可知，对于抗凝冰涂料，其稳定性取决于水相抗凝冰剂的浓度，也即是水相的密度和保护胶的浓度。抗凝冰涂料的固含量包含沥青和抗凝冰剂两大部分和少量的乳化剂与保护胶，实际配方试验中控制沥青和抗凝冰剂两者的总固含量不超过 56%，若超过 56%，加水予以稀释至 56% 或以下。

抗凝冰剂-1～抗凝冰剂-4 四种抗凝冰剂的水相浓度（抗凝冰剂与水相的质量比）分别取 10%、15%、20% 和 25% 四个水平，保护胶 PFEAS-200 取抗凝冰涂料总质量的 0.2%、0.4%、0.6% 和 0.8% 四个水平，对所有的配方进行稳定性观察，结果记录如表 4.11～表 4.14 所示。

表 4.11　抗凝冰剂-1 浓度和 PFEAS-200 浓度与稳定性关系

水相抗凝冰剂-1 浓度/%	PFEAS-200 浓度/%	稳定性判定
10	0.2	稳定
	0.4	稳定
	0.6	稳定
	0.8	稳定
15	0.2	不稳定
	0.4	稳定
	0.6	稳定
	0.8	稳定
20	0.2	不稳定
	0.4	不稳定
	0.6	稳定
	0.8	稳定
25	0.2	不稳定
	0.4	不稳定
	0.6	不稳定
	0.8	不稳定

表 4.12　抗凝冰剂-2 浓度和 PFEAS-200 浓度与稳定性关系

水相抗凝冰剂-2 浓度/%	PFEAS-200 浓度/%	稳定性判定
10	0.2	稳定
	0.4	稳定
	0.6	稳定
	0.8	稳定
15	0.2	不稳定
	0.4	稳定
	0.6	稳定
	0.8	稳定
20	0.2	不稳定
	0.4	不稳定
	0.6	稳定
	0.8	稳定
25	0.2	不稳定
	0.4	不稳定
	0.6	不稳定
	0.8	不稳定

表 4.13 抗凝冰剂-3 浓度和 PFEAS-200 浓度与稳定性关系

水相抗凝冰剂-3 浓度/%	PFEAS-200 浓度/%	稳定性判定
10	0.2	稳定
	0.4	稳定
	0.6	稳定
	0.8	稳定
15	0.2	不稳定
	0.4	稳定
	0.6	稳定
	0.8	稳定
20	0.2	不稳定
	0.4	不稳定
	0.6	稳定
	0.8	稳定
25	0.2	不稳定
	0.4	不稳定
	0.6	不稳定
	0.8	不稳定

表 4.14 抗凝冰剂-4 浓度和 PFEAS-200 浓度与稳定性关系

水相抗凝冰剂-4 浓度/%	PFEAS-200 浓度/%	稳定性判定
10	0.2	稳定
	0.4	稳定
	0.6	稳定
	0.8	稳定
15	0.2	不稳定
	0.4	稳定
	0.6	稳定
	0.8	稳定
20	0.2	不稳定
	0.4	不稳定
	0.6	稳定
	0.8	稳定
25	0.2	不稳定
	0.4	不稳定
	0.6	不稳定
	0.8	不稳定

根据表 4.11~表 4.14 可知：四种抗凝冰剂都呈现出相同的规律，稳定性与水相抗凝冰剂浓度和保护胶 PFEAS-200 的浓度相关，主要规律如下所述。

（1）水相抗凝冰剂浓度不超过 20%（抗凝冰剂与水的比例不超过 25%），保护胶 PFEAS-200 的浓度在 0.6%以上，四种抗凝冰剂所制备的 I 型抗凝冰涂料都是稳定的。

（2）已经达稳定状态的抗凝冰涂料，可以加水稀释而不影响其稳定性。

（3）只要所带电荷数量相同，I 型抗凝冰涂料的稳定性与抗凝冰剂的阳离子种类无关。

4. 抗凝冰剂/沥青比例与稳定性的关系

控制 PFEAS-200 的浓度为 0.6%且水相抗凝冰剂浓度不超过 20%，按照抗凝冰剂/沥青不同的比例制备 I 型抗凝冰涂料，通过稳定性观察，确定抗凝冰剂与沥青所能容许的比例范围。按照试验结论，I 型抗凝冰涂料的稳定性与所选择的抗凝冰剂的阳离子种类无关，因此，只对抗凝冰剂-1 与沥青的比例进行试验研究。

从表 4.15 可以看出，抗凝冰剂-1 与沥青的比值在比较宽的范围内所制备的阴离子抗凝冰涂料都是稳定的，但太大的比值没有实际应用价值。结合试验结果，这个结论可以推广到其他三种抗凝冰剂。

表 4.15　抗凝冰剂-1/沥青的比值与稳定性的关系

抗凝冰剂-1/沥青比值	稳定性	抗凝冰剂-1/沥青比值	稳定性
0.2	稳定	4.0	稳定
0.5	稳定	5.0	稳定
1.0	稳定	10.0	稳定
2.0	稳定	15.0	稳定

5. 配方优化设计方法

按照试验结果，当保护胶的浓度超过总质量的 0.6%，且所加抗凝冰剂在水相的浓度不超过 20%（抗凝冰剂与水的比例不超过 25%），能拟定出无穷多个稳定的配方。但无论哪一个配方，为便于运输和施工，应尽量减少体系中的水分，因此，在指定浓度下，如何使抗凝冰剂与沥青之比达到最大值，或者在给定抗凝冰剂与沥青的比例下如何确定最大的总固含量，是配方优化设计必须考虑的问题。

1）抗凝冰剂与沥青的最大比例

在保护胶占总体质量的比例大于或等于 0.6%的条件下，对于一个总固含量（抗凝冰剂+沥青，不计算保护胶和乳化剂）为常数 a 的抗凝冰涂料体系，设沥青含量为 x，抗凝冰剂含量为 y，满足如下条件式（4.25）~式（4.27）：

$$x + y = a \quad x > 0, \ y > 0, \ a \leqslant 0.56 \tag{4.25}$$

$$\frac{y}{1-x-y} \leqslant 0.25 \tag{4.26}$$

$$\frac{y}{x} \leqslant 5 \tag{4.27}$$

抗凝冰剂与沥青之比最大值取 5 是考虑过大的数值没有实际意义，解上述不等式，当 y 取最大值时，x 取最小值，此时有

$$x = \frac{5a-1}{4} \tag{4.28}$$

$$y = \frac{1-a}{4} \tag{4.29}$$

根据上述关系，对制备指定总固含量（抗凝冰剂与沥青含量之和）的抗凝冰涂料整理出一系列抗凝冰剂最多时的 x 和 y 数对，结果如表 4.16 所示。

表 4.16 反映了从功能上按照总固含量由低向高兼容，即低浓度配方可通过抗凝冰剂与沥青的比例调整实现高浓度配方的功能。表 4.16 中拟定的抗凝冰涂料配方经试验证明都是稳定的。

表 4.16　给定总固含量下的抗凝冰剂与沥青比例

总固含量（a）/%	沥青（x_{min}）/%	抗凝冰剂（y_{max}）/%	$(y/x)_{max}$
30	12.5	17.5	1.4
35	18.75	16.25	0.87
40	25	15	0.6
45	31.25	13.75	0.44
50	37.5	12.5	0.33

2）抗凝冰剂与沥青比值下的最大总固含量

对于给定干膜中抗凝冰剂与沥青的比例 $y/x=c$，$c \leqslant 5$，为使抗凝冰涂料中的水最少，相当于求 $(x+y)_{max}$，有

$$x > 0, \quad y > 0 \tag{4.30}$$

$$\frac{y}{x} = c, \quad c \leqslant 5 \tag{4.31}$$

$$\frac{y}{1-x-y} \leqslant 0.25 \tag{4.32}$$

对以上三式进行整理，从而有

$$(x+y)_{max} = \frac{1+c}{5c+1} \quad c \leqslant 5 \tag{4.33}$$

根据上述关系式，计算不同比值下的最大总固含量，结果整理如表 4.17 所示。

表 4.17　给定抗凝冰剂与沥青比值下的最大总固含量

抗凝冰剂/沥青（c 值）	抗凝冰剂/%	沥青/%	最大总固含量/%
1	16.67	16.67	33.3
1/2	14.28	28.57	42.85
1/3	12.5	37.5	50.0
1/4	11.11	44.45	55.56
1/5	10	50	60

按照表 4.17 所给的抗凝冰剂和沥青的比例，其制备的抗凝冰涂料经试验证实均是稳定的。

6. Ⅰ型抗凝冰涂料配方小结

通过以上对Ⅰ型抗凝冰涂料配方研究，主要可以得出以下三点结论。

（1）沥青的种类对Ⅰ型抗凝冰涂料的稳定性有影响，在试验所选的 3 种基质沥青中 SK-70# 适合制备抗凝冰涂料。

（2）当保护胶浓度超过 0.6%且抗凝冰剂在水相浓度不超过 20%，所制备的Ⅰ型抗凝冰涂料在一定的浓度范围内都是稳定的，且抗凝冰剂与沥青的比例范围比较宽。

（3）只要抗凝冰剂中的阳离子电荷数相同，Ⅰ型抗凝冰涂料的稳定性与阳离子的种类无关。

4.4.3　Ⅱ型抗凝冰涂料配方研究

1. 原材料

按照影响抗凝冰涂料稳定性的因素分析，结合Ⅰ型抗凝冰涂料的试验结果，制备Ⅱ型抗凝冰涂料的选用原材料为非极性保护胶 PFEAS-100、沥青 SK-70#、阳离子乳化剂 PFBE-200，以及抗凝冰剂-5～抗凝冰剂-8。

抗凝冰剂-5～抗凝冰剂-8 四种抗凝冰剂中的阳离子为二价，根据基础的化学知识，二价阳离子对沥青的敏感性强于一价阳离子，因此不再进行沥青种类与稳定性关系的探索，直接选定 SK-70# 沥青。

2. 制备方法

Ⅱ型抗凝冰涂料按照如下方法制备。

（1）沥青的制备。对于本试验所用的 SK-70# 基质沥青，建议温度为 140～145℃。

（2）皂液的制备。将计量好的水置于调温电炉上加热至 60～65℃，加入乳化剂，稍做搅拌，调节 pH。

（3）沥青的乳化。将阳离子乳化剂 PFBE-200，水和 SK-70# 沥青乳化成沥青固含量为 50%的阳离子乳化沥青。

（4）在带有加热和搅拌装置的容器或反应釜内，首先将非极性保护剂 PFEAS-100 在 pH 2.0 以下的稀盐酸溶液中溶胀 5h，稀盐酸溶液与保护剂的比例为 90：10；然后缓慢加热至 50～60℃，在搅拌状态下溶解至完全，此过程需要 5～8h；最后形成 10%的 PFEAS-100 溶液。特别注意，如果在热状态下测量 PFEAS-100 溶液的浓度超过 10%，应加入同温度的水将之稀释至 10%，这是因为热状态下 PFEAS-100 溶液的浓度过高，冷却至常温一段时间后将形成类似果冻的凝胶，导致 PFEAS-100 溶液不可用。环境温度越低，形成凝胶所需的时间越短。

（5）将抗凝冰剂、PFEAS-100 溶液和水按照一定比例，配制成抗凝冰剂浓度为 25%的溶液。

（6）将乳化沥青、PFEAS-100 溶液和抗凝冰剂溶液按照一定比例混合均匀，即得到Ⅱ型抗凝冰涂料。

3. 保护胶浓度与稳定性的关系

1）保护胶浓度的确定

当水相抗凝冰剂浓度较低，水相密度开始增加不大，此时密度对稳定性的影响相对较小。将四种抗凝冰剂的水相浓度固定为 6.4%，抗凝冰剂与沥青的比例为 1：4（总固含量 32%）分别研究了保护胶浓度与稳定性的关系，结果如表 4.18 所示。

表 4.18　保护胶浓度与稳定性的关系

抗凝冰剂种类	PFEAS-100 浓度/%	稳定性
抗凝冰剂-5	1.0	不稳定
	1.5	不稳定
	2.0	稳定
	3.0	稳定
抗凝冰剂-6	1.0	不稳定
	1.5	不稳定
	2.0	稳定
	3.0	稳定
抗凝冰剂-7	1.0	不稳定
	1.5	不稳定
	2.0	稳定
	3.0	稳定
抗凝冰剂-8	1.0	不稳定
	1.5	不稳定
	2.0	稳定
	3.0	稳定

表4.18反映了Ⅱ型抗凝冰涂料的稳定性与保护胶PFEAS-100的浓度有很大关系，呈现出强烈的相关性，在 PFEAS-100 浓度大于 2.0%时，四种抗凝冰剂所制备的抗凝冰涂料都是稳定的，但2%的浓度是否具有较宽的普适性，能够容纳更多的抗凝冰剂，须结合抗凝冰剂浓度与稳定性的关系才能予以判断。

2）抗凝冰剂/沥青比值与稳定性关系

为便于结合上节的试验结果进行比较，固定Ⅱ型抗凝冰涂料的总固含量为32%（抗凝冰剂与沥青含量之和），在 PFEAS-200 浓度为2%的条件下，分别制备不同抗凝冰剂/沥青比值的抗凝冰涂料，其稳定性关系如表 4.19 所示。

表 4.19　抗凝冰剂/沥青比值与稳定性关系

抗凝冰剂种类	抗凝冰剂/沥青比值	抗凝冰剂浓度/%	稳定性
抗凝冰剂-5	1.0	16.0	不稳定
	0.9	15.2	稳定
	0.5	10.7	稳定
	0.25	6.4	稳定
抗凝冰剂-6	1.0	16.0	不稳定
	0.9	15.2	稳定
	0.5	10.7	稳定
	0.25	6.4	稳定
抗凝冰剂-7	1.0	16.0	不稳定
	0.9	15.2	稳定
	0.5	10.7	稳定
	0.25	6.4	稳定
抗凝冰剂-8	1.0	16.0	不稳定
	0.9	15.2	稳定
	0.5	10.7	稳定
	0.25	6.4	稳定

从表 4.19 可以看出四种抗凝冰剂的试验结果都呈现出一致性，PFEAS-200 浓度为 2%能在一定的抗凝冰剂/沥青比值范围内使制备的Ⅱ型抗凝冰涂料达到稳定，但抗凝冰剂与沥青之比达到 1.0 时都不稳定。为探究 PFEAS-200 浓度的提高能否提高抗凝冰剂与沥青之比，较高的抗凝冰剂与沥青之比在降低总固含量时是否能达到稳定。试验取抗凝冰剂与沥青之比为 1:1，分别针对 3%和 4%的 PFEAS-200 及 32%和 20%的总固含量进行检验，抗凝冰剂/沥青比值与稳定性关系如表 4.19 所示；总固含量分别为 32%、20%时Ⅱ型抗凝冰涂料的稳定性如表 4.20 和表 4.21 所示。

表4.20 总固含量32%时Ⅱ型抗凝冰涂料的稳定性

抗凝冰剂种类	PFEAS-200浓度/%	稳定性	抗凝冰剂种类	PFEAS-200浓度/%	稳定性
抗凝冰剂-5	3	不稳定	抗凝冰剂-5	4	不稳定
抗凝冰剂-6	3	不稳定	抗凝冰剂-6	4	不稳定
抗凝冰剂-7	3	不稳定	抗凝冰剂-7	4	不稳定
抗凝冰剂-8	3	不稳定	抗凝冰剂-8	4	不稳定

表4.21 总固含量20%时Ⅱ型抗凝冰涂料的稳定性

抗凝冰剂种类	PFEAS-200浓度/%	稳定性	抗凝冰剂种类	PFEAS-200浓度/%	稳定性
抗凝冰剂-5	3	不稳定	抗凝冰剂-5	4	不稳定
抗凝冰剂-6	3	不稳定	抗凝冰剂-6	4	不稳定
抗凝冰剂-7	3	不稳定	抗凝冰剂-7	4	不稳定
抗凝冰剂-8	3	不稳定	抗凝冰剂-8	4	不稳定

综上所述，当抗凝冰剂/沥青之比值达到1.0以后，四种抗凝冰剂制备的Ⅱ型抗凝冰涂料在有实际价值的浓度范围内都是不稳定的，其原因可能是上述四种抗凝冰剂的阳离子均为二价，乳化剂PFBE-200为季铵盐，抗凝冰剂与乳化剂之间存在一定的络合或配位倾向。因制备乳化沥青时乳化剂与沥青之比为一固定值，当抗凝冰剂与沥青之比提高，也即是提高了抗凝冰剂/乳化剂之比值，增加了络合或配位的倾向，这种倾向可能与抗凝冰剂的浓度无关，只与抗凝冰剂与乳化剂的比例有关。络合或配位改变了沥青乳化剂的结构或分布状态，导致体系不稳定。

保护胶PFEAS-200为一种特殊的有机高分子，在乳化沥青中难以溶解，必须预先经过特殊的工艺才能使之溶解在水中，而且其浓度难以提高，能使用的允许最高浓度不超过10%，将其加入抗凝冰涂料中，必然导致总固含量的降低。在允许的抗凝冰剂/沥青比值范围内，能够制备的Ⅱ型抗凝冰涂料浓度不超过35%，这与Ⅰ型抗凝冰涂料有明显的差别。

4. Ⅱ型抗凝冰涂料配方试验小结

通过以上对Ⅱ型抗凝冰涂料配方研究，可以得到以下结论。

（1）保护胶PFEAS-200浓度达到2%，且抗凝冰剂与沥青的比值不超过0.9，抗凝冰剂-5～抗凝冰剂-8四种抗凝冰剂所制备的Ⅱ型抗凝冰涂料是稳定的。

（2）因保护胶PFEAS-200的浓度较高，限制了Ⅱ型抗凝冰涂料的总固含量。

（3）当抗凝冰剂的阳离子电荷数相同时，Ⅱ型抗凝冰涂料的稳定性与抗凝冰剂种类无关。

4.5　抗凝冰涂料性能试验

根据前面试验结果，Ⅰ型抗凝冰涂料具有固含量高、抗凝冰剂与沥青之比值范围宽、制备工艺较为简单等优点。根据在后续的性能评价试验中，选取有代表性的抗凝冰剂-1 所制备的抗凝冰涂料进行性能试验。

4.5.1　抗凝冰效果试验

以抗凝冰剂-1 为降冰点物质，制备一系列抗凝冰剂/沥青比例的Ⅰ型抗凝冰涂料，按照制定的试验方法进行抗凝冰试验，检验抗凝冰涂料的有效性，并确定合适的配方。

抗凝冰涂料中能够降低冰点的有效物质是抗凝冰剂，显然其效果与撒布量有必然联系，结合工程实际中应用成熟的乳化沥青的雾封层技术，选择干膜厚度 200g/m² 进行试验。根据四川某隧道凝冰发生时地面温度最低为-4～-7℃，室内为了研究需要，取-6.0℃进行抗凝冰效果试验，为便于比较，增加一个普通乳化沥青的对比试验。

1. 抗凝冰效果观测方法

将涂有干膜厚度为 200g/m² 抗凝冰涂料（或普通乳化沥青）培养皿和纯净水放在-6.0℃的温度下，待数显温度计显示的温度达到-6.0℃后保温 3h，而后将过冷状态的纯净水倒入培养皿中，形成约 1mm 厚的水膜，观察其结冰状态。

2. 抗凝冰涂料配方

按照抗凝冰剂-1 与沥青的比例分别为（1∶1）～（1∶4）制备四种抗凝冰涂料，具体配方比例如表 4.22 所示。

表 4.22　抗凝冰涂料配方比例

编号	1#	2#	3#	4#
抗凝冰剂/沥青比例	1∶1	1∶2	1∶3	1∶4
固含量/%	33.3	42.9	50	55.6

3. 普通乳化沥青空白试样的观察

从图 4.7 观测发现，普通乳化沥青没有抵抗冰冻的能力，在设定温度条件下，乳化沥青膜表面的水容易结冰，而且冰层结实。

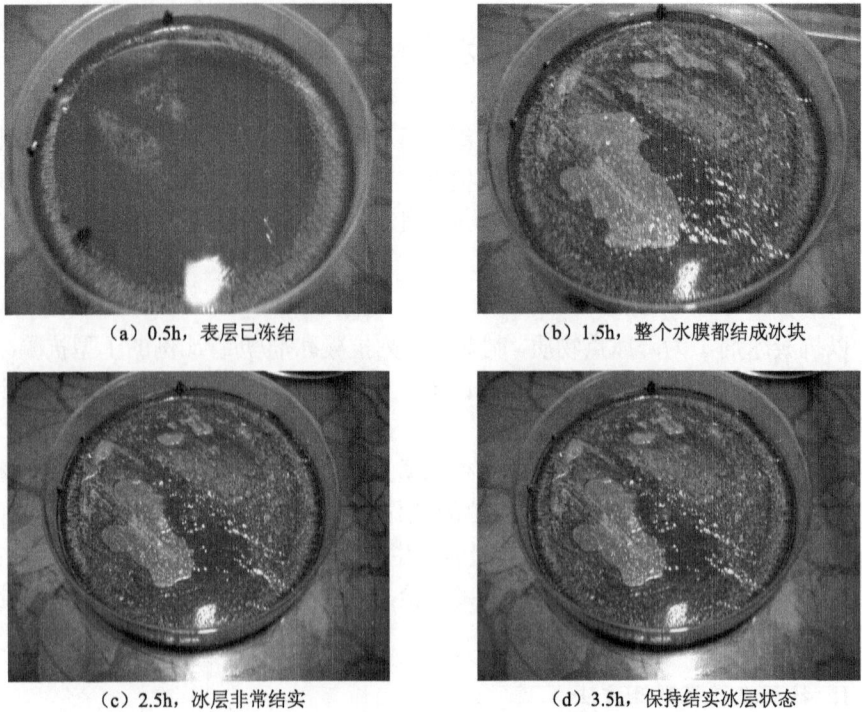

（a）0.5h，表层已冻结 　　　（b）1.5h，整个水膜都结成冰块

（c）2.5h，冰层非常结实 　　　（d）3.5h，保持结实冰层状态

图 4.7 　普通乳化沥青的抗凝冰效果观测

4. 抗凝冰涂料 1# 抗凝冰效果观察

由图 4.8 观测及分析可知，Ⅰ型抗凝冰涂料 1# 抗凝冰效果明显，但由于抗凝冰剂/沥青比例过高，沥青膜不连续，裸露部分的抗凝冰剂缺少沥青膜的缓释与包覆，很容易流失，这偏离了抗凝冰涂料研究的初衷。虽然继续提高厚度能解决沥青膜的连续问题，但又与工程实际情况相背，因此抗凝冰涂料 1# 虽然效果明显，但实际应用价值不大。

（a）0.5h，表层略有浮冰 　　　（b）1.5h，结冰但能敲碎

图 4.8 　抗凝冰涂料 1# 抗凝冰效果

（c）2.5h，结冰但能敲碎　　　　　　　　　　（d）3.5h，结冰但能敲碎

图 4.8（续）

5. 抗凝冰涂料 2# 抗凝冰效果观察

从图 4.9 对 2# 抗凝冰涂料抗凝冰观测及分析可知：Ⅰ型抗凝冰涂料 2# 抗凝冰效果明显，在沥青膜表面形成的冰层处于易碎状态，很容易除去并具有一定的缓释性，沥青膜表面的冰层并没有随着冷冻时间的延长而变厚变结实，反而有一定的融化迹象。

（a）0.5h，形成不连续的薄冰层　　　　　　　　（b）1.5h，结冰，易碎

（c）2.5h，结冰，易碎　　　　　　　　　　（d）3.5h，结冰，部分碎冰融化

图 4.9　抗凝冰涂料 2# 抗凝冰效果

6. 抗凝冰涂料 3# 抗凝冰效果观察

通过试验结果对比可以发现，在干膜厚度为 $200g/m^2$ 时抗凝冰涂料 3# 的抗凝冰性能上与抗凝冰涂料 2# 性能相近，均出现冰层易于破碎的现象（图 4.10）。

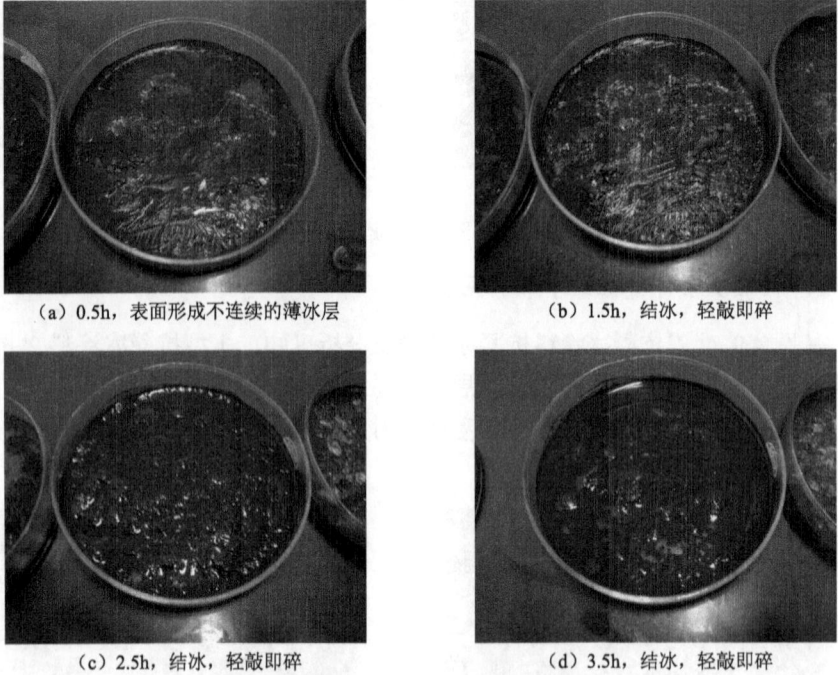

（a）0.5h，表面形成不连续的薄冰层　　　　　（b）1.5h，结冰，轻敲即碎

（c）2.5h，结冰，轻敲即碎　　　　　（d）3.5h，结冰，轻敲即碎

图 4.10　抗凝冰涂料 3# 抗凝冰效果

7. 抗凝冰涂料 4# 抗凝冰效果观察

如图 4.11 所示，对 4# 抗凝冰涂料在不同时间的抗凝冰效果观测可以发现，其表面冰层都略显结实，这是表层释放的抗凝冰剂含量较低、除冰效果降低的缘故。

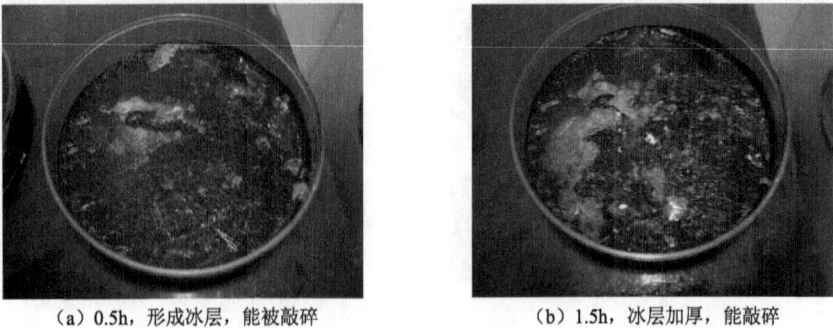

（a）0.5h，形成冰层，能被敲碎　　　　　（b）1.5h，冰层加厚，能敲碎

图 4.11　抗凝冰涂料 4# 抗凝冰效果

（c）2.5h，与 1.5h 相比无明显变化　　　　　　（d）3.5h，结冰，冰层能被敲碎

图 4.11（续）

8. 抗凝冰涂料抗凝冰试验总结及配方选定

综上所述，对抗凝冰效果观测，4 种抗凝冰剂含量不同的抗凝冰涂料当满足抗凝冰剂/沥青比例在一定的范围内时能够兼顾厚度与性能之间的要求，抗凝冰涂料效果如表 4.23 所示。综合考虑，较好的配方应为 2# 和 3#。

表 4.23　抗凝冰涂料效果

抗凝冰剂种类	冰冻时间/h	稳定性
普通乳化沥青	0.5	表层已冻结
	1.5	整个水膜都结成冰块
	2.5	冰层非常结实
	3.5	保持结实冰层状态
抗凝冰涂料 1#	0.5	表层略有浮冰
	1.5	结冰但能敲碎
	2.5	结冰但能敲碎
	3.5	结冰但能敲碎
抗凝冰涂料 2#	0.5	形成不连续薄冰层
	1.5	结冰，易碎
	2.5	结冰，易碎
	3.5	结冰，部分碎冰融化
抗凝冰涂料 3#	0.5	表面形成不连续的薄冰层
	1.5	结冰，轻敲即碎
	2.5	结冰，轻敲即碎
	3.5	结冰，轻敲即碎
抗凝冰涂料 4#	0.5	形成冰层，能被敲碎
	1.5	冰层加厚，能敲碎
	2.5	与 1.5h 相比无明显变化
	3.5	结冰，冰层能被敲碎

分析抗凝冰涂料在工作状态时，随着部分抗凝冰剂的流失，其性能必然会出现逐渐衰减。按照抗凝冰效果与抗凝冰剂含量的关联性，某一抗凝冰剂/沥青比例的抗凝冰涂料，在工作状态的性能衰减是因抗凝冰剂的流失造成抗凝冰剂/沥青比例的变化，也即是抗凝冰剂/沥青比例较高的配方，在性能衰减过程中会逐渐经历抗凝冰剂/沥青比例较低的配方所呈现的状态。因此，为了保持在一定时间内的有效性，选定抗凝冰剂含量较高的抗凝冰涂料 2# 作为最终的产品配方。

4.5.2　抗凝冰成分释放速度试验

1. 试件制备

（1）自制抗凝冰试模，试模为钢制开口盒型容器，具体尺寸为 30cm×28cm×5cm。

（2）将抗凝冰涂料 2# 采用毛刷均匀涂覆在容器内，根据涂敷量计算出抗凝冰剂的含量，分别取两个涂膜厚度测定抗凝冰剂的释放速度，试件浸泡前的外观如图 4.12 所示；试件制备参数如表 4.24 所示。

（a）试件 1　　　　　　　　　　　　　　（b）试件 2

图 4.12　试件浸泡前外观

表 4.24　试件制备参数

试件标号	尺寸	干膜厚度/（g/m²）	抗凝冰剂含量/g	加水量/g
1	30cm×28cm	150.24	4.207	959.25
2	30cm×28cm	218.63	6.081	962.74

2. 试验数据及结果处理

按照制定的方法对两试件的抗凝冰剂释放速度进行测定，并按照提出的方法计算抗凝冰剂释放速度，表 4.25 示出了试件 1 试验结果及分析；图 4.13 示出了试验结果曲线图。

表 4.25　试件 1 试验结果及分析

样品编号	取样时间 t/min	取样质量/g	样品浓度/（g/L）	抗凝冰剂累计析出量/g	抗凝冰剂累计析出率/%
1	10	24.03	2.326	2.231	53.0
2	20	24.19	2.550	2.441	58.0
3	30	24.18	2.550	2.441	58.0
4	40	24.10	2.928	2.777	66.0
5	50	24.02	3.066	2.896	68.8
6	60	24.13	3.210	3.017	71.7
7	70	24.26	3.285	3.078	73.2
8	80	24.11	3.285	3.078	73.2
9	90	24.09	3.362	3.137	74.6
10	100	24.10	3.362	3.137	74.6
11	110	24.20	3.440	3.193	75.9
12	120	24.05	3.520	3.248	77.2
13	150	24.28	3.440	3.194	75.9
14	180	24.04	3.520	3.246	77.2
15	210	24.13	3.520	3.246	77.2
16	260		3.531	3.253	77.4

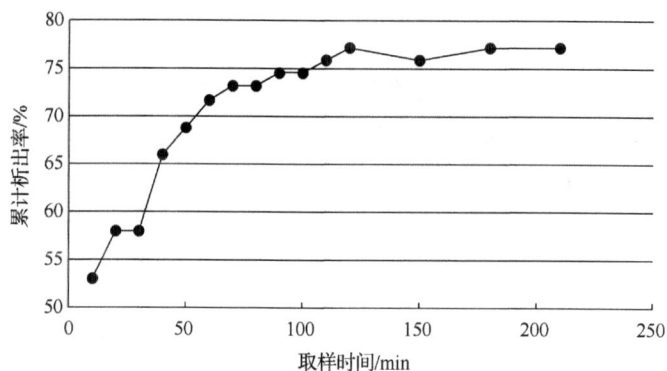

图 4.13　试件 1 试验结果曲线

按照抗凝冰剂可溶出率的定义，第 6～8 连续三个取样的抗凝冰剂累计析出率中，任意两个之差的最大值不超过 3%，且此后任意连续三个数据中的最大值与最小值之差也在 3% 的范围内，取该三个抗凝冰剂累计析出率数据中的最大值 73.2% 为抗凝冰剂可溶出率，则抗凝冰剂包覆率为：1-73.2%=26.8%。

试件 1 经过水浸泡 26h 后抗凝冰剂包覆率仍然在 22.6%，证明抗凝冰涂料膜中确实包覆有部分抗凝冰剂，避免抗凝冰剂的一次性流失而造成功能的丧失。

试件 2 的试验结果及分析如表 4.26 所示；试验结果曲线图如图 4.14 所示。

表 4.26　　试件 2 试验结果及分析

样品编号	取样时间 t/min	取样质量/g	样品浓度/（g/L）	抗凝冰剂累计析出质量/g	抗凝冰剂累计析出率/%
1	10	24.08	3.521	3.390	55.7
2	20	24.28	3.686	3.545	58.3
3	30	24.11	3.819	3.666	60.3
4	40	24.10	4.042	3.846	63.3
5	50	24.06	4.042	3.846	63.3
6	60	24.01	4.042	3.846	63.3
7	70	24.12	4.136	3.923	64.5
8	80	24.10	4.232	3.999	65.8
9	90	24.01	4.136	3.930	64.6
10	100	24.01	4.432	4.146	68.2
11	110	24.23	4.535	4.220	69.4
12	120	24.20	4.640	4.293	70.6
13	150	24.20	4.706	4.337	71.3
14	180	24.14	4.794	4.394	72.3
15	210	24.04	4.859	4.424	72.8
16	260		5.453	4.470	73.5

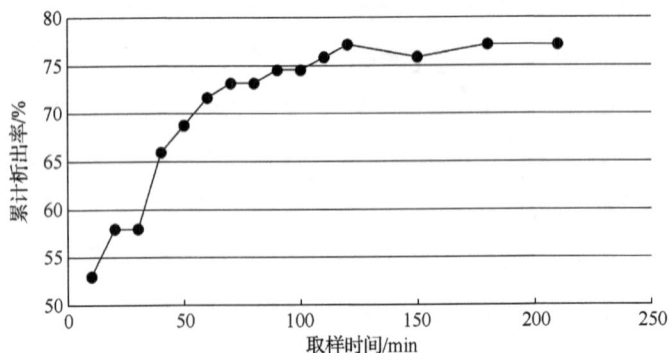

图 4.14　　试件 2 试验结果曲线图

　　按照抗凝冰剂可溶出率的定义可以看出，第 10～12 连续三个样的抗凝冰剂累计析出率中，任意两个之差的最大值不超过 3%，且此后任意连续三个数据中的最大值与最小值之差也在 3%的范围内，取该三个抗凝冰剂累计析出率数据中的最大值 70.6%为抗凝冰剂可溶出率，则抗凝冰剂包覆率为：1-70.6%=29.4%。

　　试件 2 经过水 26h 的浸泡，抗凝冰剂包覆率仍然有 26.5%，包覆率比试件 1 略高。

3. 抗凝冰剂释放速率试验小结

（1）根据试件 1 和试件 2 的试验数据可以看出，抗凝冰涂料膜中抗凝冰剂在 10min 内释放程度达到 50%以上，对在突然降临的冰雪天气避免路面结冰无疑是十分有利的。

（2）试件 1 与试件 2 的抗凝冰剂包覆率都在 25%以上，即使经过水浸泡 26h，抗凝冰剂的残留量仍然在 20%以上，可以避免因抗凝冰剂的一次性流失而造成功能的丧失。

4.5.3　界面黏结力试验

1. 测试方法

将车辙板从中间切开，涂上抗凝冰乳化沥青，控制干膜厚度在 $300g/m^2$ 左右，干燥后用环氧粘上拉拔头，按照黏结力试验方法测试其黏结力。

2. 试验结果

将选取的抗凝冰涂料 2# 喷涂在车辙板上，图 4.15 给出了室温 25℃下的现场黏结力测试示意图；表 4.27 给出具体的试验数据结果。

图 4.15　黏结力测试示意图

表 4.27　黏结力测试试验结果

干膜厚度/（g/m^2）	黏结力/MPa	技术要求
288	0.71	
310	0.78	≥0.4MPa
301	0.73	

从表 4.27 对抗凝冰涂料与路面的黏结力试验结果看，其黏结力均大于 0.4MPa，满足有关规范对黏结力的技术要求。

第5章 主动抗凝冰微表处应用技术

微表处技术是将聚合物改性乳化沥青、集料、矿料、水和添加剂按一定比例拌和后迅速摊铺到路面上的预防性养护技术。微表处主要用于防止路面松散、延缓路面老化、提高路面摩擦、弥补路面微小的缺陷，微表处还有一个特殊的功能就是可用于车辙（深度不超过 40mm）的填补。因此，微表处适用于轻度纵向或横向裂缝和块裂、路面磨耗严重或松散（松散材料必须清除）、轻度或中度泛油、轻度不平整、缺乏摩擦系数、渗水、疲劳裂缝轻微、车辙稳定的路面；但微表处应避免用在疲劳裂缝严重、路面损坏严重、剩余寿命短、温度裂缝严重、炎热地区的泛油路面[83-84]。

预防性养护措施多种多样，可以分为雾层封层（gog seal）、碎石封层（chip seal）、热薄层罩面（包括开级配、密级配和间断级配）。每种养护措施都有其适用范围和条件，如雾层封层、碎石封层适用于较低等级沥青路面及碎石路面的养护，热薄层罩面适用于高等级公路路面养护，但微表处比雾层封层、碎石封层及热薄层罩面造价更低，且其设备简便，容易搬运。

微表处的主要特点有：①微表处必须使用改性乳化沥青；②可以迅速开放交通；③可以修补车辙。此外，微表处混合料从原材料质量要求、混合料设计指标、使用范围等方面比稀浆封层要求更高，其路用性能、使用寿命等都明显优于稀浆封层。

微表处是预防性养护方式中最具代表性的一种方式，是一种高效的路面预防养护方法，可一次性解决路面的麻面、脱皮、松散、裂缝、车辙等问题，从而延缓路面破坏，减少零碎修补次数。它具有高抗磨耗、抗滑性能，增加路面色彩对比度，改善路用性能。微表处的技术和经济效益如下所述。

（1）微表处具有高抗滑磨耗、抗滑性能，增加路面色彩对比度，改善路用性能，特别适合于交通量大、重载车辆多、车速快、刹车性能要求高的高等级公路。

（2）微表处比传统的热沥青薄罩面具有更好的封层效果，能够防止下渗水，从而更好地保护路面结构。常温条件下作业，其可以降低能耗，不释放有毒物质，符合环保要求。

（3）微表处具有开放交通快、工期短、施工季节长、夜间作业等优点，尤其适用于大交通量的高等级公路、城市干道和机场道路，可在施工后 1~2h 内就恢复交通，减少了施工对交通的影响。

（4）在面层不发生塑性变形的条件下，微表处可修复中度的车辙而无须碾压，可应用于沥青或水泥两种不同性质的路面，是水泥路面不多见的、效果最显著的罩面技术。

（5）在基层稳定的前提下，优质微表处使用寿命一般在 3 年以上，其在使用寿命和使用效果等方面比热沥青罩面有无可比拟的优越性，从而可创造更佳的经济效益。

微表处一般为 5～10mm 厚的薄层结构。根据原路面的损坏状况，可确定微表处的结构。原路面 15mm 以下的车辙采用单层微表处可以起到较好的效果；深度 15～25mm 的车辙应采用多层微表处或首先进行微表处车辙填充；深度 40mm 以上的车辙可采用其他方法处理车辙后再做微表处罩面；在原路面宏观构造深度基本丧失的情况下宜采用双层微表处。

微表处源于 20 世纪 70 年代中期的德国。当时，德国的科学家用传统的稀浆做试验，主要是增加稀浆使用的厚度，看是否能找到在狭窄的车道上填补车辙，但同时不破坏高速公路路面的方法。德国科学家使用精心挑选的沥青及其混合物，加入聚合物和乳化剂，摊到深陷的车辙上，形成了稳定、牢固的面层，这个结果导致了微表处车辙填充技术的诞生。随后微表处也开始用于整幅路面的罩面。

微表处技术出现以后，首先在欧洲迅速得到推广，并于 20 世纪 80 年代进入美国，得到了大面积的应用；加拿大也于 90 年代初开始引进微表处技术。

在美国，改性乳化沥青稀浆封层在高速公路的维修养护工作中的使用越来越普遍。其最新发展是利用聚合物改性沥青乳液铺筑稀浆封层，国际稀浆封层协会（International Slurry Surfacing Association，ISSA）将它分为聚合物改性稀浆精细表面处治（常用于超薄抗滑表层）和用于填补车辙的聚合物改性稀浆封层。ISSA 在原来的稀浆封层实施细则的基础上，制定了有关的施工指南规则，对微表处原材料、设计、试验、质量控制、施工等做了全面的规定，大大促进了稀浆封层和微表处技术在全世界范围内的发展。

基于上述研究分析，本章在传统微表处的制备工艺和路用性能的基础上，通过采用不同的抗凝冰剂对不同级配的集料进行抗凝冰功能化，制备出不同的抗凝冰集料；采用制备的抗凝冰集料，对抗凝冰微表处的原材料和配合比进行应用研究，并对抗凝冰微表处进行抗凝冰效果评价及除冰机理分析。

5.1　试验原材料

微表处是将聚合物改性乳化沥青、集料、矿料、水和添加剂按一定比例拌和而成的流动状态的沥青混合料，将其均匀地摊铺在路面上形成的沥青封层。在微表处试验的基础上，本节特提出抗凝冰微表处原材料的研究分析和试验要求。

5.1.1　改性乳化沥青

1. 技术要求

微表处必须采用改性乳化沥青,但各国规范对改性乳化沥青的要求不尽相同。我国对改性乳化沥青的品种和适用范围如表 5.1 所示;技术要求如表 5.2 所示;美国和日本的要求分别如表 5.3 和表 5.4 所示。

表 5.1　改性乳化沥青的品种和适用范围

品种	代号	适用范围
喷撒型改性乳化沥青	PCR	黏层、封层、桥面防水黏结层用
拌和用乳化沥青	BCR	改性稀浆封层和微表处用

表 5.2　改性乳化沥青技术要求

试验项目			品种及代号		试验方法
			PCR	BCR	
破乳速率			快裂或中裂	慢裂	T 0658
粒子电荷			阳离子（+）	阳离子（+）	T 0653
筛上剩余量（1.18mm）（不大于）/%			0.1	0.1	T 0652
黏度	恩格拉黏度 E_{25}		1～10	3～30	T 0622
	沥青标准黏度 $C_{25,3}$/s		8～25	12～60	T 0621
蒸发残留物	含量（不小于）/%		50	60	T 0651
	针入度（100g, 25℃, 5s）/0.1mm		40～120	40～100	T 0604
	软化点（不小于）/℃		50	53	T 0606
	延度（5℃）（不小于）/cm		20	20	T 0605
	溶解度（三氯乙烯）（不小于）/%		97.5	97.5	T 0607
与矿料的黏附性，裹覆面积（不小于）			2/3		T 0654
储存稳定性	1d（不大于）/%		1	1	T 0655
	5d（不大于）/%		5	5	T 0655

表 5.3　美国快凝型聚合物改性阳离子乳化沥青技术要求

项目		快凝型 CRB-2P 要求
赛波特黏度（50℃）/s		100～400
储存稳定性（24h，不大于）/%		1
颗粒试验，电荷		+
筛分（不大于）/%		0.1
蒸发残留物含量/%		＞65
蒸发残留物	针入度（25℃）/0.1mm	100～175
	4℃延度（不小于）/cm	30
	25℃延度（不小于）/cm	125
	测力延度峰值比（4℃，50mm/min，不小于）	0.3
	弹性恢复（不小于）/%	50
聚合物含量（不小于）/%		2.5
溶解度（不小于）/%		97.5

表 5.4　日本 MS 改性沥青乳液的技术要求

项目		规范要求
恩格拉黏度 E_{25}		3～60
筛分（1.18mm，不大于）/%		0.3
粒子电荷		+
蒸发残留物含量/%		＞60
蒸发残留物	针入度（25℃）/10^{-1}mm	＞40
	软化点/℃	＞50
	15℃延度/cm	＞50
	黏韧性（25℃）/（N·m）	＞0.3
	韧性（25℃）/（N·m）	＞2.5
储存稳定性（24h）/%		＜1.0

2. 主要技术指标

1）黏度指标

改性乳化沥青必须具有合适的黏度。黏度过高、流动性差，不利于撒布和与集料的均匀拌和，也不利于施工设备的精确计量；黏度太低，与集料拌和稠度往往不够理想，容易造成离析和乳液流失，施工和易性差。标准黏度、恩格拉黏度和赛波特黏度之间存在着较好的线性相关关系，三种黏度都是流出型黏度，没有本质上的区别。

上述三种黏度的换算关系分别为

$$\begin{cases} C_{25,3} = 5.9 + 2.47E_{\text{v}} \\ E_{\text{v}} = 0.28V_{\text{s}} \end{cases} \qquad (5.1)$$

式中： $C_{25,3}$ ——道路标准黏度；

$\quad\quad E_{\text{v}}$ ——恩格拉黏度；

$\quad\quad V_{\text{s}}$ ——赛波特黏度。

2）筛上剩余量

筛上剩余量是衡量乳液质量的重要指标。通过检验乳液中沥青微粒的均匀程度，反映了沥青乳化的好坏。乳化完成后，乳化颗粒可能分布均匀和稳定，或者含有乳化不完全的粗颗粒及结块。如果乳化质量不高，会使乳液产生结皮或沉淀。在用此乳液施工时，容易造成喷洒设备的堵塞或骨料拌和不均匀，从而影响施工质量。

3）蒸发残留物性质

乳液的蒸发残留物含量是乳液中实际沥青的含量。沥青含量过高，会使乳液黏度过大，不利于施工和储存而沥青含量过低，黏度变小，施工时容易流失，不能保证一定的油石比，同时增加了乳液的运输费用，得不到理想的经济效益。因此，保持适当的沥青含量是很重要的。

4）与集料的黏附性

乳液与骨料的黏附性的好坏关系到混合料的水稳定性。若黏附性好，则在水的作用下，沥青不易于从集料上剥落下来，则抗水损坏能力就强；反之，就容易发生水损坏，影响路面寿命。因此，乳液与集料的黏附性也是一个重要的指标。

5.1.2 乳化剂

乳化剂用量直接关系到乳化效果和产品的储存稳定性，同时对乳液蒸发残留物的性质有很大的影响。用量偏少，筛上剩余量增加，沥青微粒容易凝聚而分层用量偏多，增加了原沥青的性能损失，而且还增加了成本。此外，乳化剂用量还影响到破乳速率，用量增加，破乳速率趋缓。因此，合适的乳化剂用量应在综合考虑乳化效果以及与改性沥青的配伍性的基础上根据多种试验确定。

在改性乳化沥青中，沥青以 0.1~10μm 的细小微粒分散于水中，微粒表面被乳化剂分子形成的界面膜所覆盖，破乳后沥青微粒间相互整合，恢复原有状态，如果乳化剂分子在沥青分子中起剪切作用，则沥青微粒间的融合作用就会受到影响，乳化剂就像一堵墙一样把沥青微粒相互隔开，沥青无法恢复到原有状态，则沥青性能就会下降，尤其会表现为延度降低；若乳化剂分子在沥青微粒间起凝聚作用，则对沥青微粒间的融合有促进作用，此时表现为沥青性能比原来提高。

5.1.3 改性剂

改性剂的种类繁多，可用于乳化沥青改性的主要有以下几种。

1. 天然橡胶胶乳

天然橡胶胶乳（natural rubber latex，NRL）是复杂的胶体多分散体系，它由聚异戊二烯组成。天然橡胶在常温下具有良好的弹性，并稍带塑性，在 0℃的范围内回弹率为 70%～80%，温度为 130℃时仍能保持正常的使用性能，只有当温度降低到-90℃时，才会失去弹性，变得硬脆。天然橡胶无一定的熔点，在 130～140℃时软化，在 150～160℃时显著黏软，200℃左右才开始降解，在 220℃变为熔融状态，达 270℃时则急剧分解。

天然橡胶胶乳的主要改性效果是提高沥青与石料的黏结能力，并使低温延度增加，抗开裂能力增强，但天然橡胶的致命弱点是不耐老化。

与合成胶乳相比，天然橡胶胶乳胶结力高、综合性能良好，但料源少，价格昂贵，且天然橡胶胶乳普遍带负电荷，不能直接用于阳离子乳化沥青的改性，而是需要先将天然胶乳进行预处理，使其由负电荷转变为正电荷或呈电中性，再与阳离子乳化剂相聚合，制备出阳离子改性乳化沥青。

2. 丁苯橡胶胶乳

丁苯橡胶胶乳（styrene-butadiene rubber latex，SBRL）是由聚苯乙烯和丁二烯两种单体乳液聚合产生的。丁苯橡胶胶乳中丁苯橡胶的相对分子质量为（13～25）×10^4。丁苯橡胶胶乳是综合性能较好的通用型合成胶乳，它的薄膜物理力学性能虽比天然胶乳要低得多，但由于它可以明显提高沥青与石料的黏附性、抗裂性与低温延性，兼具良好的耐老化性、耐热性和耐腐蚀性以及较高的稀释稳定性，而且它的品种多、价格低，广泛用于乳化沥青材料的改性。

3. 氯丁橡胶胶乳

氯丁橡胶胶乳（chloroprene rubber latex，CRL）是由氯丁二烯单体乳液聚合产生的。氯丁橡胶胶乳由于具有极宝贵的综合性能，如强的黏合能力，成膜性能较好，湿凝胶和干胶膜具有较高的强度，并具有耐油、耐燃、耐溶剂、耐热、耐臭氧老化等性能；氯丁胶乳的最大缺点是耐寒性能差，其次是储存稳定性差，储存中胶体性质易发生变化。

氯丁橡胶胶乳改性乳化沥青能明显改善乳化沥青的黏附性、高温稳定性及耐老化性、耐化学腐蚀等性能，特别适合我国南方炎热的地区；但由于阳离子氯丁胶乳的价格比丁苯胶乳高，产品的稳定性也难以保证，实际使用并不普遍。

4. 热塑性丁苯橡胶

热塑性丁苯橡胶即聚苯乙烯和聚丁二烯嵌段共聚物（SBS）。SBS 高分子链的突出特点是它同时串联或接枝一些化学结构不同的硬段和软段。硬段又称塑料段，即聚苯乙烯段（S 段）；软段又称橡胶段，即聚丁二烯段（B 段）。硬段显示高度的刚性，软段显示高度的柔性，所以 SBS 兼有橡胶的高弹性和塑料的热塑性。

　　由于 SBS 产品是固体颗粒，不能直接用来改性乳化沥青。日本采用人造胶乳的方法用线性 SBS 生产出阳离子型 SBS 胶乳。该产品是专用于阳离子乳化沥青改性的。目前国内也有适用于改性乳化沥青的 SBS 胶乳，但由于成本太高而难以推广。

　　5. 乙烯-乙酸乙烯酯共聚物胶乳

　　乙烯-乙酸乙烯酯共聚物（EVA）是由乙烯和乙酸乙烯酯为单体共聚合产生的。EVA 的性能与乙酸（VA）含量有密切关系，还与相对分子质量的大小有关。EVA 胶乳由于其中 VA 含量较高，耐老化性、耐水性、耐化学品性都相对降低，但黏结力特强。EVA 胶乳一般为非离子型，与乳化沥青容易掺配均匀，稳定性好。EVA 胶乳改性乳化沥青是良好的层间黏结料。

　　6. 植物纤维

　　植物纤维（plant fibre）是以木材和木化的植物为原料经过化学加工得到的。植物纤维外观为灰色至灰白色，棉絮状或颗粒状。在通常条件下，其化学性质稳定，不为一般溶剂、酸、碱腐蚀。植物纤维本身无毒，可以与食品接触，对人体无害，所以不影响环境，不会造成公害。植物纤维比表面积很大，吸附性能很强。1g 植物纤维可吸收相当于本身质量 5 倍的水或 5.8 倍～7 倍的沥青。纤维和纤维之间可以相互交错和缠绕，形成立体网状结构。植物纤维表面带负电荷。纤维在乳化沥青混合料中具有加筋作用、分散作用、吸附及吸收沥青的作用、稳定作用及提高黏结力作用。

　　7. 改性剂的选择

　　选择改性剂除应考虑品种、性能、价格等因素外，还应注意改性剂与沥青乳化剂离子类型的配伍性。这一点对于改性乳化沥青特别重要。一般来说，阳离子乳化剂与阳离子聚合物乳液配合，阴离子乳化剂与阴离子聚合物乳液配合，非离子聚合物乳液既可以与阳离子乳化剂配合，又可与阴离子乳化剂配合。阳离子乳化剂与阴离子聚合物乳液，或阴离子乳化剂与阳离子聚合物乳液，只有通过特殊的工艺处理才能使两者共存，否则会发生破乳凝聚现象，达不到改性的目的。

5.1.4　集料

　　1. 技术要求

　　微表处应选择坚硬、粗糙、耐磨、洁净的集料，各项性能应符合表 5.5 和表 5.6 的要求。其中微表处用通过 4.75mm 筛的合成矿料的砂当量不得低于 65%；细集料宜采用碱性石料生产的机制砂或洁净的石屑，对集料中的超粒径颗粒必须筛除。

1）粗集料

粗集料应该洁净、干燥、表面粗糙，质量技术要求应符合表 5.5 的规定。当单一规格集料的质量指标达不到表中的要求，而按照集料配合比计算的质量标准符合要求时，工程上允许使用。对受热易变质的集料，宜采用经拌和机烘干后的集料进行检验。

表 5.5　粗集料质量技术要求

项目	指标			试验方法
	高速公路及一级公路		其他等级公路	
	表面层	其他层次		
石料压碎值（不大于）/%	26	28	30	T 0316
洛杉矶磨耗损失（不大于）/%	28	30	35	T 0317
表观相对密度（不小于）	2.60	2.50	2.45	T 0304
吸水率（不大于）/%	2.0	3.0	3.0	T 0304
坚固性（不大于）/%	12	12		T 0314
针片状颗粒含量（混合料）（不大于）/%	15	18	20	T 0312
其中粒径>9.5mm（不大于）/%	12	15		
其中粒径<9.5mm（不大于）/%	18	20		
水洗法小于 0.075mm 颗粒含量（不大于）/%	1	1	1	T 0310
软石含量（不大于）/%	3	5	5	T 0320

2）细集料

细集料应洁净、干燥、无风化、无杂质，并有适当的颗粒级配，其质量应符合表 5.6 的规定。细集料的洁净程度，天然砂以小于 0.075mm 含量的百分数表示，石屑和机制砂以砂当量（适用于 0～4.75mm）或亚甲蓝值（适用于 0～2.36mm 或 0～0.15mm）表示。

表 5.6　细集料质量技术要求

项目	指标		试验方法
	高速公路、一级公路	其他等级公路	
表观相对密度（不小于）	2.50	2.45	T 0328
坚固性（大于 0.3mm 部分）（不小于）/%	12		T 0340
含泥量（小于 0.075mm 的含量）（不大于）/%	3	5	T 0333
砂当量（不小于）/%	60	50	T 0334
亚甲蓝值（不大于）/（g/kg）	25		T 0349
棱角性（流动时间）（不小于）/s	30		T 0345

3）矿粉

矿粉采用石灰岩或岩浆岩中的强基性岩石等憎水性石料经磨细得到的矿粉，原石料中的泥土杂质应除净。矿粉应干燥、洁净，能自由地从矿粉仓流出，其质量应符合表 5.7 的要求。

表 5.7　矿粉质量要求

项目		指标		试验方法
		高速公路、一级公路	其他等级公路	
表观密度（不小于）/（t/m³）		2.50	2.45	T 0352
含水量（不大于）/%		1	1	T 0103 烘干法
颗粒含量	（＜0.6mm）/%	100	100	T 0351
	（＜0.15mm）/%	90～100	90～100	
	（＜0.075mm）/%	75～100	70～100	
外观		无团粒结块		
亲水系数		＜1		T 0353
塑性指数/%		＜4		T 0354
加热安定性		实测记录		T 0355

2. 主要技术指标

1）石料压碎值

石料压碎值用于衡量石料在逐渐增加的荷载下抵抗压碎的能力，是衡量石料力学性质的指标，以评定其在公路工程中的适用性。石料压碎值越大，说明该石料在沥青路面的施工与使用过程中越容易被压碎，从而影响沥青路面的使用品质；石料压碎值越小，说明该石料在沥青路面的施工与使用过程中越不容易被压碎，从而保证沥青路面的使用品质。

2）洛杉矶磨耗损失

洛杉矶磨耗损失是指在标准条件下测定粗集料抵抗摩擦、撞击的能力，以磨耗损失（%）表示。粗集料的洛杉矶磨耗损失是集料使用性能的重要指标。它与沥青路面的抗车辙能力、耐磨性、耐久性密切相关，一般磨耗损失小的集料，集料坚硬，耐磨，耐久性好。

3）石料磨光值

石料磨光值是利用加速磨光机磨光石料，用摆式摩擦系数测定仪测定的石料经磨光后的摩擦系数值。石料磨光值是关系到一种石料能否用于沥青路面抗滑磨耗层的重要决定性指标。较小的石料磨光值能为沥青路面提供良好的抗滑性能。

4）石料坚固性

石料坚固性是指碎石或砾石经饱和硫酸钠溶液多次浸泡与烘干循环，承受硫酸钠结晶压而不发生显著破坏或强度降低的性能。

5）针片状含量

针片状颗粒是指用游标卡尺测定的粗集料颗粒的最大长度（或宽度）方向与最小厚度（或直径）方向的尺寸之比大于 3 倍的颗粒。粗集料中针片状颗粒的含量以百分率计，可用于评价集料的形状和抗压碎能力，以评定石料生产厂的生产水平及该材料在工程中的适用性。若沥青混合料中针片状颗粒含量较多，易造成集料颗粒之间互相搭接，细小颗粒无法进入，增大空隙率，在施工中易折断，致使混合料不密实，黏聚性降低，使路面易出现早期破坏。

6）表观密度

表观密度是指材料的质量与表观体积之比。表观体积是实体积与闭口孔隙体积之和。

7）表观相对密度

表观相对密度是指材料的表观密度与相应试验温度下的水的密度之比。

8）粒度范围

粒度范围是指矿粉对于各号筛的通过百分率。

9）亲水系数

矿粉的亲水系数是指矿粉试样在水（极性介质）中膨胀的体积与同一试样在煤油（非极性介质）中膨胀的体积之比，用于评价矿粉与沥青结合料的黏附性能。亲水系数大于 1 的矿粉，表示矿粉对水的亲和力大于对沥青的亲和力，矿粉与沥青的胶结程度较差；亲水系数小于 1 的矿粉，则表示对沥青有大于水的亲和力，矿粉与沥青的胶结程度较好。

5.1.5　微孔集料

1. 技术要求

微孔集料是一种由相互贯通或封闭的孔洞构成网络结构的集料，典型的孔结构：是由大量多边形孔在平面上聚集形成的二维结构，由于其形状类似于蜂房的六边形结构而被称为"蜂窝"材料；更为普遍的是由大量多面体形状的孔洞在空间聚集形成的三维结构，通常称之为"泡沫"材料。如果构成孔洞的固体只存在于孔洞的边界（即孔洞之间是相通的），则称为开孔；如果孔洞表面也是实心的，即每个孔洞与周围孔洞完全隔开，则称为闭孔；而有些孔洞则是半开孔半闭孔的。

微孔集料是多孔材料中的一类，多孔材料可以分为微孔（孔径小于 2nm）材料、介孔（孔径 2~50nm）材料和大孔（孔径大于 50nm）材料。与普通集料相比，微孔集料具有相对密度低、比强度及比表面积高、质量轻、隔声、隔热、渗透性好等优点。

微孔集料包括浮石、火山渣和多孔岩等。抗凝冰微孔集料就是在普通微孔集料内部掺加适量的抗凝冰成分，同时为了考虑到抗凝冰剂的持续释放，可在集料中引入一些气孔而形成的路用集料。微孔原材料主要选择水泥、生石灰、粉煤灰、细砂，抗凝冰材料选择氯化钠、氯化钙、硫酸镁中的一种或几种。在沥青混凝土中直接掺加抗凝冰微孔集料用以替代部分碎石使用，也可直接铺筑沥青面层磨耗层，由此构成抗凝冰微表处。

为了弥补抗凝冰剂本身不具有强度的缺陷，应考虑将抗凝冰剂复合在微孔集料之中，利用具有大比表面积微孔结构的无机物为支撑材料，通过微孔的毛细作用力将抗凝冰剂溶液吸入微孔内，形成抗凝冰微孔集料。微孔集料要满足以下要求。

（1）具备一定孔隙率，能够吸附一定量的抗凝冰材料。孔隙率过大或孔隙分布过密，会导致材料的强度不足；孔隙率过低，吸附能力不足，吸附抗凝冰剂的质量过少，会导致除冰效果不佳。

（2）具有一定强度，或通过某种手段使其强度满足要求。

基于此，抗凝冰微孔集料的吸附能力和集料强度是其是否有效的两大重要指标，其中筒压强度是决定微孔集料强度的主要因素。因此，参照《公路工程集料试验规程》（JTG E42—2005）及《轻集料及其试验方法 第1部分：轻集料》（GB/T 17431.1—2010），抗凝冰微孔集料应满足表5.8的要求。

表5.8 微孔集料技术性能指标

指标	规范要求	试验方法
表观密度/（g/cm³）	≤2.60	T 0304
磨耗值/%	≤28	T 0317
筒压强度/MPa	≥2.0	

2. 主要技术指标

筒压强度是指用承压筒法测定轻粗集料颗粒的平均相对强度。

仪器设备如下所述。

（1）承压筒。由圆柱形筒体（另带筒底）、冲压模和导向筒三部分组成；筒体可用无缝钢管制作，有足够刚度，筒体内表面和冲压模底面须经渗碳处理。筒体可拆，并装有把手。冲压模外表面有刻度线，以控制装料高度和压入深度。导向筒用以导向和防止偏心。

（2）压力机。根据筒压强度的大小选择合适吨位的压力机，测定值的大小宜位于所选压力机表盘最大读数的20%～80%。

（3）托盘天平。最大称量5kg（分度值5g）。

（4）干燥箱。

其试验步骤如下所述。

（1）筛取待测试样5L，用带筒底的承压强度筒装试样至筒口平齐，分别测定3次松散料质量，取其算术平均值。将测得的平均松散料质量乘以填充系数作为试样量，不同轻集料的填充系数分别为：天然轻集料和煤渣，1.15；粉煤灰陶粒和超轻陶粒，1.05；其他轻集料，1.10。

（2）按上述试样量称取试样，装入承压筒内，先用木槌沿筒壁四周轻敲数次，然后装上导向筒和冲压模。检查冲压模的下刻度线是否与导向筒的上缘重合，如不重合，再轻敲筒壁四周直至完全重合为止。

（3）把承压筒放在压力机的下压板上，以每秒300～500N的速度匀速加荷。

当冲压模压入深度为 20mm 时，记下压力值。

筒压强度按式（5.2）计算：

$$f_{\mathrm{a}} = \frac{p}{F} \tag{5.2}$$

式中：f_{a}——材料的筒压强度（MPa），计算精度精确至 0.1MPa；

　　　p——压入深度为 20mm 时的压力值（N）；

　　　F——承压面积（即冲压模面积 $F=10\,000\mathrm{mm}^2$）。

材料的筒压强度以 3 次试验结果的算术平均值作为测定值。若 3 次试验结果中最大值和最小值之差大于平均值的 15%时，须重做。

5.1.6　抗凝冰剂

试验选用 8 种具有代表性的抗凝冰剂，分别为抗凝冰剂-1～抗凝冰剂-8，主要类型见表 4.7，在此不予过多表述。

抗凝冰剂的溶解能力和除冰效果是其能否有效发挥作用的两大重要指标，其中溶解能力是指抗凝冰剂在水溶液中的溶解性，溶解能力越好，溶液浓度提升的速度就越快，溶液的冰点降低得越快，抗凝冰效果越好；抗凝冰剂的效果好坏，很重要的因素是抗凝冰剂的最低冰点，也称为最低共熔点。最低冰点指的是抗凝冰剂（溶质）溶于水（溶剂）中，当温度降低至凝固点开始发生凝固现象，体系固液共存时，其中先开始凝固的部分其实是溶剂，随着溶剂的相对含量不断减少，溶液浓度不断提高，直到溶液饱和后，凝固点不再降低，该凝固点被称为最低共熔点。

基于前期对抗凝冰剂大量的试验和技术性能分析，本次试验优选出试验效果良好的三种抗凝冰剂 DF1、DF2、DF3，并对材料的水溶性和最低冰点进行定量的研究分析。

5.1.7　原材料试验结果

为了开发研究抗凝冰集料，原材料选取三种 3～5mm 的微孔集料 Agg1、Agg2和 Agg3，以及三种抗凝冰剂 DF1、DF2 和 DF3，其中三种集料和三种除冰剂的各项性能技术指标如表 5.9 和表 5.10 所示。

表 5.9　微孔集料技术性能指标

集料类别	表观密度/（g/cm³）	磨耗值/%	筒压强度/MPa
Agg1	2.368	20.6	3.2
Agg2	1.825	28.8	2.8
Agg3	2.526	13.6	4.1

注：表中性能指标参照《公路工程集料试验规程》（JTG E42—2005）及《轻集料及其试验方法 第 1 部分：轻集料》（GB/T 17431.1—2010）选取。

表 5.10　除冰剂的技术性能指标

除冰剂种类	外观	最低冰点/℃	水溶性	除冰效果
DF1	白色粉末	−18	可溶	良好
DF2	块状颗粒	−30	可溶	良好
DF3	无色晶体	−8	可溶	较好

5.2　主动抗凝冰微孔集料制备工艺

5.2.1　正交试验方法

正交试验方法设计是研究多因素、多水平的一种设计方法，是根据正交性从全面试验中挑选出部分有代表性的点进行试验，这些有代表性的点具备了"均匀分散，齐整可比"的特点。正交试验设计是一种高效率、快速、经济的试验设计方法。将正交试验选择的水平组合列成表格，称为正交表。按照正交表来安排试验，既能使试验点分布得很均匀，又能减少试验次数，并且能够清晰地阐明试验条件与指标之间的关系。用正交表来安排试验及分析试验结果，这种方法就叫作正交试验设计法。

当影响因素太多而导致试验次数过多的时候，选择正交试验方法能大大减少工作量。例如做一个三因素三水平的试验，按全面试验要求，需要进行 3^3=27 种组合的试验，且尚未考虑每一组合的重复数。若使用正交试验方法只需要做 9 次。因而正交试验设计在很多领域的研究中已经得到了广泛的应用。

正交试验设计的基本步骤：

（1）明确试验目的，确定评价指标。

（2）挑选因素（包括交互作用），确定水平。

（3）选正交表，进行表头设计。

（4）明确试验方案，进行试验，得到结果。

（5）对试验结果进行统计分析。

（6）进行验证试验，做进一步分析。

5.2.2　正交表

正交表的种类有两种，即等水平正交表和混合水平正交表。因为在本次试验中，各因素的水平数不完全相同，所以本次试验采用了混合水平正交表。

正交表的表达式如下所示：

$$L_n(r^m) \tag{5.3}$$

式中：L ——正交表代号；

　　　n ——正交表行数；

r ——因素水平数；

m ——正交表纵列数（最多能安排的因数个数）。

因为不同的试验有不同的影响因素，需要制备不同的正交表来确定试验次数，这里就不一一说明，仅举此次试验的例子来加以说明。此次试验根据影响因素和水平试验，采用了 $L_9(3^4)$ 的正交表。

1. 构造过程

正交表的构造需要用到组合数学和概率学知识，而且如果正交表类型不同，则构造方法差异很大，甚至有些正交表其构造方法到目前还未解决。下面以正交表 5.11 为例，介绍一种 $L_9(3^4)$ 类型的正交表的构造过程。

表 5.11　$L_9(3^4)$ 正交试验因素水平

序号	影响因素			
	集料种类	除冰剂种类	浸泡温度/℃	浸泡时间/h
1	Agg1	DF1	25	12
2	Agg2	DF2	60	24
3	Agg3	DF3	100	48

1）确定正交表的行和列

正交表 5.11 共有 4 个因素，每个因素有 3 个水平 1、2、3，共需安排 9 次试验。因此，正交表是一个 4 列 9 行的表。生成正交表的表头如表 5.12 所示。

表 5.12　正交表的表头设计

项目	因素 1	因素 2	因素 3	因素 4
试验 1	1	1	1	1
试验 2	1	2	2	2
试验 3	1	3	3	3
试验 4	2	1	2	3
试验 5	2	2	2	1
试验 6	2	3	1	2
试验 7	3	1	3	2
试验 8	3	2	1	3
试验 9	3	3	2	1

根据以上设计的正交设计试验，为了评价抗凝冰集料性能的优劣，试验以抗凝冰集料吸附除冰剂的程度及筒压强度作为试验指标。

2）确定正交表的内容

对每个因素的水平进行编号，分别为 1、2、3，并将试验按照水平数 3 进行分组，即每三个试验为一组。

（1）对于第一列：第一组试验中，全部使用因素 1 的第 1 个水平；第二组试验中，全部使用因素 1 的第 2 个水平；第三组试验中，全部使用因素 1 的第 3 个水平。

（2）对于第二列：每一组试验中，都分别使用因素 2 的三个水平 1、2、3。

（3）对于第三列：每一组试验中，每一个水平编号的确定方法依据第一列与第二列按加法规则相加而得。

（4）对于第四列：每一组试验中，每一个水平编号的确定方法依据第一列按照乘法规则乘以"3"，然后与第二列按加法规则相加而得。

加法规则与乘法规则定义如下：

+	1	2	3
1	1	2	3
2	2	3	1
3	3	1	2

×	1	2	3
1	1	1	1
2	1	2	3
3	1	3	2

3）生成正交表

将集料种类代入第 1 列，除冰剂种类代入第 2 列，浸泡温度代入第 3 列，浸泡时间代入第 4 列，并把具体条件放进表 5.12 中对应部分，就可以得到表 5.13。

表 5.13　抗凝冰集料正交试验及结果

试验编号	影响因素				试验指标	
	集料种类	除冰剂种类	浸泡温度/℃	浸泡时间/h	吸附除冰剂程度/%	筒压强度/MPa
1	Agg1	DF1	25	12	4.8	2.8
2	Agg1	DF2	60	24	16.2	2.3
3	Agg1	DF3	100	48	12.6	0
4	Agg2	DF1	60	48	3.2	1.9
5	Agg2	DF2	100	12	6.5	1.2
6	Agg2	DF3	25	24	3.4	0
7	Agg3	DF1	100	24	1.8	3.2
8	Agg3	DF2	25	48	2.6	3
9	Agg3	DF3	60	12	0.2	0

2. 计算极差并确定因素的主次顺序

计算极差，并确定因素的主次顺序如下。

K_i：表示任一列上水平号为 i 时，所对应的试验结果之和；

R（极差）：在任一列上 $R = \max\{K_1, K_2, K_3\} - \min\{K_1, K_2, K_3\}$（其中 R 值越大，其代表的因素就越重要）。

分别将 K_i 和 R 算出，并且整理就可以得出极差分析结果，如表 5.14 所示。

表 5.14　极差分析结果

试验指标	项目	试验结果			
		集料种类	除冰剂种类	浸泡温度/℃	浸泡时间/h
吸附除冰剂程度/%	K_1均值	11.2	3.3	3.6	3.8
	K_2均值	4.4	8.4	6.5	7.1
	K_3均值	1.5	5.4	7.0	6.1
	极差 R	9.7	5.2	3.4	3.3
筒压强度/MPa	K_1均值	1.7	2.6	2.0	1.3
	K_2均值	1.0	2.2	1.4	1.8
	K_3均值	2.1	0.0	1.5	1.6
	极差 R	1.0	2.2	0.6	0.5

分析表 5.13 和表 5.14 可知，影响抗凝冰集料的吸附除冰剂的强弱分别为：集料种类＞除冰剂种类＞浸泡温度＞浸泡时间；而影响抗凝冰集料的筒压强度强弱分别为：除冰剂种类＞集料种类＞浸泡温度＞浸泡时间。

5.2.3　制备工艺

综合分析抗凝冰集料对吸附除冰剂及筒压强度要求，并考虑到制备过程的经济能耗，提出抗凝冰集料制备的过程如下。

1. 制备原材料

抗凝冰微孔集料制备原材料如表 5.15 所示。

表 5.15　抗凝冰微孔集料制备原材料

微孔集料	除冰剂种类	溶剂
Agg1	DF1、DF2	去离子水

注：采用去离子水作为溶剂是为了降低水中其他离子含量，防止其与除冰剂发生沉淀反应，影响除冰效果。

2. 制备步骤

（1）将试验环境温度及试验用微孔集料、除冰剂、去离子水及器皿的温度调整到 25℃±2℃。

（2）在开口容器中装入一定量的去离子水，将除冰剂 DF1（或 DF2）缓慢、少量地加入水中，边加入边以 60r/min 的速率进行搅拌，待底部有少量不溶除冰剂时停止加入除冰剂，并继续以 60r/min 的速率搅拌 3min，形成饱和溶液。

（3）搅拌完毕后，称取质量为 m_0 的 Agg1 集料，并将其投入饱和溶液中，要求集料必须完全浸泡在溶液中，集料和溶液质量比控制在（1∶3）～（1∶6）之间。

（4）恒温下，浸泡 24h。

（5）将集料从溶液中捞出，擦拭集料表面水分，置于烘箱（160℃±5℃）中烘干 2h。

（6）将集料取出在室温条件下冷却，制备成抗凝冰微孔集料 MA1（MA2），再称取质量 m_1，准确至 0.1g。

（7）计算吸附率。

抗凝冰材料吸附率由下式计算：

$$S_a = \frac{(m_1 - m_0)}{m_0} \times 100\% \tag{5.4}$$

式中：S_a ——吸附率；

　　　m_1 ——集料浸泡后质量；

　　　m_0 ——集料浸泡前质量。

抗凝冰集料制备工艺路线如图 5.1 所示。

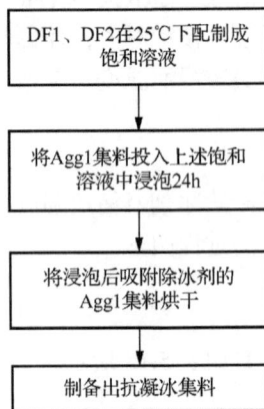

```
┌─────────────────────┐
│ DF1、DF2在25℃下配制成 │
│      饱和溶液         │
└─────────────────────┘
          ↓
┌─────────────────────┐
│ 将Agg1集料投入上述饱和 │
│    溶液中浸泡24h      │
└─────────────────────┘
          ↓
┌─────────────────────┐
│ 将浸泡后吸附除冰剂的   │
│    Agg1集料烘干       │
└─────────────────────┘
          ↓
┌─────────────────────┐
│    制备出抗凝冰集料    │
└─────────────────────┘
```

图 5.1　主动抗凝冰集料制备工艺路线

5.3　主动抗凝冰集料性能研究

为了验证按照上述制备工艺制备出的抗凝冰集料性能，室内分别对抗凝冰集料进行了以下两个方面的性能试验。

5.3.1　物理力学性能

图 5.2 是 Agg1 微孔集料用 DF1、DF2 两种除冰剂制备出的两种抗凝冰集料

MA1、MA2 的外观，表 5.16 给出了其技术性能指标。

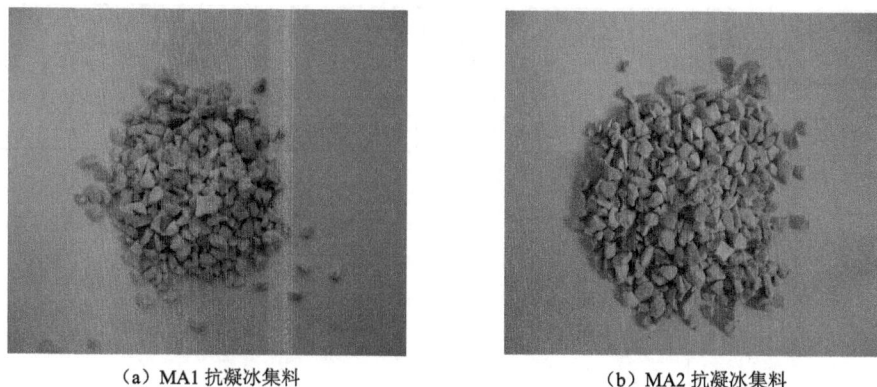

（a）MA1 抗凝冰集料　　　　　　　　　　（b）MA2 抗凝冰集料

图 5.2　抗凝冰集料外观

表 5.16　抗凝冰集料的技术性能指标

集料种类	压碎值/%	磨耗损失/%	坚固性/%	针片状含量/%
MA1		20.8	8.9	0.5
MA2		21.2	10.6	0.5
规范要求	≤26	≤28	≤12	≤15

表 5.16 表明，按照本制备工艺制备的抗凝冰集料 MA1、MA2 各项技术性能指标满足对粗集料的技术要求。

5.3.2　抗凝冰效果

为了研究制备的 MA1、MA2 两种抗凝冰集料自身性能的抗凝冰效果，试验分别将两种集料按照抗凝冰集料∶水=1∶10 质量浸泡放置在一定的蒸馏水溶液中，用 STP 离子浓度计测试不同时间水溶液中释放出来的抗凝冰剂的物质的量浓度，并计算水溶液中释放的抗凝冰剂量占抗凝冰剂总量的质量比。

表 5.17 给出了 MA1、MA2 两种抗凝冰集料在不同时间下溶液中释放的除冰剂的物质的量浓度，表 5.18 计算出不同时间下析出除冰剂量占抗凝冰集料中除冰剂总量的质量比；图 5.3 为不同时间下释放的除冰剂的物质的量浓度，图 5.4 为不同时间下析出的除冰剂的质量比。

表 5.17　不同时间下释放的除冰剂物质的量浓度

抗凝冰集料	除冰剂的物质的量浓度/（10^{-2}mol/L）											
	5min	10min	15min	30min	45min	1h	1.5h	2h	3h	24h	48h	72h
MA1	6.6	6.9	7.2	7.8	7.9	8.3	8.3	8.5	8.7	9.3	9.5	9.5
MA2	18.2	21.4	23.4	24.5	26.3	27.3	28.8	29.5	30.2	31.6	32.4	32.5

表 5.18　不同时间下析出除冰剂的质量比

抗凝冰集料	不同时间下析出除冰剂的质量比/%											
	5min	10min	15min	30min	45min	1h	1.5h	2h	3h	24h	48h	72h
MA1	70.3	73.5	76.8	81.8	83.5	86.9	86.9	88.6	90.2	95.1	95.9	96.8
MA2	59.8	68.8	75.2	78.5	83.6	87.1	90.6	92.3	94.0	97.4	99.1	99.1

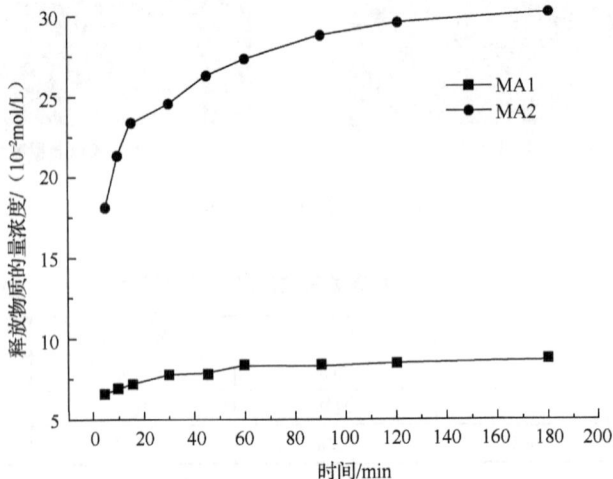

图 5.3　不同时间下释放的除冰剂的物质的量浓度

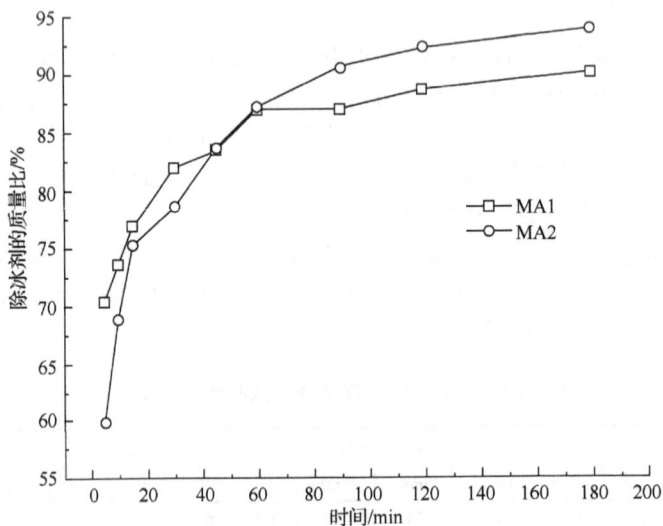

图 5.4　不同时间下析出的除冰剂的质量比

分析表 5.17 和表 5.18 可以得到以下结论。

（1）随着抗凝冰集料在水溶液中时间延长，其析出的除冰剂的物质的量浓度和析出除冰剂的质量比均逐渐提高，说明了两种抗凝冰集料在遇水作用下能有效地释放出其吸附的除冰剂成分。

（2）从溶液中析出除冰剂的浓度和除冰剂的质量比看，两种抗凝冰集料 MA1、MA2 不存在经历某一时间后其溶液析出的除冰剂浓度放缓，表明两种抗凝冰剂集料在析出除冰剂的过程中均具有一定的缓释性。

（3）总体分析，两种抗凝冰集料都能在水的作用下不断释放出除冰剂成分，说明 MA1、MA2 抗凝冰集料具有一定的抗凝冰效果。

5.4　抗凝冰微表处的配合比设计

5.4.1　原材料

1. 矿料

集料选取 0～0.6mm、0.6～2.36mm 的玄武岩及 2.36～4.75mm 的抗凝冰集料 MA1、MA2，填料选用石灰石矿粉。抗凝冰集料的各项技术性能指标如表 5.19 和表 5.20 所示。

表 5.19　微表处用粗细集料技术性能指标

材料名称	项目	技术指标				标准要求	试验方法
		0～0.6mm	0.6～2.36mm	MA1	MA2		
粗集料	压碎值/%					≤26	T 0316
	磨耗损失/%			20.8	21.2	≤28	T 0317
	磨光值（BPN）			43.3	42.1	≥42	T 0321
	坚固性/%			8.9	10.6	≤12	T 0314
	针片状含量/%			0.5	0.5	≤15	T 0312
细集料	坚固性/%		3.1			≤12	T 0340

表 5.20　矿粉技术指标

检测项目		标准要求	试验结果	试验方法
表观密度/（t/m³）		≥2.50	2.692	T 0352
表观相对密度		实测值	2.700	
粒度范围/%	<0.6mm	100	100.0	T 0351
	<0.15mm	90～100	92.3	
	<0.075mm	75～100	78.5	
亲水系数		≤1.0	0.7	T 0353

表 5.19 和表 5.20 试验结果表明，所选用的粗细集料及矿粉满足对粗细集料、矿粉技术要求。

2. 沥青

沥青采用基质沥青 SK-70#，各项技术指标如表 5.21 所示。

表 5.21　基质沥青技术指标

检测项目	标准要求	试验结果	试验方法
针入度（100g，25℃，5s）/0.1mm	60～80	63	T 0604
软化点/℃	46	48.8	T 0606
延度（15℃）/cm	>100	>100	T 0605

3. 改性乳化沥青

1）试验原材料

为了研究需要，试验分别选用了 C500、CL90 两种阳离子乳化剂和一种 UC58 阴离子乳化剂分别制备了三种改性乳化沥青 AS1、AS2 和 AS3，其三种改性乳化沥青技术指标如表 5.22 所示。

表 5.22　微表处用改性乳化沥青技术指标

测试项目		技术指标			标准要求	试验方法
		AS1	AS2	AS3		
恩格拉黏度 E_{25}		12	8	11	3～30	T 0622
蒸发残留物含量/%		62	60	62	≥60	T 0651
蒸发残留物性质	针入度（100g，25℃，5s）/0.1mm	65	68	64	40～100	T 0604
	软化点/℃	58	59	62	≥53	T 0606
	延度（5℃）/cm	23	28	29	≥20	T 0605
稳定性/%	1d	0.7	0.5	0.6	≤1	T 0655
	5d	4.8	3.5	3.1	≤5	T 0655

表 5.22 表明本试验选用的三种改性乳化沥青均满足对微表处用改性乳化沥青的技术要求。

2）制备步骤

（1）沥青的制备。对于本试验所用的 SK-70#基质沥青，建议温度为 140～145℃。

（2）皂液的制备。将计量好的水置于调温电炉上加热至 60～65℃，加入乳化剂（C500、CL90 和 UC58），稍做搅拌，调节 pH。

（3）预热胶体磨，取适量热水倒入胶体磨中，开启机器使内部充分预热。

（4）先将皂液加入胶体磨充分搅拌，再将热沥青缓慢加入胶体磨中，乳化时间控制在 3～5min。

（5）打开排阀，将乳化好的沥青接入预热过的烧杯内，上盖后放进 60℃烘箱内消泡 30min 取出，待冷却后倒入干净容器内密封储存。

4. 外加剂

选用光明水泥厂生产的 PO42.5 普通硅酸盐水泥，水泥干燥、疏松，无结团，经检验其各项技术指标满足规范《公路沥青路面施工技术规范》（JTG F40—2004）和《通用硅酸盐水泥》（GB 175—2007）的技术要求。

5.4.2　配合比设计

1. 国内外常见的微表处级配范围的对比

1）ISSA 级配范围

优质的集料是微表处获得成功的基础，而良好的矿料级配是沥青混合料性能的重要保证。各个国家在推广微表处技术的过程中都根据实际情况建立了相应的微表处矿料级配范围。ISSA 的微表处用矿料级配范围如表 5.23 所示。

表 5.23　ISSA 微表处用矿料级配范围

筛孔尺寸/mm	Ⅱ型通过率/%	Ⅲ型通过率/%	允许波动范围/%
9.5	100	100	
4.75	90～100	70～90	±5
2.36	65～90	45～70	±5
1.18	45～70	28～50	±5
0.6	30～50	19～34	±5
0.33	18～30	12～25	±5
0.15	10～21	7～18	±5
0.075	5～15	5～15	±5

2）JEAAS 级配范围

日本乳化沥青协会（JEAAS）的微表处用矿料级配范围如表 5.24 所示。

表 5.24　JEAAS 微表处用矿料级配范围

筛孔尺寸/mm	Ⅰ型通过率/%（矿料公称最大粒径 2.5mm）	Ⅱ型通过率/%（矿料公称最大粒径 5mm）
9.5		100
4.75	100	90～100
2.36	90～100	60～90
0.6	40～65	30～50
0.33	25～42	18～30
0.15	15～30	10～21
0.075	10～20	5～15

3）我国级配范围

我国微表处混合料按矿料公称最大粒径的不同，可分为 MS-2 型和 MS-3 型。MS-3 型微表处适用于高速公路、一级公路的罩面和车辙填充，MS-2 型微表处适用于中等交通量高速公路，一、二级公路的罩面，ISSA 微表处用矿料级配范围如表 5.25 所示。

表 5.25　ISSA 微表处用矿料级配范围

筛孔尺寸/ mm	MS-2 型通过率/%	MS-3 型通过率/%	允许波动范围/%
9.5	100	100	
4.75	90～100	70～90	±5
2.36	65～90	45～70	±5
1.18	45～70	28～50	±5
0.6	30～50	19～34	±5
0.3	18～30	12～25	±4
0.15	10～21	7～18	±3
0.075	5～15	5～15	±2

2. 设计级配

根据本次选取的原材料，微表处选用 MS-2 型，因为 MA1、MA2 两种抗凝冰集料颗粒级配一样，所以用 MA1、MA2 分别设计的抗凝冰微表处设计级配曲线一样，如图 5.5 所示。

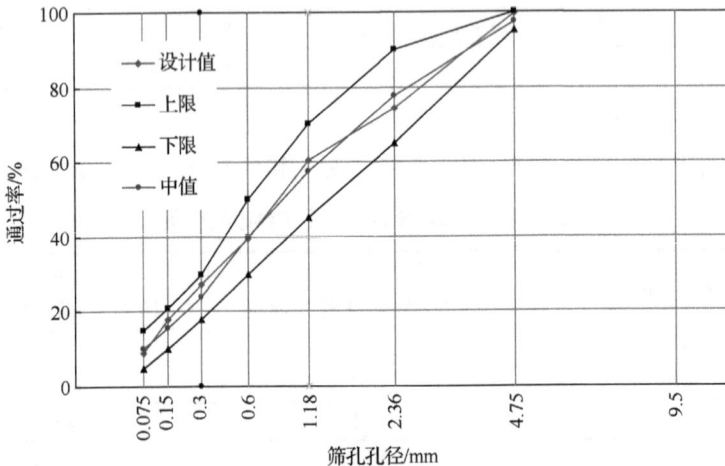

图 5.5　抗凝冰微表处设计级配曲线

考虑到因为 MA1、MA2 两种抗凝冰集料的密度不同，且和普通的玄武岩碎石集料之间存在密度差，在矿料之间的计量时应按照等体积进行替换，通过计算可得出用 MA1、MA2 分别设计的抗凝冰微表处矿料间质量配合比，如表 5.26 所示。

表 5.26　抗凝冰微表处矿料质量配合比

抗凝冰微表处	矿料质量配合比/%			
	0～0.6mm	0.6～2.36mm	2.36～4.75mm	矿粉
MA1 微表处	26.8	45.5	18.4	9.3
MA2 微表处	26.3	44.7	20.0	9.0

3. 拌和试验

拌和试验是为了确定抗凝冰微表处的可拌和时间和成浆状态。根据经验，选取改性乳化沥青用量 7.5%、水泥 1%。试验发现当水量为 6%～8% 时，选用的三种改性乳化沥青 AS1、AS2 和 AS3 均能满足抗凝冰集料微表处对拌和时间大于 120s 的要求。但当用水量为 7% 时，其微表处浆体和易性良好、无离析现象，初步定为改性乳化沥青、水泥、用水量的外掺比例为 7.5%、1% 和 7%。

4. 黏聚力试验

黏聚力试验主要是为了确定微表处混合料的初凝时间和开放交通时间。表 5.27 给出了根据 MA1 抗凝冰集料微表处和 MA2 抗凝冰集料微表处在改性乳化沥青、水泥、用水量的外掺量分别为 7.5%、1% 和 7% 下，不同时间测试的试件的黏聚力。

表 5.27　抗凝冰微表处不同时间下试件的黏聚力

改性乳化沥青种类	经历时间/h	黏聚力/（N·m）	
		MA1 微表处	MA2 微表处
AS1 改性乳化沥青	0.5	0	0
	1	0.2	0
	5	1.2	0
	10	1.9	0
	15	2.1	0
AS2 改性乳化沥青	0.5	0	0
	1	0.5	0
	5	1.2	0
	10	2.6	0
	15	3.1	0
AS3 改性乳化沥青	0.5	0	0
	1	0.2	0
	5	0.6	0
	10	0.7	0
	15	0.7	0

从表 5.27 可以看出，对于 MA2 微表处，无论何种改性乳化沥青在 15h 时试件黏聚力依旧为 0，分析原因可能在于 MA2 抗凝冰集料中的除冰剂 DF2 具有较高的吸水性，导致微表处的表层一直处于潮湿状态，从而使得改性乳化沥青无法破乳所致。MA1 微表处随着时间延长，试件表面的黏聚力逐渐增大，可是黏聚力依然不满足有关规范对黏聚力 30min 不小于 1.2N·m、60min 不小于 2.0N·m 的要求，然而对于 AS1、AS2 两种改性乳化沥青基本上达到 10h 后均能满足有关规范要求，分析原因在于 MA1 抗凝冰集料中的除冰剂量 DF1 与乳化沥青中的乳化剂作用，延缓了其破乳程度所致。

考虑到抗凝冰集料微表处的特殊性，黏聚力的评价以尽早满足相关规范的要求为宜，不以必须在 30min 达到初凝时间，60min 达到开放交通为评价标准。综合分析可知，设计抗凝冰微表处时应优选 MA1 抗凝冰集料，乳化沥青优选 AS2 改性乳化沥青。

5. 湿轮磨耗试验

湿轮磨耗试验用以检验微表处的抗水损害能力，可以用来确定微表处最小油石比。磨耗试验采用稀浆封层湿轮磨耗仪，如图 5.6 所示。

图 5.6　稀浆封层湿轮磨耗仪

根据以上对拌和试验、黏聚力试验优化选出的抗凝冰微表处应采用 MA1 抗凝冰集料、AS2 改性乳化沥青。试验为了确定抗凝冰微表处的湿轮磨耗值进行了不同油石比的性能试验，MA1 微表处湿轮磨耗结果如表 5.28 所示。

表 5.28　MA1 微表处湿轮磨耗结果

浸水时间	微表处配比/%			磨前质量 m_a/g	磨后质量 m_b/g	磨耗面积 A/m²	磨耗值 WTAT/ (g/m²)	标准要求
	水	油石比	水泥					
1h	7.0	7.5	1	862.8	835.3	0.033	833.3	≤540g/m²
	7.0	8.0	1	908.4	894.4	0.033	424.2	
	6.7	8.5	1	893.5	883.3	0.033	309.1	
6d	7.0	8.0	1	775.9	750.7	0.033	763.6	≤800g/m²
	6.7	8.5	1	846.2	830.6	0.033	472.7	

由表 5.28 看出，抗凝冰微表处在水泥掺量 1%、水掺量 7%、油石比为 8.0% 或 8.5%时，其试件的 1h 和 6d 的湿轮磨耗值均满足有关规范要求。

6. 负荷黏附砂量试验

负荷黏附砂量试验用以确定微表处中的沥青的用量上限，测试负荷黏附砂量采用图 5.7 所示的负荷车轮试验仪。针对湿轮磨耗试验选取的 8.0%、8.5%油石比分别进行了负荷黏附砂量试验，试验结果如表 5.29 所示。

图 5.7　负荷车轮试验仪

表 5.29　负荷黏附砂量试验

油石比/%	黏附砂量/ (g/m²)	标准要求
8.0	421	≤450g/m²
8.5	488	

从表 5.29 可以看出，当油石比为 8.5%时不满足黏附砂量的要求时，抗凝冰微表处最佳油石比可取 8.0%。

综上所述，通过对抗凝冰微表处在拌和时间、黏聚力、湿轮磨耗及负荷黏附砂量等试验，最终选取出抗凝冰微表处设计配合比如表 5.30 所示。

表 5.30　抗凝冰微表处设计配合比

矿料间质量配合比/%				外掺成分比例/%		
0~0.6mm	0.6~2.36mm	2.36~4.75mm	矿粉	AS2 改性乳化沥青	水	水泥
26.8	45.5	18.4	9.3	8.0	7.0	1.0

5.5　抗凝冰微表处的抗凝冰效果研究

5.5.1　抗凝冰效果评价

为了检验用 MA1 抗凝冰集料设计的抗凝冰微表处的抗凝冰效果，试验进行了不同温度下表面的抗凝冰效果观测、抗凝冰微表处表层析出抗凝冰剂的耐久性及表层降低冰点的试验，同时与未掺加抗凝冰集料的对比样微表处进行了对比。

1. 抗凝冰效果观测

试验方法：将抗凝冰微表处和对比样微表处分别放置在-2℃和-4℃的环境下保持 1h，然后在试件表面喷洒 3mm 厚的预先制备 0℃蒸馏水，最后继续放置在规定的温度下进行冰冻试验，以模拟道路凝冰发生的状态。

表 5.31 给出了抗凝冰微表处试件表面冰冻观测情况，图 5.8 和图 5.9 给出了 120min 下不同试件表层冰冻现象。

表 5.31　抗凝冰微表处试件表面冰冻观测情况

冰冻时间/min	-2℃观测情况		-4℃观测情况	
	抗凝冰微表处	对比样微表处	抗凝冰微表处	对比样微表处
30	结冰，底部有很少量水未冻	完全结冰，可划破	表层冻结，触碰即碎	完全结冰，冰可划破成块
60	完全冻结，较对比样稍脆	完全结冰，可划破	冻结，但脆且易碎	冻结完全，不易划破
90	冰较对比样脆，可除掉	完全冻结，不易划破	冰脆且易除掉	冰层坚硬，不能划破
120	冰较对比样脆，可划破成块	完全冻结，不易划破	冰较硬，易除去	冰层坚硬，不能划破
180	冰较对比样脆，可划破成块	完全冻结，坚硬不能划破	冰较硬，可划破	冰层坚硬，不能划破
240	冰较对比样脆，可划破成块	完全冻结，坚硬不能划破	冰较硬，可划破	冰层坚硬，不能划破

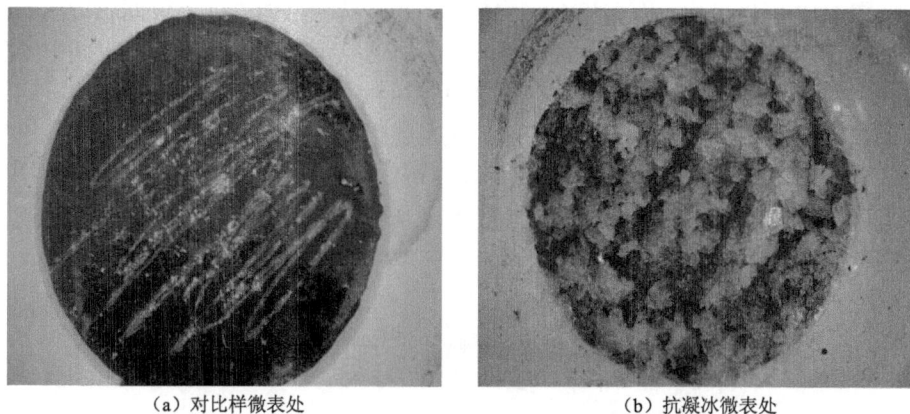

（a）对比样微表处　　　　　　　　　　　（b）抗凝冰微表处

图 5.8　−2℃、120min 时微表处表层冰冻现象

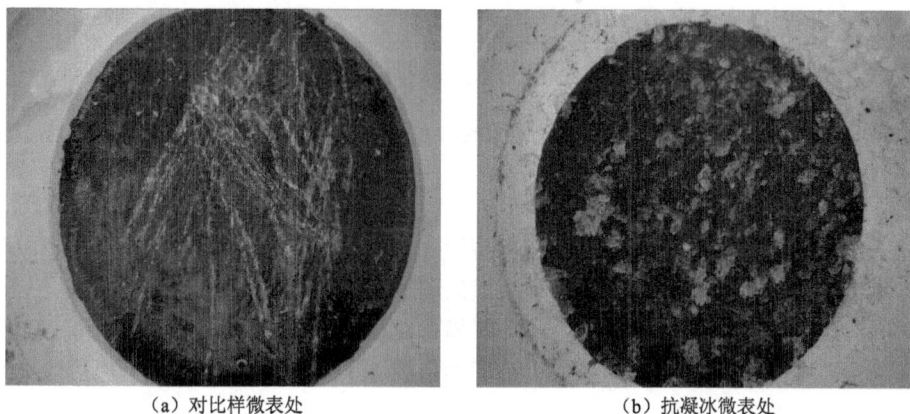

（a）对比样微表处　　　　　　　　　　　（b）抗凝冰微表处

图 5.9　−4℃、120min 时微表处表层冰冻现象

表 5.31 和图 5.8、图 5.9 表明：无论在−2℃还是−4℃，抗凝冰微表处的表层随着冰冻时间的延长，其表面都会产生冰层，但是其冰层强度较低，在外力作用下极易划破成块，充分证明了用 MA1 抗凝冰集料设计的抗凝冰微表处具有良好的抗凝冰效果。

2. 抗凝冰耐久性

抗凝冰微表处是否具有较好的抗凝冰耐久性，室内进行了将抗凝冰试件表面用 5mm 的水层浸泡 30min，然后倒去水层，接着继续将试件表面喷洒 5mm 水层，浸泡 30min 后再次倒去水层，如此循环 5 次，并对每次倒去的水测试其中含有的除冰剂的成分，通过测试水溶液中析出的除冰剂的变化规律来评价抗凝冰微表处的抗凝冰耐久性。

图 5.10 可以看出，随着浸泡水次数的增加，抗凝冰微表处单位面积析出的除冰剂的量逐渐减少，并且析出的量逐渐放缓，这点可以说明抗凝冰微表处中的除冰剂在水的浸泡作用下其释放具有一定的缓释性；尽管抗凝冰微表处表面析出的除冰剂有部分会排出路表层，但实际上微表处路面时刻受到车轮的摩擦、挤压等作用，因此实际上微表处表面的单位面积存留的除冰剂经常会保持比较高的浓度。正是由于以上原因，使得抗凝冰微表处不仅具有较好的缓释耐久性能，同时还具有较好的抗凝冰效果。

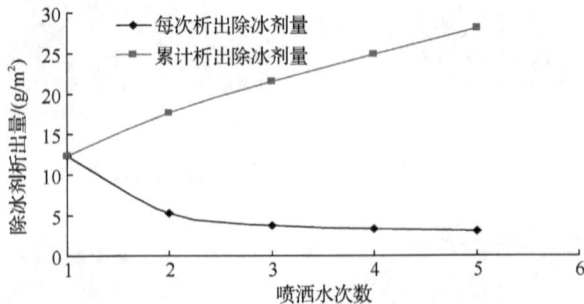

图 5.10　单位面积析出除冰剂量

3. 表层降低冰点测试

为探究抗凝冰微表处表面降低水溶液冰点的能力，试验室将制备好的抗凝冰微表处放置在-4℃的环境下冰冻 1h，然后向其表层喷洒 3mm 的 0℃的过冷水，接着在-4℃的环境下继续冰冻，为了更好模拟路面上车轮的摩擦作用，每隔 30min 用橡胶带将表层刮刷 2 次，在冰冻过程中每隔 30min 测试水溶液中析出的除冰剂的物质的量浓度。

表 5.32 给出了抗凝冰微表处在-4℃下不同时间其表层水溶液中析出的除冰剂的物质的量浓度。

表 5.32　抗凝冰微表处不同时刻下析出除冰剂的物质的量浓度

经历时间/min	30	60	90	120	150	180	210	240
物质的量浓度/（mol/L）	0.063	0.083	0.112	0.151	0.174	0.200	0.219	0.245

根据热力学原理，溶液冰点降低与溶质浓度之间存在以下关系式：

$$\Delta T_f = K_f \cdot C \tag{5.5}$$

式中：ΔT_f——冰点的下降值，℃；

$\quad C$——溶质的物质的量浓度，mol/L；

$\quad K_f$——冰点下降常数（水为 1.86）。

假定抗凝冰微表处表层析出的除冰剂浓度与表层的水层厚度成反比，根据以上原理，可以计算抗凝冰微表处表层水层为 1mm、2mm 和 3mm 时，其不同时间的溶液的冰点降低程度，如表 5.33 所示。

表 5.33　抗凝冰微表处表层不同时间溶液的冰点降低程度

经历时间/min		30	60	90	120	150	180	210	240
不同水层厚度	1mm	1.06	1.39	1.88	2.53	2.78	2.91	3.12	3.34
	2mm	0.53	0.70	0.94	1.27	1.39	1.45	1.56	1.67
	3mm	0.35	0.46	0.63	0.84	0.93	0.97	1.04	1.11

根据图 5.11 可以看出，抗凝冰微表处随着表层水层厚度减少，其降低路面冰点的程度越显著。同时，也反映在抗凝冰微表处水层厚度小于 3mm 时，其可使路表水在-3℃以上不结冰。

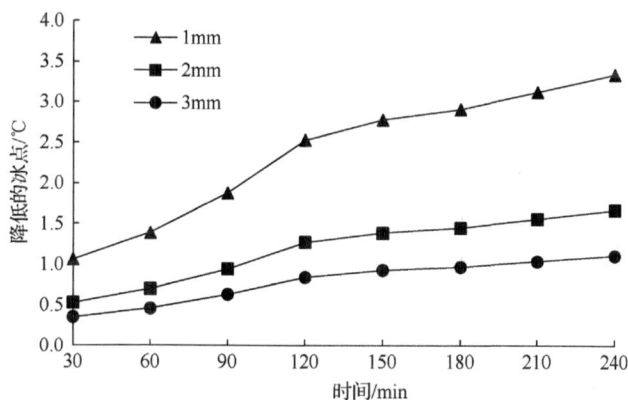

图 5.11　不同时间下降低的冰点

5.5.2　除冰机制分析

通过对抗凝冰微表处进行室内抗凝冰效果研究发现，试验研究制备的 MA1 抗凝冰集料设计的微表处具有较为明显的除冰效果，分析该微表处除冰的机理主要归结于以下几个方面。

1. 微表处拌和过程中的扩散作用

抗凝冰集料内含水溶性的除冰剂，在微表处拌和过程中由于改性乳化沥青中含有的部分水及外加水的作用，使得在抗凝冰集料周围被水层包围，此时在除冰剂与混合料中水层之间形成一个浓度梯度差，再加上外界的拌和作用，使得除冰剂向周围水层中扩散作用增强，正是这种扩散作用使得拌和的微表处中的除冰剂向路表层的渗入提供了第一原动力。

2. 微表处养护过程中水分蒸腾作用

抗凝冰微表处在养护过程中由于改性乳化沥青要经历一个破乳期，在此期间微表处中的水分顺着微孔通道从表层蒸腾出去，拌和过程中已经有部分除冰剂进入水溶液中，此时在蒸腾过程中水分形成水汽排到空气中，而其中含有的除冰剂则被带入到微表处的表层，这部分被蒸腾到微表处表层的除冰剂则直接决定着抗凝冰微表处表层除冰效果的好坏。

3. 微表处后期负压抽提、摩擦作用

当抗凝冰微表处路面受到压缩、振动、摩擦等作用时，路面层中部分抗凝冰集料中的除冰剂被不断磨耗到路面表层，同时在微表处的毛细孔道中形成负压作用，使得抗凝冰集料中的除冰成分不断地被抽提到路面表层，进而形成抗凝冰剂的溶液，从而降低路面表层水的冰点。

第6章 主动抗凝冰填料应用技术

抗凝冰填料是在试验室内由抗凝冰剂、添加剂、疏水剂及辅助剂等成分按照一定的比例经过高温旋转剪切，低温速凝工艺制备而成的材料，具有与矿粉填料较为相近的细度，可用以替代矿粉进行配制沥青混合料，从而使沥青混合料具有一定的抗凝冰作用，即降低其界面上水溶液的冰点，冻雨降落到道路表面时在一定的负温条件范围内仍保持流体状态，并通过路面排水系统将其排走，降低路面凝冰产生的概率。

6.1 抗凝冰填料的技术性能

抗凝冰填料的技术性能见表 6.1。

表 6.1 抗凝冰填料的技术性能

测试项目	技术指标
形状	细粉末
粉体颜色	白色或微黄色
密度/（g/cm³）	2.2～2.3
比表面积/（m²/kg）	655
耐温性/℃	260
pH	6～9

6.2 抗凝冰填料沥青路面的除冰机制

抗凝冰填料沥青路面之所以具有良好的抗凝冰效果，是因为抗凝冰填料沥青混合料中存在一定的微孔隙，而在微孔壁表面黏附有一层具有表面活性的功能物质，该功能物质使得聚集态的水不能进入，但不阻止气态的水分子进入。当路面受到磨耗、碾压等作用时，外界的气态水进入微孔后溶解其中的抗凝冰剂，形成抗凝冰剂溶液，储存在微孔中，抗凝冰填料的疏水缓释现象如图 6.1 所示。由于微孔的疏水作用，微孔隙中的抗凝冰剂溶液使得沥青混合料中大部分抗凝冰剂可缓慢、持续地迁移至路表面，并起到降低路面凝冰的作用。

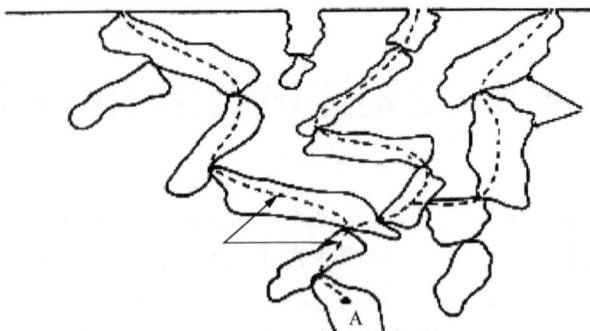

图 6.1　抗凝冰填料的疏水缓释现象

6.3　抗凝冰填料沥青混合料的研究

为了将抗凝冰填料用于沥青混合料路面，室内用某高速公路合同段的原材料进行了抗凝冰填料、抗凝冰沥青混合料的配合比设计。

由于抗凝冰填料以内掺的形式替代矿粉，用其配制的混合料和普通的沥青混合料基本一样，其使用时应在以下几个方面特别关注。

（1）抗凝冰填料的添加量按照矿料质量的 4%～7%掺加，其掺加量过少则降低路面的除冰效果，掺量过高又会对路面的耐久性产生影响，因此其掺加量按照所需效果、交通量、危险等级、使用路段等进行调整。

（2）抗凝冰填料拌和沥青混合料时，混合料的温度应比普通混合料温度高 5～10℃，抗凝冰填料应在沥青喷入搅拌 5～10s 后加入，待其完全投入后继续搅拌时间比普通沥青混合料多 10s 左右。

（3）由于抗凝冰填料配制的沥青路面后期抗凝冰组分的释放，路面的空隙率逐渐增大，在抗凝冰填料配制混合料拌和时其沥青用量比普通混合料高 0.3%～0.5%，保证空隙率在 3%～5%。

（4）抗凝冰填料沥青混合料在施工过程中应尽快缩短运输和待铺时间，铺装完成后立即用压路机进行初压和复压，压实过程中若发现车轮黏结现象，应禁止使用洒水的方式处理。

6.3.1　原材料

1. 结合料

结合料采用韩国 SK 牌 SBS 改性沥青，内掺相对沥青质量 0.3%的 A 型抗剥落剂，参照《公路工程沥青及沥青混合料试验规程》（JTG E20—2011）进行了沥青性能检测，其主要技术指标如表 6.2 所示。

表 6.2　SK 改性沥青主要技术指标

试验项目		技术要求	试验结果	试验方法
针入度（25℃，100g，5s）/0.1mm		≥50	68	T 0604
软化点（环球法）/℃		≥70	86.0	T 0606
延度（5cm/min，5℃）/cm		≥20	40	T 0605
运动黏度（135℃）/（Pa·s）		≤3	2.37	T 0625
闪点（COC）/℃		≥230	344.5	T 0611
相对密度（25℃）		实测记录	1.026	T 0603
弹性恢复（25℃）/%		≥90	97.0	T 0662
旋转薄膜加热试验	质量损失率/%	≤1.0	0.11	T 0610
	针入度比/%	≥65	80.9	
	延度（5℃）/cm	≥15	28	

表 6.2 的试验结果表明，SK 改性沥青的各项技术指标均符合《公路沥青路面施工技术规范》（JTG F40—2004）中对改性沥青相关技术性能要求。

2. 集料

集料均采用阳光碎石场，集料规格为 0～3mm 机制砂及 3～5mm、5～10mm、10～15mm 的玄武岩碎石。参照《公路工程集料试验规程》（JTG E42—2005）进行检验，其集料的各项性能指标如表 6.3 和表 6.4 所示。

表 6.3　粗集料技术性能指标

检测项目	技术要求	集料规格/mm			试验方法
		10～15	5～10	3～5	
石料压碎值/%	≤26	13.1			T 0316
洛杉矶磨耗损失/%	≤28	13.6			T 0317
表观相对密度	≥2.60	2.907	2.906	2.901	T 0304
毛体积相对密度	实测值	2.868	2.848	2.838	
吸水率/%	≤2.0	1.2	1.5	1.7	
与沥青的黏附性级别	≥4	5			T 0616
坚固性/%	≤12		0.9	1.7	T 0314
针片状颗粒含量/%	≤15	8.5	13.8		T 0312
软弱颗粒含量/%	≤3	0	0		T 0320
水洗法小于 0.075mm 颗粒含量/%	≤1	0.3	0.6	0.8	T 0310

表 6.4　机制砂技术性能指标

检测项目	标准要求	试验结果	试验方法
表观密度/（t/m³）	≥2.50	2.726	T 0330
表观相对密度	实测值	2.732	
坚固性（>0.3mm）/%	≤12	4.800	T 0340
砂当量/%	≥60	66	T 0334

表 6.3 及表 6.4 表明所选用的粗、细集料各项性能指标满足《公路沥青路面施工技术规范》（JTG F40—2004）对粗、细集料的技术要求。

3. 填料

填料采用某公司生产的石灰石矿粉，其各项技术性能指标如表 6.5 所示。

表 6.5　矿粉技术指标

检测项目		标准要求	试验结果	试验方法
表观密度/（t/m³）		≥2.50	2.713	T0352
表观相对密度		实测值	2.726	
级配/%	（粒度范围<0.6mm）	100	100.0	T0351
	（粒度范围<0.15mm）	90～100	90.8	
	（粒度范围<0.075mm）	75～100	83.4	
亲水系数		≤1.0	0.78	T0353

从表 6.5 可以看出石灰石矿粉的性质符合《公路沥青路面施工技术规范》（JTG F40—2004）对矿粉的技术要求。

6.3.2　设计级配

参照《公路沥青路面施工技术规范》（JTG F40—2004）关于 AC-13 沥青混合料的矿料级配范围要求，借鉴近年来关于沥青混合料的研究成果，决定用抗凝冰填料设计抗凝冰沥青混合料采用密级配 AC-13 类型，其 AC-13 混合料设计级配如表 6.6 所示，设计级配曲线如图 6.2 所示。

表 6.6　AC-13 抗凝冰沥青混合料设计级配

筛孔/mm	级配/%						设计级配/%	级配下限/%	级配上限/%
	0～3mm	3～5mm	5～10mm	10～15mm	抗凝冰填料	矿粉			
16.000	100	100	100	100	100	100	100	100	100
13.200	100	100	100	93.6	100	100	98.3	95	100
9.500	100	100	90.8	3.5	100	100	72.2	70	80

| 筛孔/mm | 级配/% | | | | | 矿粉/% | 设计级配/% | 级配下限/% | 级配上限/% |
	0～3mm	3～5mm	5～10mm	10～15mm	抗凝冰填料				
4.750	100	92.5	4.5	0.1	100	100	44.4	43	52
2.360	92.6	0.50	0.1	0.1	100	100	29.4	28	35
1.180	54.2	0.20	0.1	0.1	100	100	20.5	17	23
0.600	33.5	0.10	0.1	0.2	100	100	15.8	12	17
0.300	18.3	0.20	0.1	0.1	100	99.5	12.3	8	13
0.150	9.3	0.10	0.1	0.1	100	90.8	10.0	6	10
0.075	8.1	0.10	0.1	0.1	44	83.4	6.2	5	7
质量配合比/%	23	13	30	26	6	2			

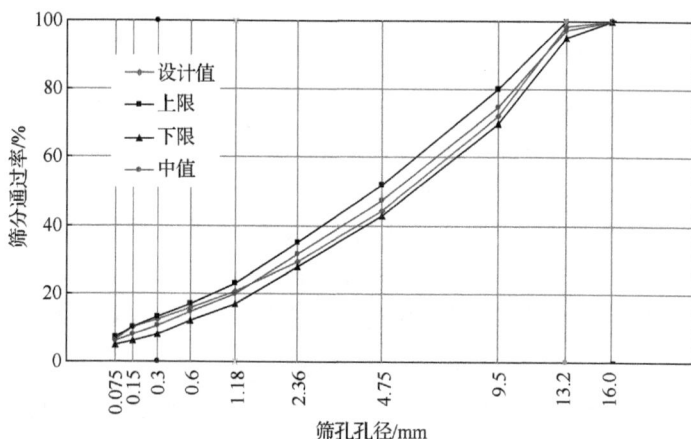

图 6.2　AC-13 抗凝冰沥青混合料级配曲线

由于抗凝冰填料的密度远小于矿料的密度,在抗凝冰填料替代部分矿粉时应采用等体积替换,称取的质量比配合比应考虑各矿料的密度,通过计算可以得到混合矿料之间的质量配合比如表 6.7 所示。

表 6.7　AC-13 抗凝冰填料沥青混合料矿料质量配合比

粒径	机制砂 (0～3mm)	玄武岩碎石 (3～5mm)	玄武岩碎石 (5～10mm)	玄武岩碎石 (10～15mm)	抗凝冰填料 (0～0.15mm)	矿粉 (0～0.3mm)
质量配合比/%	22.7	13.2	30.6	26.7	4.9	1.9

6.3.3 确定最佳油石比

1. 最大理论相对密度

考虑到矿料、抗凝冰填料对沥青的吸附作用，采用矿料的表观相对密度和毛体积相对密度计算出来的最大相对理论密度不能更好地反映拌和过程中的矿料对沥青的吸附作用。试验在计算混合料的最大理论相对密度时首先采用"浸渍法"计算出各档料的有效密度，然后考虑合成原则计算出其矿料合成有效密度，进而计算出不同油石比下的最大理论相对密度。

每种矿料的有效密度的计算按照以下公式进行：

$$\rho_{e} = \frac{m}{\dfrac{(M_1 - m_1) - (M_2 - m_2)}{\rho_w} - \dfrac{M_1 - m_1 - m}{\rho_b}} \tag{6.1}$$

式中：ρ_w——25℃水的密度；

ρ_b——沥青相对水的密度（25℃/25℃）；

m_1——容器+钢制搅拌勺的空中质量；

m_2——容器+钢制搅拌勺的空中质量和水中质量；

m——烘干空气中称取矿料的质量；

M_1——容器+搅拌钢勺+混合料试样（矿料+沥青）的质量；

M_2——25℃水中恒温 2h，容器+搅拌钢勺+矿料+沥青的水中质量。

按照以上测试方法测试出各种矿料的有效密度，如表 6.8 所示。

表 6.8　矿料的有效密度

粒径	机制砂 (0～3mm)	玄武岩碎石 (3～5mm)	玄武岩碎石 (5～10mm)	玄武岩碎石 (10～15mm)	抗凝冰填料 (0～0.15mm)	矿粉 (0～0.3mm)
有效密度/（g/cm³）	2.721	2.896	2.896	2.893	2.269	2.712

根据矿料合成有效密度方法及 AC-13 抗凝冰沥青混合料质量配合比可以计算出矿料的合成有效密度为 2.832g/cm³。

2. 马歇尔体积参数

根据结合料的黏温曲线，确定室内试验 AC-13 抗凝冰沥青混合料的拌和温度为 170℃，成型温度为 160℃。试验分别选择 4.2%、4.5%、4.8%、5.1%和 5.4%等五组油石比进行马歇尔试验，并测试马歇尔试件的体积参数，具体试验结果如表 6.9 所示；沥青混合料参数曲线如图 6.3 所示。

表 6.9　抗凝冰沥青混合料马歇尔体积参数

油石比/%	最大相对理论密度	毛体积相对密度	空隙率/%	矿料间隙率VMA/%	沥青饱和度VFA/%	稳定度/kN	流值/0.1mm
4.2	2.640	2.476	6.2	16.2	59.9	13.0	26.3
4.5	2.628	2.481	5.6	16.4	65.9	13.3	32.2
4.8	2.616	2.511	4.0	15.6	74.4	13.6	36.8
5.1	2.604	2.509	3.7	15.9	77.0	13.4	40.6
5.4	2.592	2.505	3.4	16.3	79.3	13.1	41.9

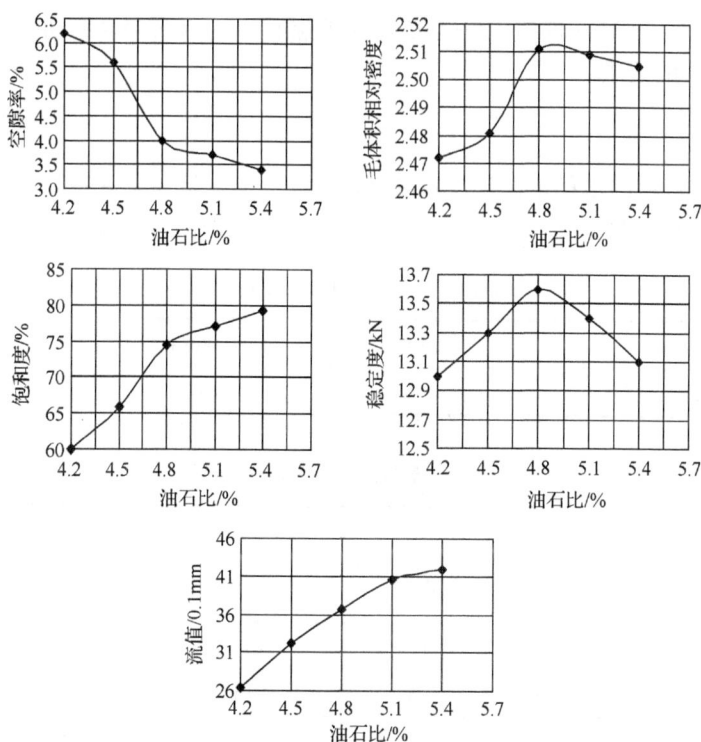

图 6.3　沥青混合料参数曲线

　　根据以上参数，按照《公路沥青路面施工技术规范》（JTG F40—2004）对密级配沥青混合料的技术要求，可以确定出 OAC_1=4.75%、OAC_2=4.8%，其最佳油石比为 OAC=（OAC_1+OAC_2）/2=4.8%。因此，用抗凝冰填料设计的 AC-13 抗凝冰沥青混合料最佳油石比为 4.8%。

6.3.4 抗凝冰填料沥青混合料性能研究

1. 车辙试验

试验采用最佳油石比 4.8%进行了车辙试验，试验结果见表 6.10。

表 6.10 车辙试验结果

检验项目	技术要求	试验结果	试验方法
动稳定度 DS	≥2400 次/mm	3900 次/mm	T 0719

表 6.10 结果表明，在油石比 4.8%的条件下，其动稳定度满足现行《公路沥青路面施工技术规范》（JTG F40—2004）对夏热区改性沥青混合料动稳定度不小于 2400 次/mm 的要求。

2. 水稳定性

沥青混合料的水稳定性包括马歇尔残留稳定度试验（表 6.11）和冻融劈裂残留强度比试验（表 6.12）。按照设计的最佳油石比 4.8%分别进行了水稳定性试验。

表 6.11 马歇尔残留稳定度试验

检验项目	技术要求	试验结果	试验方法
残留稳定度/%	≥85.0	88.6	T 0729

表 6.12 冻融劈裂残留强度比试验

混合料类型	条件		非条件		劈裂强度比/%	
	空隙率/%	条件冻融劈裂强度/MPa	空隙率/%	非条件冻融劈裂强度/MPa	试验结果	技术要求
AC-13	5.2	0.85	5.3	1.15	85.4	≥80
	5.4	0.84	5.5	0.93		
	5.7	0.91	5.7	0.89		
	5.1	0.91	5.2	1.16		
均值	5.4	0.88	5.4	1.03		

从表 6.11 和表 6.12 可以看出，用抗凝冰填料设计的 AC-13 抗凝冰沥青混合料的残留稳定度 88.6%，冻融劈裂强度比为 85.4%，满足《公路沥青路面施工技术规范》（JTG F40—2004）的技术要求。

3. 低温弯曲试验

用确定的最佳油石比 4.8%成型 300mm×100mm×50mm 车辙试件，然后切割成 30mm×35mm×300mm 小梁，然后在低温（−10℃）进行弯曲试验，试验结果如表 6.13 所示。

表 6.13　低温弯曲试验

混合料类型	弯曲应变/10⁻³	有关规范要求/10⁻³	试验方法
AC-13	2.82	≥2.50	T 0715

从表 6.13 中结果得知抗凝冰沥青混合料的低温性能满足《公路沥青路面施工技术规范》（JTG F40—2004）的技术要求。

6.3.5　确定目标质量配合比

通过以上对抗凝冰填料用于 AC-13 沥青混合料的设计级配，最终确定抗凝冰填料沥青混合料目标质量配合比分别如表 6.14 和表 6.15 所示。

表 6.14　AC-13 抗凝冰沥青混合料设计级配

筛孔/mm	16.00	13.20	9.50	4.75	2.36	1.18	0.60	0.30	0.15	0.075
通过百分率/%	100	98.3	72.2	44.4	29.4	20.5	15.8	12.3	10.0	6.2

表 6.15　AC-13 抗凝冰填料沥青混合料目标质量配合比

粒径	机制砂 （0～3mm）	玄武岩碎石 （3～5mm）	玄武岩碎石 （5～10mm）	玄武岩碎石 （10～15mm）	抗凝冰填料 （0～0.15mm）	矿粉 （0～0.3mm）
质量配合比/%	22.7	13.2	30.6	26.7	4.9	1.9

6.4　抗凝冰填料沥青混合料抗凝冰性能研究

6.4.1　抗凝冰成分释放测试

试验时首先将抗凝冰试件表面喷洒 4mm 的水层，间隔时间 30min，用玻璃棒搅拌均匀，取少量试样用 STP 离子仪（图 6.4）进行检验释放的抗凝冰成分；检验完毕后，将试件表层的水倒去；然后同样注入 4mm 的水层，继续间隔 30min 后用特种 STP 离子仪进行检验。如此循环 5 次，以此来检验试件表面释放抗凝冰成分的释放程度和释放持续性。

表 6.16 给出了不同试验次数下测试抗凝冰试件表层水溶液中释放的抗凝冰成分检测结果；图 6.5 给出了试件表层单位面积析出抗凝冰剂质量，图 6.6 给出试件

表层析出抗凝冰质量比。

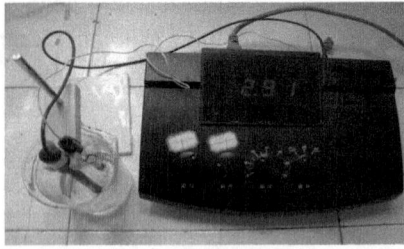

图 6.4 STP 离子仪

表 6.16 试件表层抗凝冰成分检测结果

试验次数	1	2	3	4	5
表层抗凝冰有效质量/g	0.073	0.022	0.013	0.010	0.009
单位面积抗凝冰有效质量/（g/m²）	9.029	2.665	1.606	1.218	1.163
析出抗凝冰成分占总量比/%	0.155	0.046	0.028	0.021	0.020

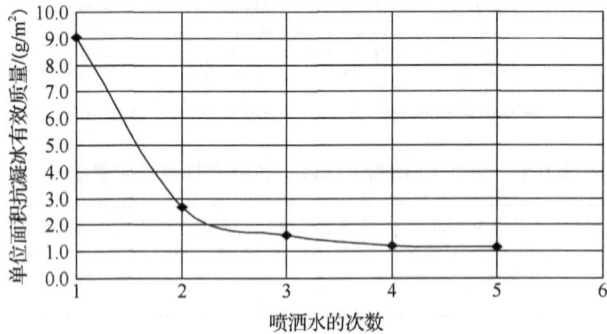

图 6.5 试件表层单位面积析出抗凝冰剂质量

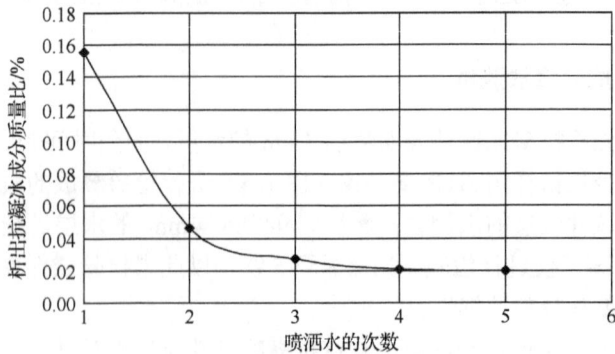

图 6.6 试件表层析出抗凝冰质量比

表 6.16 和图 6.5、图 6.6 表明：用抗凝冰填料设计的抗凝冰沥青混合料随着喷洒水次数的增多，其表层单位面积释放的抗凝冰成分和析出抗凝冰成分质量比逐渐较少；但在第二次喷水之后，析出抗凝冰成分质量比逐渐稳定，并且该浓度下水溶液具有抗凝冰能力。这就证明了由该抗凝冰填料填充制备的抗凝冰沥青混合料具有长期的抗凝冰能力，并且抗凝冰能力逐渐稳定。

6.4.2　抗凝冰效果观测评价

为了检验抗凝冰填料用于沥青混合料在凝冰发生时除凝冰的能力，试验首先将试件预先放置在-2℃和-4℃的环境下冰冻 2h 模拟路面凝冰发生前的环境，用自制的 0℃过冷水喷洒在试件表面以模拟冻雨凝冰，然后继续在规定的温度下观测试件表面的抗凝冰效果，以此来评价抗凝冰填料沥青混合料的抗凝冰能力。

为了更好地对比评价试件的抗凝冰能力，试验的同时还进行了无任何抗凝冰成分的普通沥青混合料试件凝冰效果观测。

1. 在-2℃环境下观测

将试件在-2℃的温度条件下冰冻 150min，对其进行抗凝冰效果观测（图 6.7），可以得到以下结论。

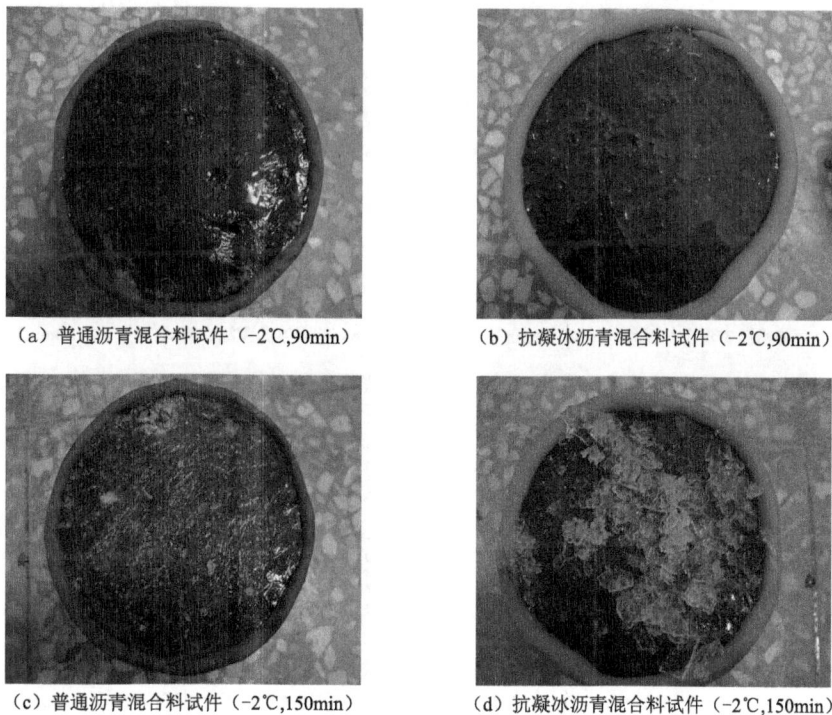

（a）普通沥青混合料试件（-2℃,90min）

（b）抗凝冰沥青混合料试件（-2℃,90min）

（c）普通沥青混合料试件（-2℃,150min）

（d）抗凝冰沥青混合料试件（-2℃,150min）

图 6.7　抗凝冰效果观测

（1）在0~90min，普通沥青试件和抗凝冰试件表层几乎都无冰层产生，90min以后普通沥青试件和抗凝冰试件表层都开始产生冰层。

（2）冰冻90min以后，从试件表层产生冰层看，对比样试件表层的冰坚硬，用玻璃棒不易将其划破，而抗凝冰样表层的冰硬度较低，很容易将其划破，说明抗凝冰试件的水层中有抗凝冰成分的析出。

2. 在-4℃环境下观测

在-4℃下对普通沥青混合料试件和抗凝冰混合料试件的抗凝冰效果观测可以得出以下三点结论。

（1）冰冻30min普通沥青混合料试件表层产生了凝冰，但是抗凝冰沥青混合料试件30min表层仅有少量的浮冰产生。

（2）在60min、90min、120min、150min观测时发现，无论抗凝冰沥青混合料试件还是普通沥青混合料试件均产生了一定的冰层，但对冰层进行破坏性测试发现普通沥青试件的冰层难以划破，而抗凝冰沥青试件表层冰层却能划破成碎屑。

（3）从冰冻试验可以看出，相对于无抗凝冰填料的普通沥青混合料，掺加抗凝冰填料的沥青混合料具有良好除冰效果。

图6.8是试件在-4℃下的抗凝冰效果观测图。

（a）普通沥青混合料试件（-4℃，30min）　　　（b）抗凝冰沥青混合料试件（-4℃，30min）

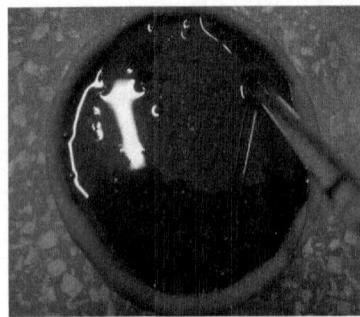

（c）普通沥青混合料试件（-4℃,150min）　　　（d）抗凝冰沥青混合料试件（-4℃,150min）

图6.8　抗凝冰效果观测图

第7章 抗凝冰高弹粗糙型橡胶颗粒应用技术

高弹粗糙型橡胶颗粒沥青混合料（high-elastic rough rubber-particle asphalt mixture，HRRAM）是将矿料、沥青、矿粉及适量的橡胶颗粒等按照一定的级配在特定拌和成型工艺下设计的一种具有高弹性的沥青混合料，该混合料具有良好的除冰性能和环保性能，是未来解决冬季道路凝冰的一种新型功能性材料。

为优化设计出适应于某高速冬季凝冰条件下沥青面层用的高弹粗糙型橡胶颗粒沥青混合料，本章依次从橡胶颗粒技术性质，HRRAM 的组成设计、路用性能、弹性变形、耐久性能、除冰凌性能、施工质量控制技术及技术经济效益分析等方面进行深入、系统研究。

7.1 橡胶颗粒技术性质研究

7.1.1 原材料及制备工艺

1. 橡胶轮胎简介

目前生产橡胶颗粒的原材料主要是废旧橡胶轮胎[85-86]，研究中所采用的橡胶颗粒均为废旧轮胎橡胶颗粒。

目前市场上橡胶轮胎主要有斜交轮胎和子午线轮胎两种类型[87]，斜交轮胎由多层帘布斜交而成；子午线轮胎帘布层内的帘线以轮胎中心点为中心呈辐射状排列，然后在帘布上面用 10°～20° 的钢皮带箍住。

因橡胶轮胎的每个部位的使用条件不同，所选的胶也不同。胎面胶直接接触地面，承受冲击和磨损，其强度、耐磨性和耐老化性要求很高。载重汽车胎面胶通常采用 30%丁苯橡胶和 70%天然橡胶，或 50%聚丁二烯橡胶和 50%天然橡胶并用。轿车轮胎胎面面胶通常采用 30%天然橡胶和 70%丁苯橡胶。

胎侧胶是贴覆于外胎侧壁表面的覆盖胶层，有效保护帘布层免受潮湿、大气及机械磨损等作用，一般不承受大的机械力，具有良好的耐拉疲劳、耐光老化等性能。载重汽车轮胎胎侧胶通常采用 30%聚丁二烯橡胶和 70%天然橡胶，或 20%丁苯橡胶、20%聚丁二烯橡胶和 60%天然橡胶并用。轿车轮胎侧胶通常和胎面胶采用同一种胶料。

帘布层为轮胎的主骨架，具有充分的强度、柔韧性和弹性。帘布胶通常以天然橡胶为基础制造，一般包括外层帘布胶和内层帘布胶。外层帘布胶的碳黑含量较多，可以掺用 20%的聚丁二烯橡胶或丁苯橡胶，内层帘布胶的碳黑含量较少，可以掺用 30%聚丁二烯橡胶或丁苯橡胶。

经过比较分析，胎面胶的硬度和柔韧性适中，生产的橡胶颗粒性能稳定，因此，此次研究用的橡胶颗粒均采用胎面胶生产。

2. 橡胶颗粒制备工艺

橡胶颗粒沥青混合料的性能，除取决于沥青、石料的性质和级配外，橡胶颗粒本身的技术性质对其也有重要影响。橡胶颗粒的表面状况、颗粒形状直接影响橡胶颗粒与沥青间的相互作用情况及混合料的组成结构状态，进而影响混合料的性能，而橡胶颗粒的表面状况和形状特性取决于其生产工艺。

橡胶颗粒的生产方法一般有两种[88]，即常温粉碎法和低温粉碎法，其中在工业化生产中，常温粉碎法占据主导地位。

1）常温粉碎法

常温粉碎法是指在常温下，对废旧橡胶用辊筒或其他设备的剪切作用进行粉碎的方法，其粉碎原理是通过对橡胶进行挤压、碾磨、剪切和撕拉等方法将其切断和压碎。常温粉碎法具有比其他粉碎方法投资少、工艺流程短、能耗低等优点，有着其他方法不可替代的作用和效能。它是目前国际上采用的最为经济实用的方法，其生产的橡胶颗粒的粒径一般为 0.05～20mm。

2）低温粉碎法

低温粉碎法是将废旧橡胶在经过低温作用脆化后，采用机械进行粉碎的方法。该方法可比常温粉碎法制得粒径更小的橡胶颗粒，它具有以下优点。

（1）最适用于粉碎常温下不易破碎的物质。

（2）较常温粉碎可得到更细的胶粉，粉碎后的粉体成型性好、堆积密度大、颗粒具有连续性。

（3）可避免粉尘、爆炸、臭气污染和噪声。

（4）破碎所需的动力很低，可以提高粉碎机产量。

（5）粉碎热敏性物质不会受到热与氧化作用而变质。

（6）利用各种物质低温脆性的差异，可对复杂物质做选择性粉碎，如含橡胶、金属和纤维的轮胎。

另外，用常温粉碎法粉碎的橡胶粉由于是在剪切力条件下进行的粉碎，颗粒表面有无数的凹凸，呈毛刺状态；而低温粉碎的橡胶粉，其表面比较平滑。表面的凹凸和毛刺有利于橡胶粉与沥青之间的黏结，形成较强的空间结构。表 7.1 给出了两种主要粉碎方法生产的橡胶颗粒性能的对比。

表 7.1　不同工艺制备的橡胶颗粒性能的对比

项目	常温粉碎法	低温粉碎法
密度	相同	相同
粒子形状	不规则	规则
纤维含量/%	0.5	0
钢丝金属含量/%	0.1	0
与基质界面结合力	大	小
移动回转抵抗性	小	大
基质处应力分布	均匀	均匀

基于上面的分析，选择常温法生产的橡胶颗粒有以下两个原因。

（1）采用常温法生产的橡胶颗粒目数较低，粒径较粗，并且其表面粗糙，具有较强的与沥青黏附的特性。

（2）常温法生产工艺较为简单，生产成本较低，可以用于大规模迅速加工，更加能满足应用需求。

7.1.2　橡胶颗粒的技术性质

1. 简述

HRRAM 用橡胶颗粒粒径较粗，并且通过干拌法加入沥青混合料中，因此其更多是作为一种具有一定级配的集料加入混合料中的。对于所加入的混合料的矿料级配有特定的要求，即必须要有一定的空间容纳橡胶颗粒，同时橡胶颗粒的表面会与沥青之间出现一定的物理交换作用，即沥青中的轻质油分会吸附进入橡胶颗粒中，引起橡胶颗粒的体积膨胀，矿料级配应提供橡胶颗粒体积膨胀的空间。橡胶颗粒与沥青的相互作用有利于沥青性质的改善，具有较好的外观形状和粗糙表面的橡胶颗粒可以与沥青发生更加充分的交换作用，因此要求橡胶颗粒应该具有良好的颗粒形状特征和表面性能。

作为集料一部分的橡胶颗粒也参与形成混合料的强度和稳定性，其自身的弹性模量和硬度对于混合料的整体性能乃至混合料的减震效果都发挥作用。因此，不同技术性质的橡胶颗粒对沥青混合料的组成设计、混合料的性能等都有重要的影响。

2. 颗粒级配

HRRAM 中的橡胶颗粒是以集料的形式存在的，因此橡胶颗粒自身的级配组成对混合料的级配组成和最终混合料的性能有影响。国外最早出现的商品化的橡胶颗粒材料为 Plus Ride[89]，其对橡胶颗粒的级配组成要求如表 7.2 所示。从表 7.2 可以看出，作为集料一类的橡胶颗粒，其最大尺寸不应超过 6.3mm，主要的粒径范围为 0.85～4.76mm。

表 7.2   Plus Ride 规范级配组成要求

筛孔/mm	6.30	4.76	2.00	0.85
通过率/%	100	76～100	28～42	16～24

通过美国、南非相关研究发现[90-91]，采用了 Plus Ride 级配的橡胶颗粒加入混合料中后，往往存在混合料的空隙率较大及飞散损失率较高等现象，分析认为这主要是由于混合料中橡胶颗粒对集料的干涉作用，使得其中骨架结构不能达到密实，再加之由于橡胶颗粒具有弹性更使得形成的"橡胶颗粒-沥青-集料"的结构脆弱，进而导致混合料的空隙率较大及飞散损失较大。

为选取不同级配的橡胶颗粒对混合料的影响，确定橡胶颗粒的级配范围，室内分别选取三种不同橡胶颗粒级配组成，（表 7.3）；内掺质量比统一选取 3.0%，混合料级配采用有关规范中 SMA-13 的级配中值，并分别进行了混合料空隙率、飞散损失试验。

表 7.3   三种橡胶颗粒级配组成

筛孔尺寸/mm	质量通过率/%		
	Rubber-1	Rubber-2	Rubber-3
4.75	90.0	94.3	97.0
2.36	52.0	35.8	15.0
1.18	33.2	20.5	5.1

表 7.4 给出对三种不同级配的橡胶颗粒设计的 SMA-13 在最佳油石比下混合料的空隙率、飞散损失影响，结果反映采用 Rubber-1 橡胶颗粒，其对应的混合料的空隙率、飞散损失最大，分别为 10.2%、16.8%，采用 Rubber-3 橡胶颗粒设计的混合料具有较小的空隙率（4.3%）及飞散损失（5.6%），而采用 Rubber-2 设计的混合料空隙率及飞散损失居中，试验证明了橡胶颗粒的级配对混合料的性能有较大的影响。

表 7.4   橡胶颗粒级配对混合料空隙率、飞散损失影响

橡胶颗粒级配	Rubber-1	Rubber-2	Rubber-3
空隙率/%	10.2	6.7	4.3
飞散损失/%	16.8	10.3	5.6

综上所述，由于橡胶颗粒多粒级之间的干涉作用，尤其当级配较细时，容易出现结团的现象，导致混合料的空隙率和飞散损失等出现较大的增加。根据室内试验，并参考国内外在橡胶颗粒沥青混凝土上的研究成果，建议橡胶颗粒的级配范围如表 7.5 所示。

表 7.5　橡胶颗粒的级配范围

筛孔尺寸/mm	4.75	2.36	1.18
橡胶颗粒级配范围/%	95~100	10~20	0~10

3. 形状特性

橡胶颗粒作为一种较细的集料添加到混合料中，相对于普通的集料，其表面形状（图7.1和图7.2）对橡胶与沥青的黏附性、溶胀特性等都有显著影响，并进而影响到混合料的性质。根据哈尔滨工业大学的研究发现，随着橡胶颗粒细长扁平含量的增加，混合料的空隙率和飞散损失等都呈现增加的趋势，并且当细长扁平含量超过 10% 时，空隙率的增大和飞散损失的增加都呈现加速的趋势。

图 7.1　橡胶颗粒形状

图 7.2　玄武岩集料形状

分析其原因在于，橡胶颗粒的形状越接近立方体，棱角较多，橡胶颗粒在混合料中与石料的接触状况越好，经压实后，橡胶颗粒与石料之间能形成良好的嵌挤，混合料的结构更加稳定，内摩阻力更高，成型后形成的强度和稳定性也越高。细长扁平状橡胶颗粒添加入沥青混合料后，受颗粒形状的影响，其与石料间的嵌挤作用较弱，压实过程中难以充分就位，使得混合料的压实困难；即使在较大的外力作用下碾压成型，在外力去除后，由于橡胶颗粒的弹性恢复，也极易造成混合料的骨架被撑开，从而造成混合料内部的损伤和缺陷。

4. 力学性能

对于橡胶颗粒沥青混合料而言，橡胶颗粒以集料形式存在，由于橡胶颗粒的添加，改变了混合料的内部组成结构，使原来的"集料-集料"接触状态变为部分的"集料-橡胶颗粒-集料"接触状态。由于橡胶颗粒具有强度低、弹性变形能力强的特性，其必将对混合料的压实特性、结构的稳定性和力学强度等产生影响。

目前评价橡胶颗粒的强度通常采用硬度指标,硬度反映了橡胶颗粒在外力作用下具有的抵抗能力,而表征橡胶颗粒的弹性性能通常用弹性模量来表征。硬度和弹性模量具有紧密的联系,通常随着硬度的增加,橡胶颗粒的弹性模量也增大。

相关研究表明[92],随着橡胶颗粒硬度的增加,混合料的空隙率、飞散损失率等均呈现减小的趋势,当橡胶颗粒的硬度在 55 度时,其混合料空隙率和飞散损失率分别为 4.8%和 10.2%,而当橡胶颗粒的硬度在 40 度时,其对应混合料的空隙率和飞散损失率分别为 5.8%和 15.3%,可见橡胶颗粒的硬度对混合料的性能有着显著的影响,因此在设计的 HRRAM 时对橡胶颗粒的硬度应有具体要求。

7.2 HRRAM 组成设计方法研究

7.2.1 原材料要求及选择

1. 沥青胶结料

HRRAM 掺加了橡胶颗粒,由此依靠橡胶颗粒的弹性形变使得混合料具有良好的抗凝冰效果。但是由于橡胶颗粒、集料具有不同的弹性模量,在长期荷载的作用下,橡胶颗粒的变形会使得混合料内部"石料-沥青-橡胶颗粒"之间发生稳定性降低;当荷载作用时间达到一定程度时,橡胶颗粒势必会从混合料中剥离,路面发生破坏,从而产生 HRRAM 的耐久性不足问题。

为有效改善橡胶颗粒、集料及沥青之间的黏附性能,提高耐久性能,在材料已经确定的情况下,就需沥青胶结料具有良好的黏结性能以保证橡胶颗粒在外力的作用下仍能与集料、沥青形成一个相对密实的结构,从而改善 HRRAM 耐久性不足问题。

一般而言,道路用高黏沥青通常采用聚合物改性来实现,常见的聚合物改性剂有聚乙烯(PE)、无规聚丙烯(APP)、丁苯胶乳(SBR)、苯乙烯-丁二烯-苯乙烯嵌段共聚物(SBS)及橡胶粉等。分析上述各种改性沥青特点可以看出,HRRAM 采用橡胶沥青具有比其他聚合物改性沥青具有更多的优点,主要体现在以下几个方面。

(1)HRRAM 中的橡胶颗粒及橡胶沥青中的橡胶粉来源相同,同属于均相结构,均取自于汽车轮胎的胎面胶。与其他改性沥青相比,橡胶沥青和橡胶颗粒之间的黏结力具有更大的优势。

(2)在橡胶沥青改性时,橡胶粉与沥青接触即发生溶胀作用,橡胶粉分子链被周围的沥青所包围,但每一个分子链或段之间仍然具有较大的摩擦阻力,这就使得橡胶沥青内部具有稳定的网络结构,保证了橡胶沥青的稳定性。

（3）采用橡胶沥青的另一原因在于其具有良好的高低温性能、水稳性能、耐久性和抗疲劳性能，这对于 HRRAM 本身结构易出现橡胶颗粒"结构松动、颗粒剥落"而言无疑将是最佳的选择。

（4）区别于其他聚合物改性沥青，橡胶沥青来源于废旧的汽车轮胎，属于废物二次利用，将其应用于沥青路面体现了"科学环保、绿色道路"的理念，在当今我国废旧轮胎日益增多的情况下，这对解决废旧轮胎的再利用具有积极的意义。

根据以上分析，在 HRRAM 中选用橡胶沥青，结合大量橡胶沥青路面的工程实践经验，确定沥青采用 70# 中海石油沥青，橡胶粉的外掺量为 20%，以此来制备橡胶改性沥青。对橡胶沥青各项技术指标检测如表 7.6 所示，检测结果反映采用的橡胶沥青的各项指标均符合设计要求。

表 7.6　橡胶沥青技术指标检测

检测项目	检测结果	设计要求	试验方法
针入度（25℃，100g，5s）/0.1mm	46.8	≥25	T 0604
软化点/℃	65.3	≥58	T 0606
177℃黏度/（Pa·s）	2.1	1.5～4.0	T 0625
弹性恢复（25℃）/%	85	≥60	T 0662

2. 橡胶颗粒

根据 7.1 节对橡胶颗粒的技术性质分析可知，橡胶颗粒的形状、硬度及颗粒级配对 HRRAM 的性能应具有严格的要求，综合国内外研究成果[93-94]，以及哈尔滨工业大学在橡胶颗粒沥青混合料上的研究工作[67]，特提出 HRRAM 用橡胶颗粒应满足表 7.7 所示技术要求。

表 7.7　HRRAM 用橡胶颗粒技术要求

检测项目	细长扁平含量/%	邵氏硬度	通过率/%		
			4.75mm	2.36mm	1.18mm
技术要求	<10	≥55	95～100	10～20	0～10

根据以上对橡胶颗粒的技术要求，在 HRRAM 研究过程中采用 0～3mm 和 3～5mm 的两种橡胶颗粒，如图 7.3 所示。由于单独采用每一种橡胶颗粒均不能满足 HRRAM 用橡胶颗粒的级配要求，在研究中将 0～3mm 和 3～5mm 的橡胶颗粒按照一定的比例进行混合，使其达到级配范围的要求，经计算当（0～3mm）:（3～5mm）橡胶颗粒以 1:6 质量比例进行混合料时，其合成级配满足表 7.7 的技术要求，HRRAM 用橡胶颗粒性能指标如表 7.8 所示。

(a) 0～3mm (b) 3～5mm

图 7.3 HRRAM 用橡胶颗粒

表 7.8 HRRAM 用橡胶颗粒性能指标

检测项目	表观密度/ （g/cm³）	细长扁平含量/%	邵氏硬度	各筛孔通过率/%		
				4.75mm	2.36mm	1.18mm
检测结果	1.148	2.6	62	97.60	18.80	9.80
技术要求		<10	≥55	95～100	10～20	0～10

3. 矿料

HRRAM 是一种特殊的沥青混合料，由于在其中掺加了部分橡胶颗粒，降低了混合料骨架架构的密实性，为保证 HRRAM 的路用性能满足要求，所采用的各种矿料应必须满足《公路沥青路面施工技术规范》（JTG F40—2004）的要求，其中填料必须采用石灰石矿粉，集料优选玄武岩碎石，对矿料的性能指标不满足的应禁止用于 HRRAM 的设计。

根据以上要求，粗集料采用 5～10mm、10～15mm 的玄武岩碎石，细集料采用 0～5mm 的石屑及石灰石矿粉，参照《公路工程集料试验规程》（JTG E42—2005）分别对其性能进行检测，其结果如表 7.9～表 7.11 所示。

表 7.9 粗集料技术性能

检测项目	技术要求	各筛孔通过率 1%		试验方法
		10～20mm	5～10mm	
集料压碎值/%	≤28	11.6		T 0316
洛杉矶磨耗损失/%	≤30	15.3		T 0317
表观密度/（g/cm³）		2.90	2.86	
表观相对密度	≥2.50	2.90	2.86	
毛体积相对密度	实测值	2.83	2.81	T 0304
吸水率/%	≤3	0.36	0.47	
对沥青的黏附性级别	≥4	5		T 0616
针片状颗粒含量/%	≤18	11.7		T 0312
水洗法<0.075mm 含量/%	≤1	0.3	0.5	T 0310

表 7.10　细集料技术性能

检测项目	技术要求	试验结果	试验方法
表观密度/（g/cm³）	实测值	2.76	T 0328
表观相对密度	≥2.50	2.77	
砂当量/%	≥60	79	T 0334

表 7.11　矿粉技术性能

检测项目		技术要求	试验结果	试验方法
外观		无团粒结块	无团粒结块	
表观密度/（g/cm³）		≥2.50	2.70	T 0352
表观相对密度		实测值	2.70	
通过率/%	（粒度范围<0.6mm）	100	100.0	T 0351
	（粒度范围<0.15mm）	90～100	97.8	
	（粒度范围<0.07）	75～100	90.9	
亲水系数		<1	0.6	T 0353

经上述检测可知，本次所选用的矿料各项技术指标均满足有关规范的技术要求，完全可以将其应用于 HRRAM 的设计及研究。

7.2.2　HRRAM 结构类型

常用的沥青混合料结构类型有悬浮密实结构及骨架密实结构，而面层用悬浮密实结构的典型结构有 AC-10、AC-13，面层用骨架密实架构的典型结构有 SMA-10 和 SMA-13。对 HRRAM 混合料类型的选择应对其结构进行分析，可知 HRRAM 中的橡胶颗粒具有良好的弹性变形能力，加之混合料结构类型不当都可能造成后期混合料的膨胀过大（图 7.4），进而增加内部空隙率，降低 HRRAM 的路用性能，因此 HRRAM 混合料类型应在压实工艺相同条件下，选取内部的空隙率最小，也即其膨胀率最小的混合料。

为此，在 HRRAM 混合料类型上提出以混合料的膨胀率作为选择依据，其中膨胀率 δ 的计算公式按照下式进行：

$$\delta = \frac{\Delta h}{h} \tag{7.1}$$

式中： δ ——混合料的膨胀率，%；

Δh ——混合料脱模后平均增加高度，mm；

h ——混合料成型后平均高度，mm。

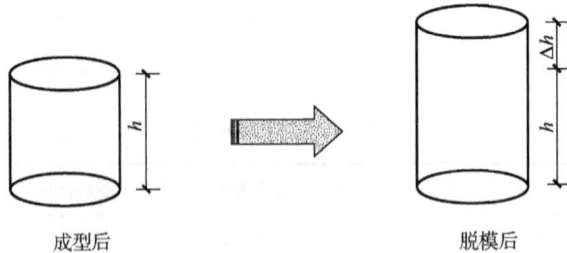

成型后　　　　　　　　　　脱模后

图 7.4　HRRAM 弹性变形

对 AC-10、AC-13、SMA-10 和 SMA-13 四种混合料，其橡胶颗粒的掺量均控制在 3%，设计级配选取规范级配范围中值，击实过程均采用双面击 75 次，表 7.12 给出了在最佳油石比下混合料的试件膨胀率对比。

表 7.12　混合料的试件膨胀率对比

混合料类型	AC-10	AC-13	SMA-10	SMA-13
成型后平均高度 h/mm	63.5	64.2	63.2	63.8
脱模后平均增加高度 Δh/mm	1.28	1.10	0.53	0.38
膨胀率/%	2.00	1.70	0.84	0.6

表 7.12 中反映了掺加等掺量的橡胶颗粒后，AC 密级配沥青混合料比 SMA 间断级配混合料的膨胀率要高，原因在于：密级配沥青混合料主要是一种悬浮密实结构，这种结构并未能有效地吸收橡胶颗粒膨胀空间，导致混合料的骨架结构失稳，进而导致膨胀率增加；相反，间断级配混合料中由于"集料-橡胶颗粒"之间形成了密实的骨架结构，具有牢固的嵌挤力，能有效抵制橡胶颗粒膨胀释放的应力，因此其试件的膨胀率较低。对于同种混合料类型，其试件的膨胀率随着最大公称粒径的增大而降低，原因在于混合料最大公称粒径增大，降低了橡胶颗粒-集料之间的"干涉"现象，进而降低了试件的膨胀率。

综上所述，为了保证混合料具有良好的密实性，提高混合料的路用性能，建议 HRRAM 混合料结构类型优选 SMA-13，级配采用如表 7.13 所示的级配范围。

表 7.13　SMA-13 级配范围

筛孔/mm	16.00	13.20	9.50	4.75	2.36	1.18	0.60	0.30	0.15	0.075
级配上限/%	100	100	75	34	26	24	20	16	15	12
级配下限/%	100	90	50	20	15	14	12	10	9	8

7.2.3　橡胶颗粒掺加方法

在 HRRAM 级配计算时，可以把橡胶颗粒看成单独的一部分，即以外加方式进行计算，也可以看成是一种特殊的石料，作为石料的一部分进行计算，习惯上称为外掺法和内掺法。

为分析橡胶颗粒的掺配方法对 SMA-13 的影响，室内分别采用外掺法和内掺法进行试验。试验所用原材料及级配均固定，橡胶颗粒掺量为 3%。以混合料的拌和效果、空隙率和飞散损失率作为评价指标，橡胶颗粒掺加方法对 SMA-13 性能影响如表 7.14 所示。

表 7.14　橡胶颗粒掺加方法对 SMA-13 性能影响

掺加方法	拌和效果	空隙率/%	飞散损失率/%
内掺法	均匀	3.5	4.8
外掺法	均匀	5.2	6.0

从表 7.14 中所示的试验发现，橡胶颗粒的掺配方法对混合料的密实度和抗飞散性能影响较大，采用内掺法的橡胶颗粒沥青混合料的空隙率较小，力学性能较佳。因此，在橡胶颗粒的掺配比例的计算中，推荐使用内掺法，本次对 HRRAM 混合料研究过程均采用内掺法。

7.2.4　HRRAM 基准级配

HRRAM 结构采用 SMA-13 型，由于 HRRAM 中的橡胶颗粒是以内掺等体积的方法替代部分集料，其与替代前 SMA-13 的骨架结构是完全相同的，HRRAM 的最佳基准级配可以从不掺加橡胶颗粒 SMA-13 沥青混合料入手。在优化选择 SMA-13 级配时，以 4.75mm 为关键控制筛孔，控制 4.75mm 质量通过率分别为 29.1%、27.2% 和 26.3%，选取三种初试级配，设计级配和初试级配曲线如表 7.15 和图 7.5 所示。

表7.15　三种设计级配

级配类型	设计级配/%									
	16.0mm	13.2mm	9.5mm	4.7mm	2.3mm	1.1mm	0.6mm	0.3mm	0.1mm	0.07mm
A 级配	100	90.8	65.4	29.1	22.6	20.7	16.8	14.9	13.0	11.1
B 级配	100	90.8	65.4	27.2	21.5	20.1	16.5	14.7	12.8	10.9
C 级配	100	90.4	64.1	26.3	19.6	18.9	15.7	14.1	12.4	10.6
级配上限	100	100	75	34	26	24	20	16	15	12
级配下限	100	90	50	20	15	14	12	10	9	8

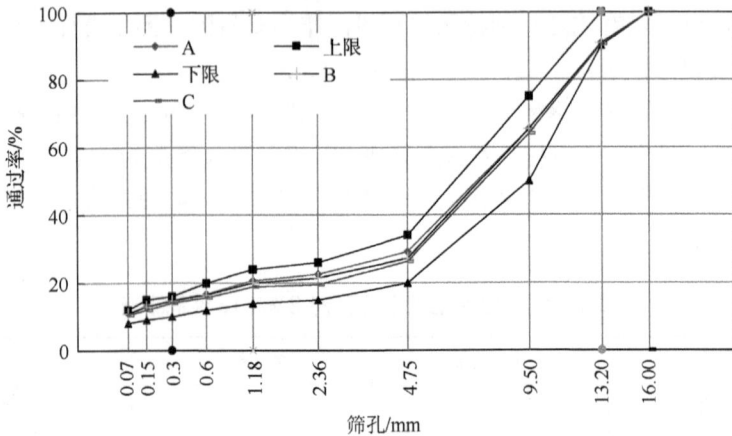

图7.5　初试级配曲线

根据 SMA-13 油石比，取油石比为 6.0%，按照马歇尔方法制作马歇尔试件，测定 VMA 及 VFA 等指标，初试矿料级配的体积参数如表7.16所示。

表7.16　初试矿料级配的体积参数

级配类型	油石比/%	理论密度/(g/cm³)	毛体积密度/(g/cm³)	空隙率/%	骨架间隙率 VCA$_{mix}$/%	松装间隙率 VCA$_{DRC}$/%	矿料间隙率 VMA/%	沥青饱和度 VFA/%
级配 A	6.00	2.53	2.42	4.03	41.20	42.90	17.30	73.30
级配 B	6.00	2.53	2.41	4.77	38.10	43.80	18.00	69.60
级配 C	6.00	2.53	2.39	5.72	34.40	44.50	18.80	65.20

由表7.16可以看出，级配 A、级配 B 和级配 C 均满足压实状态下沥青混合料中的粗集料骨架间隙率 VCA$_{mix}$ 小于没有其他细集料、结合料等存在时的捣实状态下的粗集料松装间隙率 VCA$_{DRC}$ 的要求，且 VMA 均大于 17.0%，但由于级配 A 的空隙率相对较小及其各项指标较接近设计值，建议将级配 A 作为 HRRAM 的基准级配。

7.2.5　室内拌和工艺

室内拌和的目的应该能够达到两个效果：一是能够保证橡胶颗粒与沥青的重复作用，改善胶结料的性能；二是橡胶颗粒能够均匀分布到混合料中。因此，室内主要通过对外观的检测来调节搅拌时间、搅拌温度和橡胶颗粒的投放次序。

国外的研究[95-96]表明，适当增加拌和温度可以有效增加橡胶颗粒与沥青的溶胀，改善混合料性能。在不会使得沥青产生额外老化的前提下，建议拌和温度比常规的拌和温度增加 5～10℃。

橡胶颗粒的投放时机可以有三个选择：一是在集料放入搅拌锅时同时加入；二是在倒入沥青时同时加入；三是在加入矿粉时加入。通过简单的室内试验比较和对橡胶颗粒在沥青混合料中的分布特性的初步分析,最终确定采用第一种方案,即橡胶颗粒与集料同时加入搅拌后再加入沥青进行搅拌。

拌和时间的增加显然可以增加橡胶颗粒与沥青的有效溶胀时间，因此，在混合料室内拌和时，在原有的拌和时间基础上，增加 30s 的集料与橡胶颗粒的干拌时间。一方面增加橡胶颗粒的温度，有利于溶胀；另一方面可以使得橡胶颗粒能够尽可能均匀地分布在集料中。

HRRAM 采用如图 7.6 所示的拌和工艺。

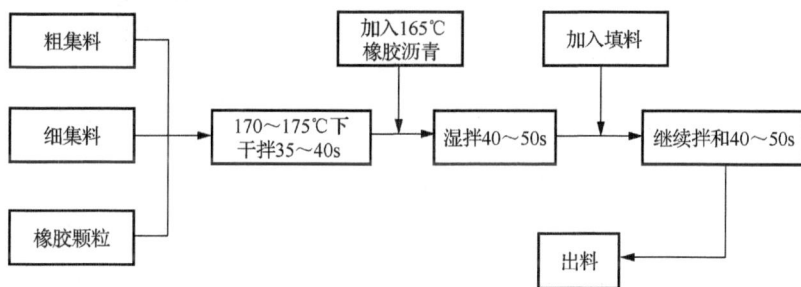

图 7.6　HRRAM 拌和工艺

7.2.6　室内成型工艺

为寻求 HRRAM 的最佳成型方法，室内分别采用马歇尔击实法和旋转压实成型方法，对 HRRAM 及基准橡胶沥青混合料（R-SMA13）成型效果进行了研究。HRRAM 及 R-SMA13 均基于表 7.15 所示的基准级配，其中 HRRAM 中内掺 3.0% 的橡胶颗粒。图 7.7 和图 7.8 给出了 HRRAM 及 R-SMA13 在最佳油石比下的试件空隙率及膨胀率的影响。

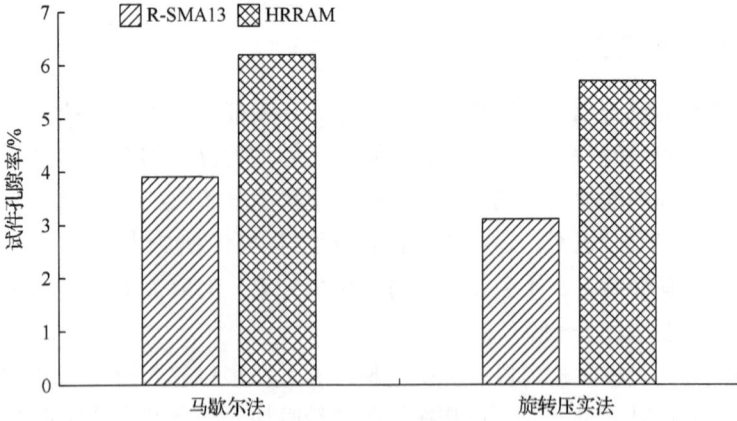

图 7.7　成型工艺对试件空隙率影响

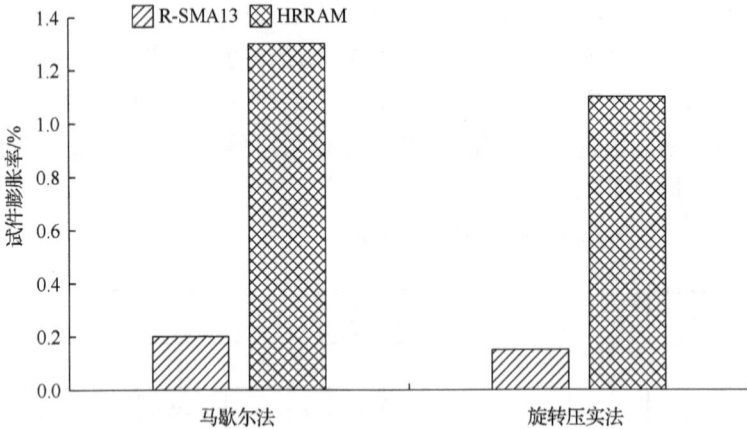

图 7.8　成型工艺对试件膨胀率影响

从试验结果看，对于 R-SMA13 无论采用何种成型方法，其空隙率均保持在3%～4%，满足设计的要求，成型后的试件膨胀率较低，而采用旋转压实法的成型效果相对较好；而对于 HRRAM 混合料，无论采用何种成型方法，混合料的空隙率均在 6%左右，远远大于设计空隙率 4%的要求，成型后试件均有明显膨胀现象，膨胀率均高于 1.0%。上述现象表明，对于 HRRAM 采用常规的一次性成型工艺压实后的混合料的结构容易发生膨胀、松散现象，压实度较低，这是由后期温度尚未降低至室内时，混合料中的橡胶颗粒的弹性恢复引起的二次膨胀所致。因此，HRRAM 的成型工艺不能采用常规的一次性成型，必须寻求新的成型工艺。

为此，室内采用马歇尔设计法分别对 HRRAM 试件膨胀率进行了再次试验，压实工艺参数如表 7.17 所示。表 7.18 给出了 HRRAM 试件在不同成型工艺下的膨胀率。由表 7.18 可以看出，采用 Method-1 的一次成型法试件具有较高的膨胀率，而采用 Method-2、Method-3 的二次成型法均有一定的降低，其中以 Method-2

最为明显，几乎和橡胶沥青混合料一样，膨胀率很低。

表 7.17　压实工艺参数

击实温度/℃		不同成型方法下的击实次数/次		
		Method-1	Method-2	Method-3
第一次	155～160	75	50	25
第二次	80～90	0	25	50

注：每次击实均是采用双面击实。

表 7.18　不同成型工艺下 HRRAM 试件膨胀率

内容	成型方法											
	Method-1				Method-2				Method-3			
成型后高度/mm	63.2	63.4	63.2	63.5	63.8	63.4	63.1	63.8	62.2	64.1	63.8	63.2
脱模后高度/mm	64.1	64.2	63.9	64.2	63.9	63.7	63.6	63.7	62.8	64.8	64.4	63.7
膨胀率/%	1.22				0.31				0.95			

　　分析原因在于：采用 Method-2 在 155～160℃下进行第一次成型，双面击 50 次已经将试件压实近似密实，而在 80～90℃下试件温度仍在可击实范围内，可进行二次击实，保证了混合料的进一步密实，同时由于试件温度相对较低，束缚了试件的膨胀；Method-3 虽然与 Method-1 均为双面击实，尤其 Method-1 在试件第一次击实过程尚未将其压实完全，在温度从 155℃→80℃过程中试件大幅度膨胀，待到第二次击实时因温度较低，试件可击实部分有限，故导致采用 Method-3 法制备的试件的膨胀率更大。

　　上述试验选用 Method-2 的成型方法，即第一次双面击 50 次（155～160℃），第二次双面击 25 次（80～90℃）可显著降低 HRRAM 的膨胀率。为进一步验证上述结果，室内分别将 Method-1、Method-2 两种方法成型的试件进行切割并观测内部的结构状态，如图 7.9 和图 7.10 所示。

图 7.9　Method-1 成型的试件　　　　　图 7.10　Method-2 成型的试件

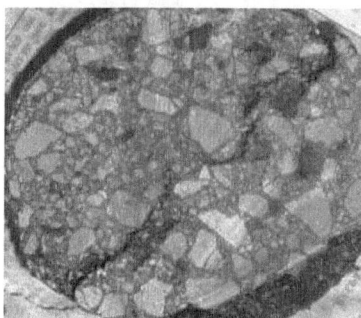

从图 7.9 和图 7.10 可以看出，经 Method-2 成型的橡胶颗粒沥青混合料较为紧密，粗集料相互靠近挤紧，形成较为良好的内部集料嵌挤，而 Method-1 明显发现橡胶颗粒、集料以及沥青之间有黏结松弛现象。综合以上分析研究，提出在 HRRAM 混合料设计研究中应选用 Method-2 的成型压实工艺。

7.2.7　HRRAM 设计技术要求

探索研究 HRRAM 就是要求预期该种沥青混合料在满足路用性能的条件下，还要保证混合料具有良好的弹性变形，利用它的弹性形变作用使道路表层冰凌折断，从而降低路面凝冰的危害。尽管目前国内外对 HRRAM 先后进行了不断研究尝试，但其研究成果一直不很理想，仍处于研究的初始阶段，如何给 HRRAM 混合料定义提出适合的技术要求至今尚未任何资料或文献可供参考。

基于以上原因，在 HRRAM 研究过程中如何判定该混合料的性能优劣就显得十分必要。结合前述研究成果，并考虑 SMA 路面对路面的相关技术要求，提出道路凝冰用 HRRAM 的设计技术要求，如表 7.19 所示。

表 7.19　HRRAM 设计技术要求

技术指标		技术要求
马歇尔试验技术要求	膨胀率/%	<0.5
	空隙率 VV/%	3～4
	稳定度 MS/kN	≥7.0
	沥青饱和度 VFA/%	75～85
	粗集料间隙率 VCA_{mix}/%	≤VCA_{DRC}
	结合料析漏损失/%	≤0.1
	混合料飞散损失/%	≤15.0
路用性能	动稳定度 DS/（次/mm）	≥3 000 ≥2 400
	低温弯曲应变	≥2 800 ≥2 500
	残留稳定度 MS/%	≥80 ≥85
	冻融劈裂强度比 TSR/%	≥80 ≥80
	渗水系数 C_w/（mL/min）	≤120
除冰效果	除冰能力	能有效降低冰凌形成面积，提高路面冰凌不连续性
	弹性恢复形变	变形能力≥6%

7.3　HRRAM 路用性能研究

本节分析橡胶颗粒在 HRRAM 的内掺量,且能够保证混合料路用性能基础上,同时提高混合料的弹性变形,对内掺 1.5%、2.5% 和 3.5%（相对于矿料质量）橡胶颗粒的 HRRAM 分别进行了路用性能的试验分析研究。

7.3.1　混合料级配设计

根据前节研究结果,HRRAM 的基准级配已经确定,在掺加部分橡胶颗粒过程中,由于橡胶颗粒的密度低于等粒径集料的密度,如果仅仅按照等质量进行替代,势必导致混合料的结构发生变化,为了保证混合料的骨架结构保持不变,这就需要我们将橡胶颗粒以等体积的方法替代等粒径的集料。

经室内测定 0～5mm 集料表观密度为 2.767g/cm^3,0～5mm 橡胶颗粒表观密度为 1.148g/cm^3。按照等体积替换原则,分别将内掺 1.5%、2.5% 和 3.5% 的橡胶颗粒等体积替换等粒径的普通集料,应用计算机处理可得到换算后的 HRRAM 设计级配如表 7.20 所示,设计级配曲线如图 7.11 所示。

表 7.20　HRRAM 设计级配

级配类型	设计级配/%									
	16.0mm	13.2mm	9.5mm	4.75mm	2.36mm	1.18mm	0.6mm	0.3mm	0.15mm	0.075mm
基准级配	100	90.8	65.4	29.1	22.6	20.7	16.8	14.9	13.0	11.1
HRRAM-1.5%	100	90.6	64.7	27.6	22.7	20.9	17.1	15.2	13.3	11.3
HRRAM-2.5%	100	90.5	64.1	26.6	22.7	21.1	17.2	15.4	13.4	11.5
HRRAM-3.5%	100	90.3	63.6	25.5	22.8	21.3	17.4	15.6	13.6	11.7

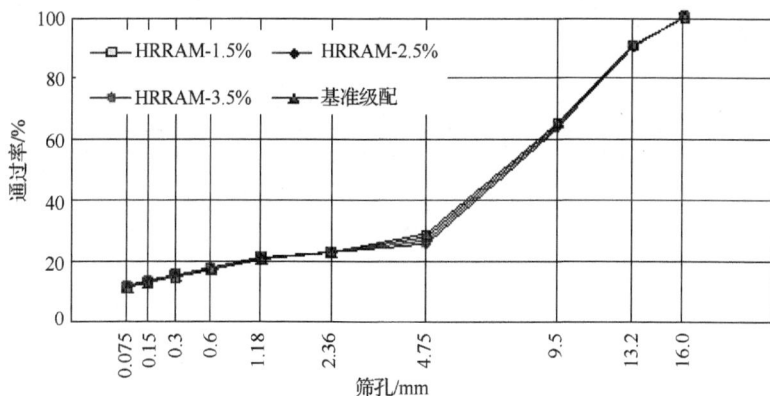

图 7.11　HRRAM 设计级配曲线（图中数据高度重合）

从表 7.20 的设计结果可知，将矿料中内掺 1.5%、2.5%、3.5%的橡胶颗粒后，相对于基准级配，HRRAM 的设计级配除了 4.75mm 筛孔外，其他筛孔的通过率变化较小，总体上看 HRRAM 的设计级配与基准级配有一定的差别，但是差别不大，图 7.11 给出的设计级配曲线也证明了这一点。分析上述原因可能在于橡胶颗粒的粒度组成主要集中在 2.36~4.75mm 这一档，其他筛孔下的通过率较小，因此在橡胶颗粒内掺量不多的情况下，替代其他集料的量就比较少，对其他筛孔下的通过率的影响就变得更小。

根据矿料的筛分情况，按照上述的设计级配曲线进行各组分配比计算，得出 HRRAM-1.5%、HRRAM-2.5%、HRRAM-3.5%及不掺加橡胶颗粒的基准混合料 HRRAM-0%的质量配比如表 7.21 所示。

表 7.21 HRRAM 混合料矿料质量配比

混合料种类	矿料质量配比/%				
	10~15mm	5~10mm	0~5mm	橡胶颗粒	矿粉
基准沥青混合料	38.6	35.6	15.8	0.0	10.0
HRRAM-1.5%	37.5	37.0	14.0	1.5	10.0
HRRAM-2.5%	36.5	37.2	13.3	2.5	10.5
HRRAM-3.5%	36.0	38.0	12.5	3.5	10.0

7.3.2 油石比确定

该试验在 HRRAM 的配合比设计过程均采用 Marshall 法，按照马歇尔的设计方法，分别取不同的油石比对基准混合料以及 HRRAM 进行体积参数测试。

1. 基准混合料

对基准沥青混合料的拌和方法和成型方法按照 SMA 沥青混合料的具体要求进行，表 7.22 给出了基准沥青混合料在 5.5%、5.8%、6.1%和 6.4%油石比下混合料的体积参数。

表 7.22 基准混合料体积参数

油石比/%	孔隙率/%	矿料间隙率/%	沥青饱和度/%	稳定度 MS/kN	流值/0.1mm	粗集料间隙率/%
5.5	4.4	17.6	75.0	15.3	32.2	41.3
5.8	3.7	17.3	78.6	16.9	36.8	41.0
6.1	3.3	17.0	80.6	17.2	41.3	41.0
6.4	3.1	17.3	82.1	16.8	44.9	41.2
技术要求	3~4	>16.5	75~85	≥6.0		≤VCA$_{DRC}$

注：基准级配的粗集料在捣实下的 VCA$_{DRC}$=42.8%。

由表 7.22 可知,在四个不同的油石比下,混合料的各项体积参数均满足《公路工程沥青路面施工技术规范》(JTG F40—2004)技术要求。以空隙率设计要求中值 3.5%取值,确定基准混合料的最佳油石比为 6.0%。

为进一步检验选取油石比设计的混合料各项技术指标是否满足规范要求,室内分别对设计的基准混合料性能进行了验证,检验结果如表 7.23 所示。

表 7.23　基准混合料性能验证

油石比/%	空隙率/%	矿料间隙率/%	沥青饱和度/%	稳定度/kN	粗集料间隙率/%	析漏损失/%	飞散损失/%
6.0	3.4	17.6	75.0	15.3	40.9	0.03	3.8
技术要求	3~4	>16.5	75~85	≥6.0	≤VCA$_{DRC}$	≤0.1	≤15.0

注:基准级配的粗集料在捣实下的 VCA$_{DRC}$=42.8%。

从表 7.23 中可以看出,采用 6.0%油石比作为基准沥青混合料的最佳油石比,对应混合料的各项指标均满足有关规范对 SMA 沥青混合料设计的技术要求,因此可以确定 6.0%作为设计的基准沥青混合料的最佳油石比。

2. HRRAM

对于内掺不同质量的橡胶颗粒的 HRRAM,每个设计级配分别采用 5.8%、6.1%、6.4%和 6.7%的油石比严格按照 HRRAM 的拌和和压实方法制备试件,表 7.24 给出了 HRRAM-1.5%、HRRAM-2.5%和 HRRAM-3.5%混合料的体积参数。

表 7.24　HRRAM 体积参数

橡胶颗粒掺量/%	油石比/%	空隙率/%	矿料间隙率/%	沥青饱和度/%	稳定度/kN	流值/0.1mm	粗集料间隙率/%
1.5	5.8	4.8	17.9	73.2	14.6	26.3	42.3
	6.1	3.9	17.7	78.0	15.3	32.6	42.1
	6.4	3.2	17.4	81.6	15.7	36.8	42.5
	6.7	2.9	17.5	83.4	15.1	45.2	42.1
2.5	5.8	5.1	18.1	71.8	13.9	30.3	41.8
	6.1	4.2	17.9	76.5	14.3	34.2	41.9
	6.4	3.5	17.6	80.1	14.8	38.9	42.3
	6.7	3.1	18.0	82.8	14.6	42.3	42.1
3.5	5.8	5.6	18.5	69.7	13.4	24.7	42.8
	6.1	4.7	18.1	74.0	13.9	31.3	43.1
	6.4	3.8	17.8	78.7	14.2	38.9	43.1
	6.7	3.4	17.6	80.7	14.3	40.6	43.2
设计要求		3~4	>16.5	75~85	≥7.0		≤VCA$_{DRc}$

注:内掺橡胶颗粒 1.5%、2.5%、3.5%的矿料中粗集料的捣实间隙率分别为 43.1%、43.1%、43.2%。

　　从表 7.24 所示的体积参数可以看出，对于不同掺量橡胶颗粒的 HRRAM 在不同的油石比下混合料的体积参数均满足 HRRAM 的设计技术要求。按照 SMA 混合料油石比选取原则，控制空隙率在 3.5%，其 HRRAM-1.5%、HRRAM-2.5%和HRRAM-3.5%三种沥青混合料的最佳油石比分别为 6.3%、6.4%和 6.6%。

　　为检验混合料选取的油石比是否恰当，室内还分别对上述三种混合料在最佳油石比下对混合料的性能进行验证，结果如表 7.25 所示。从表 7.25 中结果可以看出，对于内掺 1.5%、2.5%和 3.5%橡胶颗粒的 HRRAM，当其油石比分别为 6.3%、6.4%和 6.6%时，各项技术指标均满足设计要求，但随着橡胶颗粒掺量增加混合料的飞散损失、结合料析漏有趋于增加、稳定度趋于降低的趋势，分析原因可能在于骨架结构中橡胶颗粒的增加、橡胶颗粒/集料的比例增大，由于橡胶颗粒属于弹性材料，这时形成的集料结构在外力作用下嵌挤力降低，加之橡胶颗粒由于弹性变形使得表面沥青与周围的矿料黏附性下降所致。

表 7.25　HRRAM 性能验证结果

混合料种类	空隙率/%	矿料间隙率/%	沥青饱和度/%	稳定度/kN	粗集料间隙率/%	析漏损失/%	飞散损失/%
HRRAM-1.5%	3.4	17.4	80.6	15.4	42.2	0.04	4.1
HRRAM-2.5%	3.5	17.4	80.3	14.7	42.0	0.05	7.8
HRRAM-3.5%	3.5	17.6	79.2	14.2	43.3	0.07	8.2
设计要求	3~4	>16.5	75~85	≥6.0	≤VCA$_{DRC}$	≤0.1	≤15.0

　　注：HRRAM-1.5%、HRRAM-2.5%、HRRAM-3.5%矿料中粗集料的捣实间隙率 VCA$_{DRC}$分别为 43.1%、43.6%和 44.1%。

7.3.3　路用性能研究

1. 高温性能

　　高温性能指反映 HRRAM 在夏季路面温度较高的情况下其抵抗路面发生车辙变形的能力，是 HRRAM 重要的路用指标之一，表 7.26 给出了掺加不同掺量橡胶颗粒的 HRRAM 动稳定度检测结果。

表 7.26　HRRAM 动稳定度检测结果

橡胶颗粒掺量/%	最佳油石比/%	动稳定度/（次/mm）	技术要求/（次/mm）
0	6.0	5785	
1.5	6.3	3820	≥3000
2.5	6.4	3624	
3.5	6.6	3523	

　　表 7.26 示出 SMA-13 沥青混合料在内部掺加不同掺量的橡胶颗粒后制备的HRRAM 的动稳定度均大于 3 000 次/mm,满足现行《公路沥青路面施工技术规范》

（JTG F40—2004）对夏热地区改性沥青混合料动稳定度不小于 3 000 次/mm 的技术要求。

相对于基准的橡胶沥青混合料，HRRAM 的动稳定度较前者有较大降低，但是各个掺量间动稳定度的变化不大，原因在于橡胶颗粒的掺入，导致了混合料的嵌挤结构由完全的"集料-集料"嵌挤结构转化为现在的"集料-橡胶颗粒-集料"嵌挤结构，使得在外力作用下 HRRAM 的嵌挤结构的嵌挤力不足，导致部分骨架失稳，因此发生混合料的动稳定度降低的现象，但对橡胶颗粒不同掺量制备的 HRRAM 动稳定度影响不大。究其原因，可能在于即使部分"橡胶颗粒-集料"嵌挤结构失稳后，其挤压出去的橡胶颗粒或集料重新与周围的集料或橡胶颗粒形成嵌挤结构，或产生内部抵抗力，故在采用不同掺量的橡胶颗粒制备的 HRRAM 的动稳定度相对变化较小。

2. 低温性能

低温性能是反映混合料在冬季低温下路面抵抗变形的能力，变形能力越大，该混合料越不容易发生裂缝开裂，有利于提高路面的耐久性能。为检验对比 HRRAM 和基准沥青混合料的低温性能，室内对上述混合料进行了低温弯曲应变试验，试验温度统一采用-10℃，试件尺寸采用 $b×h×l$=30mm×35mm×250mm，参照《公路工程沥青及沥青混合料试验规程》（JTG E20—2011）中 T0715—2011 的试验方法进行，HRRAM 低温弯曲应变如表 7.27 所示。

表 7.27　HRRAM 低温弯曲应变

橡胶颗粒掺量/%	最佳油石比/%	弯曲应变/10^{-6}	技术要求/10^{-6}
0	6.0	2 756	
1.5	6.3	3 452	≥2 500
2.5	6.4	3 648	
3.5	6.6	3 942	

从表 7.27 中可以看出，相对于基准的沥青混合料，HRRAM 的低温弯曲应变随着橡胶颗粒掺量的增加，其低温弯曲应变略微增加，但均满足现行《公路沥青路面施工技术规范》（JTG F40—2004）中的对西南山区冬季冬温区改性沥青混合料弯曲应变不小于 2 500 次/mm 的技术要求。分析掺加橡胶颗粒后 HRRAM 之所以会提高低温变形能力，在于橡胶颗粒掺加后，混合料整体的弹性模量降低，在相同的应力作用下其能产生更大的形变。

3. 水稳定性能

水稳定性能是反映沥青路面在水存在情况下，经受交通荷载及温度胀缩的反复作用下混合料的抵抗沥青剥落的能力，可以用来评价路面耐久性能。为验证HRRAM 的水稳定性能，室内分别对基准橡胶沥青混合料及 HRRAM 混合料进行了残留稳定度及冻融劈裂强度比测试，如图 7.12 所示。

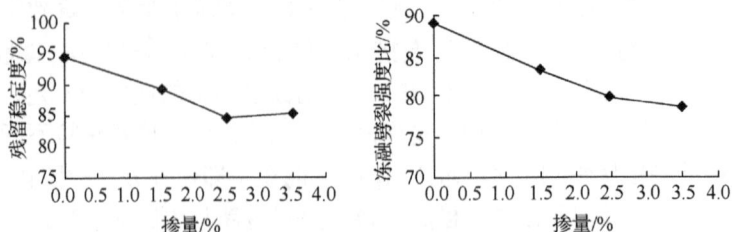

图 7.12　混合料残留稳定度及冻融劈裂强度比测试

从图 7.12 中可以看出，相对于基准的橡胶沥青混合料，HRRAM 的水稳定性能均随着橡胶颗粒掺量的增加而降低，但仍满足规范要求改性沥青混合料残留稳定度不低于 80% 以及冻融劈裂强度比不低于 75% 的技术要求。

分析 HRRAM 水稳定性能随着橡胶颗粒掺量增加而降低的原因在于，橡胶颗粒相对于碎石集料，表面相对光滑，其与沥青的黏结效果显然低于后者，在掺加橡胶颗粒替代碎石集料后，混合料中橡胶颗粒与沥青的黏结力降低，在这种情况下加上水的作用，进一步降低了橡胶颗粒与沥青的黏附力，从而导致橡胶颗粒脱落，混合料骨架结构失稳，降低 HRRAM 的水稳定性能。可以看出，HRRAM 水稳定性能必然随着橡胶颗粒掺量的增加而进一步降低。

4. 抗渗性能

抗渗性能是沥青混合料重要技术指标之一，如果渗水系数不满足规范设计要求，则导致路面过早被水反复作用而产生橡胶颗粒的脱落，进而使得路面产生坑槽、唧浆等病害，加速路面的损坏。表 7.28 给出了在不同掺量的橡胶颗粒下设计的 HRRAM 测试出的渗水系数。

表 7.28　HRRAM 的渗水系数

橡胶颗粒掺量/%	最佳油石比/%	渗水系数/（mL/min）	技术要求/（mL/min）
0	6.0	20.2	
1.5	6.3	33.1	≤120
2.5	6.4	无渗水	
3.5	6.6	40.8	

从表 7.28 中测试渗水系数结果可以看出，采用橡胶颗粒的三个掺量设计的 HRRAM 的渗水系数均满足 HRRAM 要求不大于 120mL/min 的技术要求，说明设计的 HRRAM 具有良好的抗渗性能。

结合上述试验数据，综合考虑 HRRAM 的路用性能，初步建议橡胶颗粒的掺量为 1.5%～2.5%。

7.4　HRRAM 弹性变形研究

开发研究 HRRAM 的主要目的就是在保证路用性能的基础上提高其结构的弹性形变，依靠其具有较高的弹性形变来达到除冰的目的。为此，本节分别对掺加橡胶颗粒不同掺量下的 HRRAM 进行变形能力测试，并与基准橡胶沥青混凝土进行对比，以此来评价 HRRAM 的变形能力。

7.4.1　试验方法

目前关于 HRRAM 的弹性变形能力测试尚无统一的标准规范可以借鉴，为合理评价 HRRAM 的弹性变形能力，根据室内研究提出以试件弹性恢复变形及弯曲应变两个指标来综合评价 HRRAM 的弹性变形能力。其具体的试验方法如下。

（1）成型 HRRAM 试件和基准橡胶沥青混合料试件，分别将其切割成 $b×h×l$=30mm×35mm×250mm 的矩形小梁试件待用。

（2）取出其中的四根小梁试件，在规定的温度下冷冻时间不低于 3h，利用万能试验机分别测试 HRRAM 及基准橡胶沥青混合料试件的破坏荷载 P，加载过程如图 7.13 所示。

图 7.13　加载过程

（3）以试件的极限破坏荷载的 0.2 倍对 HRRAM 及基准橡胶沥青混合料试件进行加载 1min 后卸载，再用 0.5P 作用力进行加载，持续时间 60min 后再次卸载。

（4）通过万能试验机描绘试件在加载 0.5P 下 60min 时的挠度 d_1，并描绘卸载后 60min 时的挠度 d_2。

（5）根据 HRRAM、基准橡胶沥青混合料试件的在 60min 时的挠度 d_1，计算试件的弯曲应变，并根据卸载后 60min 时的挠度 d_2 计算试件的弹性恢复变形。有关试件的弯曲应变及试件的弹性恢复变形计算公式如下：

$$\varepsilon = \frac{6 \times h \times d_1}{L_0^2} \times 100\% \tag{7.2}$$

$$\varphi = \frac{d_1 - d_2}{d_1} \times 100\% \tag{7.3}$$

式中：φ ——试件的弹性恢复变形，%；

ε ——混合料试件的弯曲应变，10^{-6}；

h ——试件的高度，mm；

L_0 ——试件的跨径，mm；

d_1 ——试件在 $0.5P$ 作用 60min 时的挠度，mm；

d_2 ——试件在荷载卸载后 60min 时的挠度，mm。

7.4.2 试验结果及分析

1. 冷冻温度-2℃

图 7.14 给出了 HRRAM 及基准橡胶沥青混合料试件在-2℃下测试的在不同时间下试件的挠度变化规律。表 7.29 计算出混合料试件在最大挠度时的弯曲应变及其试件的弹性恢复变形。

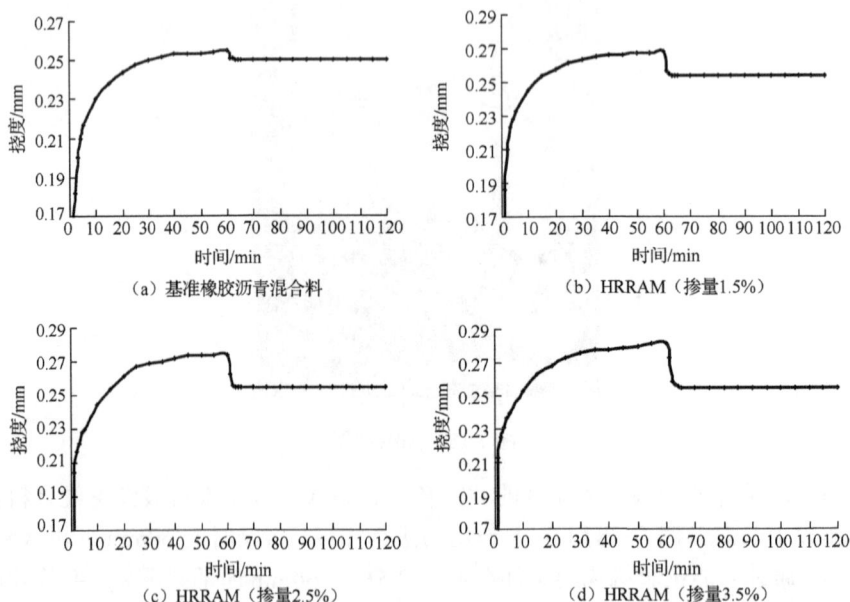

(a) 基准橡胶沥青混合料

(b) HRRAM（掺量1.5%）

(c) HRRAM（掺量2.5%）

(d) HRRAM（掺量3.5%）

图 7.14 -2℃试件在不同时间下挠度变化规律

表 7.29　混合料变形能力对比

混合料类型	弯曲应变/10⁻⁶	挠度/mm		弹性恢复变形/%
		60min	120min	
基准沥青混合料	1338.8	0.255	0.250	1.96
HRRAM-1.5%	1407.0	0.268	0.254	5.22
HRRAM-2.5%	1438.5	0.274	0.255	6.93
HRRAM-3.5%	1475.3	0.281	0.255	9.25

从图 7.14 中可以看出，对于基准沥青混合料试件在 60min 卸载后，试件的变形较小，而 HRRAM 试件的在 60min 以后的挠度变形有较大变化，尤其是随着橡胶颗粒掺量的增加，这种变化趋势逐渐增加。

从表 7.29 中可以看出，在外力（0.5P）作用下，相对基准沥青混合料试件，HRRAM 试件的弯曲应变均较前者有所增加，且随着橡胶颗粒掺量的增加而提高，但整体提高不大；从对试件的弹性恢复变形指标看，除了橡胶颗粒掺量在 1.5%设计的 HRRAM 的弹性恢复变形低于 6%外，其他两种均超过了 6%，且后者随着内部掺量橡胶颗粒量的增加而提高，该试验证明了 HRRAM 在-2℃具有良好的弹性形变能力。

综上所述，由于用橡胶颗粒设计的 HRRAM 具有较基准沥青混合料较小的弹性模量，在外力作用下变形能力更强，同时由于橡胶颗粒具有压缩伸张性，当外力撤去后其产生伸张形变，引起其弹性恢复的提高，并且这一趋势均随着橡胶颗粒的掺量的增加而提高。

2. 冷冻温度-4℃

在-4℃按照同样的试验方法分别测试试件在不同时间下试件的挠度变形，图 7.15 给出了基准混合料试件和 HRRAM 试件在不同时间下的挠度变化规律，表 7.30 给出了基准混合料及 HRRAM 试件在最大挠度时的弯曲应变及其试件的弹性恢复变形。

从图 7.15 中可以看出，在-4℃下基准混合料试件和 HRRAM 试件的挠度变形均比在-2℃下的有所降低，但是相对于基准沥青混合料试件，HRRAM 试件的挠度在 60min 后撤去外力至 120min 时的挠度变化均比前者稍大。

表 7.30 结果反映在-4℃下测试的弯曲应变及弹性恢复变形变化趋势同在-2℃下的一样，区别在于-4℃下测试出的无论是基准沥青混合料还是 HRRAM 试件的弯曲应变，均较在-2℃下测试的有所降低，但是试件的弹性恢复变形较大。

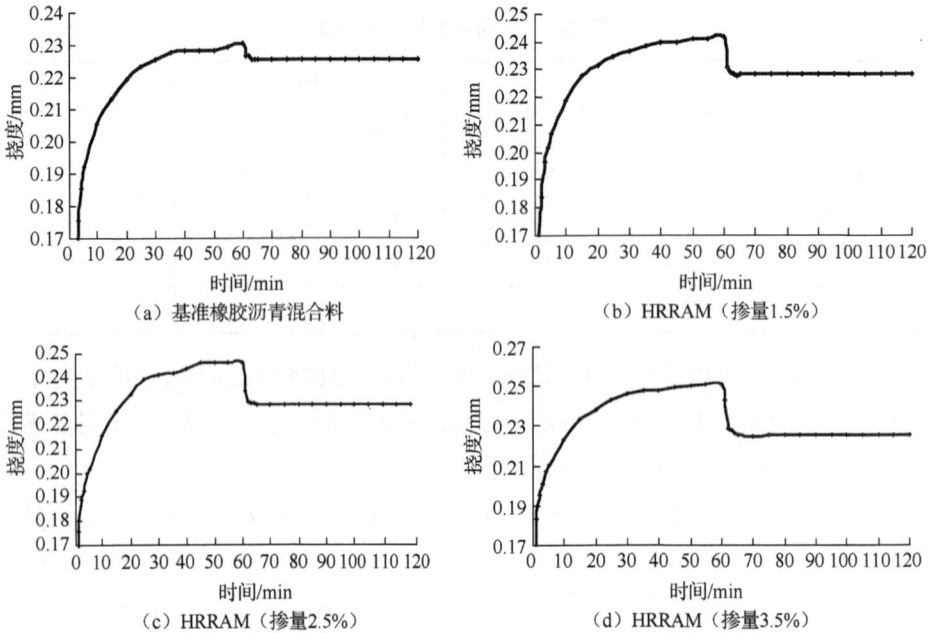

（a）基准橡胶沥青混合料

（b）HRRAM（掺量1.5%）

（c）HRRAM（掺量2.5%）

（d）HRRAM（掺量3.5%）

图 7.15　-4℃试件在不同时间下纵向挠度变形

表 7.30　混合料变形能力对比

混合料类型	弯曲应变/10^{-6}	挠度/mm		弹性恢复变形/%
		60min	120min	
基准沥青混合料	1210.1	0.2305	0.2258	2.04
HRRAM-1.5%	1269.5	0.2418	0.2282	5.62
HRRAM-2.5%	1290.9	0.2459	0.2281	7.23
HRRAM-3.5%	1318.2	0.2511	0.2259	10.0

在-4℃下基准混合料和 HRRAM 试件的弯曲应变有所降低的原因在于-4℃材料的弹性模量提高，而在一定的应力作用下其弯曲变形较小所致；而基准混合料、HRRAM 试件的弹性恢复变形有所提高，这主要是在-4℃时试件在 60min 时的挠度变形较-2℃小，而 120min 时试件挠度的变形量小于-2℃，故使得混合料的弹性恢复有微弱提高。

总体上看，在-4℃下尽管 HRRAM 试件和基准沥青混合料试件的弯曲应变相差不大，但是由于前者具有较大的弹性恢复变形，尤其在橡胶颗粒掺量大于 2.5%时，其弹性恢复变形均超过 6%，证明 HRRAM 试件在达到一定橡胶颗粒掺量下具有较好的弹性恢复变形能力。

7.5　HRRAM 耐久性能研究

沥青混合料耐久性[97-98]不足表现为高低温性、水稳定性及抗疲劳性能。HRRAM 是一种特殊的沥青混合料，由于其中的橡胶颗粒区别于传统的集料，受在外力作用下橡胶颗粒与沥青黏附力不足，往往导致 HRRAM 路面早期产生病害，降低路面的耐久性能。

本节分别从影响 HRRAM 耐久性的因素、HRRAM 耐久性评价指标及方法，以及 HRRAM 耐久性试验等方面，对 HRRAM 的耐久性能进行评价。

7.5.1　影响 HRRAM 耐久性因素

HRRAM 耐久性降低的原因有两个方面：一是橡胶颗粒的在运输或加热过程中的老化，使得橡胶颗粒与沥青的黏附力逐渐降低，导致制备的橡胶沥青混合料性能降低；二是橡胶颗粒沥青混合料的由于温度过高或保存时间过长，引发沥青的老化，最终降低混合料的耐久性[99]。

1. 橡胶颗粒的老化

HRRAM 用橡胶颗粒在加工、储存和使用过程中，由于受内外因素的综合作用而引起橡胶的诸多性能逐步弱化，最后丧失使用价值，这种变化叫作橡胶老化，表现为龟裂、发黏、硬化、软化、粉化、变色、长霉等，其主要影响因素[99-101]如下。

1）氧

氧在橡胶中同橡胶分子发生游离基连锁反应，分子链发生断裂或过度交联，引起橡胶性能的改变。氧化作用是橡胶老化的重要原因之一。

2）臭氧

臭氧具有强氧化性，是比氧气更强的氧化剂。臭氧对橡胶的作用随橡胶变形而不同。当作用于变形的橡胶（主要是不饱和橡胶）时，出现与应力作用方向垂直的裂纹，即所谓"臭氧龟裂"；作用于变形的橡胶时，仅表面生成氧化膜而不龟裂。

3）温度

提高温度可引起橡胶的热裂解或热交联，但热的基本作用还是活化作用，提高氧扩散速度和活化氧化反应，从而加速橡胶氧化反应速率，这是普遍存在的一种老化现象——热氧老化。

4）光

光波越短，能量越大。对橡胶起破坏作用的是能量较高的紫外线。紫外线除了能直接引起橡胶分子链的断裂和交联外，橡胶还因吸收光能而产生游离基，引发并加速氧化链反应过程。紫外线起着加热的作用。含胶率高的试样，两面会出现网状裂纹，即所谓"光外层裂"。

5）机械应力

在机械应力反复作用下，橡胶分子链断裂生成游离醛，引发氧化链反应，形成力化学过程；分子链断裂和氧化过程，谁能占据主导要视其所处的条件而定。此外，在应力作用下容易引起臭氧龟裂。

6）水分

橡胶颗粒在潮湿空气、淋雨或浸泡在水中时，容易受损，这是由橡胶颗粒中的水溶性物质和亲水基团等成分被水抽提溶解、水解或吸收等引起的。特别是在水中浸泡和大气暴露的交替作用下，会加速橡胶颗粒的损坏。

2. 混合料老化

HRRAM 自身老化将严重影响沥青混合料铺筑质量和使用寿命，一般来说，HRRAM 混合料的老化主要发生在拌和、运输、摊铺等过程，其根本原因在于保存时间过长所致。

（1）HRRAM 与空气中氧气反应，使沥青组成发生变化。

（2）HRRAM 中的沥青油分挥发，使得混合料的结构产生接触变位阻导致硬化。

7.5.2　HRRAM 耐久性评价指标及方法

HRRAM 中的橡胶颗粒的老化是一个持续的过程，这主要取决于生产公司在生产过程中尽可能降低橡胶颗粒的老化，但是 HRRAM 混合料的老化往往是由于在各个过程中的控制不当所引起。

为简单、方便、快捷地有效评价 HRRAM 的耐久性能，本节将在保证橡胶颗粒不变的情况下，分别提出 HRRAM 混合料的耐久评价方法及指标。

1. 评价方法

HRRAM 的老化过程，分为短期老化和长期老化两个阶段。沥青混合料短期老化评价方法，应体现松散的混合料在拌和、运输和铺筑中受热而挥发和氧化的效应，从而模拟混合料施工阶段的老化效应，故仅采用室内试验新拌沥青混合料是不够的。SHRP 经过对已有沥青混合料短期老化方法试验结果的研究提出了烘箱加热法、延时拌和法、微波加热法三种加速新拌沥青混合料老化的方法。

我国《公路工程沥青及沥青混合料试验规程》（JTG E20—2011）中 T 0734—2000 就是参照烘箱加热法作为标准试验方法的。沥青混合料长期老化评价方法应体现出混合料压实成型试件持续氧化的效应，从而模拟使用年限内沥青混合料的老化效应。SHRP 总结了以往的研究成果，提出了加压氧化法（PVA）、烘箱加热法、红外线和紫外线处理三种方法。其中，烘箱加热法已经列入我国有关规范，操作简单。

基于以上分析，在室内研究评价 HRRAM 的耐久性时，首先将新拌和的 HRRAM 压实为成型试件，接着将经过烘箱加热的 HRRAM 也压实为成型试件，然后按照耐久性的指标进行评价。

2. 评价指标

HRRAM 的耐久性主要从以下几个指标进行评价。

1）动稳定度

动稳定度参照现行《公路工程沥青及沥青混合料试验规程》（JTG E20—2011）中的 T 0709—2011 的有关试验方法进行。

2）低温弯曲

低温弯曲按《公路工程沥青及沥青混合料试验规程》（JTG E20—2011）中的 T 0715—2011 的有关试验方法进行。

3）冻融劈裂强度比

冻融劈裂强度比按《公路工程沥青及沥青混合料试验规程》（JTG E20—2011）中的 T 0729—2000 的有关试验方法进行。

4）疲劳寿命

抗疲劳特性是沥青路面抵抗车辆重复荷载作用破坏的能力。目前沥青混合料疲劳特性的研究方法基本分为两种类型：一类为现象学法，即传统的疲劳理论方法，它采用疲劳曲线表征材料的疲劳性质；另一类为力学近似法，即应用断裂力学原理分析疲劳裂缝扩展规律以确定材料的疲劳寿命。

本试验采用现象学法，即采用三点疲劳试验机（图 7.16）进行控制应力疲劳试验，得出疲劳曲线及疲劳方程，由曲线中的特征疲劳寿命、方程中的特征参数分析评价疲劳特性。整个试验过程可以通过程序控制并由计算机自动采集试验数据，试件由轮碾法成型的车辙板切割而成。

图 7.16　三点疲劳试验机

涉及试验过程中的相关参数及控制方式如下：

试件尺寸：40mm×40mm×250mm；　　跨径：150mm；

荷载波形：半正氏波；　　荷载频率：10Hz；

试验温度：15℃；　　加荷方式：三点加载；

控制方式：应力控制。

按照下面公式计算 HRRAM 的疲劳次数：

$$N_f = k\left(\frac{1}{\sigma_f}\right)^n$$
$$\lg N_f = k - n\lg\sigma_f \tag{7.4}$$

式中：k、n——试验常数；

N_f——试件破坏时的加载次数，次；

σ_f——对试件每次加载施加常量应力的最大幅值，MPa。

7.5.3　HRRAM 耐久性试验

1. 高温性能

表 7.31 示出采用标准法和老化后两种方法对 HRRAM 混合料动稳定度试验结果。从表 7.31 中可以看出，相对于标准法，采用老化后的 HRRAM 其稳定度随着掺量的增加而降低，虽然降低趋势不明显，但均满足《公路沥青路面施工技术规范》（JTG F40—2004）对夏热区改性沥青混合料动稳定度不小于 3 000 次/mm 的技术要求。分析原因可能在于 HRRAM 老化后，其中的沥青的针入度增加，提高了沥青的高温性能，因此导致 HRRAM 老化后的动稳定度变化较小。

表 7.31　HRRAM 混合料动稳定度试验结果

试验条件	动稳定度/（次/mm）		
	掺量 1.5%	掺量 2.5%	掺量 3.5%
标准法	3 820	3 624	3 523
老化后	3 799	3 588	3 215
技术要求	≥3 000		

2. 低温性能

表 7.32 是 HRRAM 按照标准法和老化后两种试验条件对混合料低温弯曲应变的试验结果，从老化后的混合料的低温弯曲应变变化趋势看，随着橡胶颗粒掺量的增加，其低温弯曲应变有较大幅度的降低，但仍旧满足现行《公路沥青路面施工技术规范》（JTG F40—2004）对冬温区改性沥青混合料弯曲应变不小于 2 500

次/mm 的技术要求。

表 7.32　HRRAM 混合料低温弯曲应变的测试结果

试验条件	弯曲应变/10^{-6}		
	掺量 1.5%	掺量 2.5%	掺量 3.5%
标准法	3 452	3 648	3942
老化后	3 012	3 340	3 388
技术要求	≥2 500		

　　HRRAM 在老化后随着橡胶颗粒掺量的增加，其低温弯曲应变下降明显，原因可能是 HRRAM 加热使得其中的沥青和橡胶颗粒都在一定程度上发生了老化，混合料中的整体刚度增强，再加之"沥青-集料-橡胶颗粒"的黏结力降低，使得混合料的低温弯曲应变也趋于降低，橡胶颗粒的掺量增加对 HRRAM 的低温性能降低幅度更为明显，势必在情理之中。

　　3. 水稳定性能

　　图 7.17 给出了 HRRAM 在标准法和老化法成型试件的冻融劈裂强度比。从图 7.17 中可以看出，相对于标准法，老化后制作的 HRRAM 试件的冻融劈裂强度比随着橡胶颗粒掺量的增加而降低，尤其在 2.5%掺量后 HRRAM 的冻融劈裂强度比下降明显，且在 3.5%掺量时已经无法满足《公路沥青路面施工技术规范》（JTG F40—2004）对 HRRAM 沥青混合料冬温区要求不低于 75%的技术要求。从中可以看出，冻融强度比越小，水稳定性能越差。其原因可能是：随着 HRRAM 加热老化后，不仅造成沥青老化，同时使得部分的橡胶颗粒老化，导致"沥青-集料-橡胶颗粒"的黏附性降低，且随着其中内部掺加橡胶颗粒量的增加，使得混合料内部结构黏附性进一步下降，再加之在冻融的反复作用下，势必引起冻融劈裂强度比的下降。

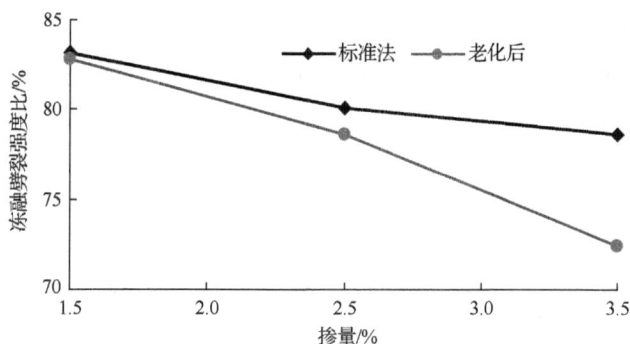

图 7.17　HRRAM 成型试件的冻融劈裂强度比

4. 疲劳性能

表 7.33 给出了经过烘箱老化后的沥青混合料制作的试件，按照三点弯曲疲劳试验测试在不同应力水平下的疲劳试验结果。

表 7.33　HRRAM 疲劳试验结果

橡胶颗粒掺量/%	油石比/%	弯拉强度/MPa	应力比 (σ_{max}/σ_f)	应力值水平/MPa	疲劳寿命/次
1.5	6.3	4.52	0.3	1.374	27 951
			0.4	1.832	15 749
			0.5	2.290	8 962
			0.6	2.748	5 231
2.5	6.4	4.65	0.3	1.305	27 651
			0.4	1.740	13 849
			0.5	2.175	5 762
			0.6	2.61	4 362
3.5	6.6	6.51	0.3	1.278	15 865
			0.4	1.704	6 577
			0.5	2.130	3 356
			0.6	2.556	2 563

对橡胶颗粒掺量分别为 1.5%、2.5% 和 3.5% 的 HRRAM 进行疲劳试验进行回归的方程如下。

1.5% 掺量时：

$$\lg N_f = 4.800 - 2.405 \lg \sigma, \quad R^2 = 0.992 \tag{7.5}$$

2.5% 掺量时：

$$\lg N_f = 4.796 - 2.408 \lg \sigma, \quad R^2 = 0.967 \tag{7.6}$$

3.5% 掺量时：

$$\lg N_f = 4.463 - 2.698 \lg \sigma, \quad R^2 = 0.992 \tag{7.7}$$

从表 7.33 中可以看出：

（1）从三种橡胶颗粒掺量的混合料 n 值来看，随着橡胶颗粒掺量的增加，HRRAM 的 n 值逐渐增大，表明疲劳性能受应力水平的变化影响越来越大。掺量为 1.5% 时，混合料的抗疲劳性能对应力水平变化不敏感，而掺量为 3.5% 时较为敏感。因此，为了使 HRRAM 的抗疲劳性能受应力水平变化的影响减弱，改善疲劳性能，应减小橡胶颗粒的掺量。

（2）从不同橡胶颗粒掺量混合料 k 值来看，随着橡胶颗粒掺量的增加，混合料的 k 值不断减小，其抗疲劳能力逐渐下降。当掺量为 1.5% 时，混合料的抗疲劳性能最好，而掺量为 3.5% 时最差。这是因为橡胶颗粒掺量越小，覆在矿粉上的沥青膜越厚，混合料的延伸能力增强，且削弱了水对沥青的剥落，从而使混合料的抗疲劳性能有所改善。

（3）三种橡胶颗粒掺量设计的 HRRAM，在掺量 1.5%、2.5%时 HRRAM 的疲劳性能相差不大，而当掺量为 3.5%时其混合料的疲劳性能显著下降，为了保证 HRRAM 具有良好的抗疲劳性能，建议控制橡胶颗粒的掺量在 2.5%以内。

7.5.4　改善 HRRAM 耐久性措施

导致 HRRAM 老化的主要原因是沥青混合料的施工温度，高温保持时间和空气接触的条件等因素。因此，应从尽可能控制混合料的短期老化。同时，应严格按照有关标准规程规定的试验方法对所选定沥青材料进行试验，优先选用抗老化性能好的沥青材料，严禁使用未达到规定要求的沥青材料，具体措施如下。

（1）在保证沥青混合料拌和、摊铺、碾压技术性能的前提下，严格控制不得超过规范规定的最高拌和温度，同时，应尽可能避免在低温或雨季施工。

（2）尽量缩短沥青混合料的高温保存时间，特别是对拌和好的 HRRAM 混合料应避免长时间在热储料仓存放，还应避免混合料运输距离太长，或者因拌和设备生产能力与摊铺设备不匹配造成的等料时间过长。国外有些拌和机的热储料仓已开始采用充氮气的方法以减少沥青氧化。

（3）尽量缩短运距和等料时间，在运距长或等料时间长的情况下，一方面为了保证足够的摊铺、碾压温度，势必要提高拌和温度；另一方面，长时间保存的增长也会造成沥青混合料在运输过程的老化。另外，沥青混合料在运输过程中应加盖篷布，以减少其与空气的接触。

7.6　HRRAM 除冰凌性能

由于具有高弹特性的橡胶颗粒的掺入，橡胶颗粒沥青路面结构的整体变形能力显著增强，同时在荷载作用下，分布于路面表面的橡胶颗粒的周围极易产生应力集中，使路面表面的冰凌受力不均匀，产生较大的变形，进而产生破碎剥离；另外，橡胶颗粒的存在改变了冰层或积雪与路面表面的黏结状态，使得橡胶颗粒周围的凝冰厚度不均匀，在车辆荷载作用下极易破碎，从而使得 HRRAM 路面具有了良好的除冰性能。

本节将首先通过对道路凝冰特点的分析，研究 HRRAM 路面的除冰机理，然后系统研究冰凌厚度及环境温度对 HRRAM 路面的除冰效果。

7.6.1　除冰机理

1. 道路冰凌的特点

冰凌是由许多水分子汇聚而成六方晶体，冰的力学性质受分子中氢键的脆弱程度、晶格的几何特性和外界条件等的影响。在一定向力的作用下，冰呈现弹性、塑性或脆性状态。温度越低，冰晶空间格子的原子变位越困难，晶格也越坚固，冰凌的弹性、脆性性能越突出；反之，温度越高，冰凌的塑性性能越显著。在外力作用下，冰结构的变形是不可逆的。这是由于外力作用于冰晶体所消耗的功，一部分转化为温度升高产生的热溶解能，另一部分转化为晶体的自由能。冰凌状态如图 7.18（a）、（b）所示。

(a)   (b)

图 7.18　冰凌状态

在交通荷载的外力作用下，道路冰凌与其他物体一样呈现形变特性，其形变一般可分为弹性变形、塑性变形和脆性变形。冰凌的形变特性与冰的介质、温度、加荷速率、加荷方向及加荷时间等因素相关。在集中或均布荷载作用下，当垂直力比较小时，冰首先出现瞬时弹性变形，然后出现塑性变形。若垂直力或弯矩较大或大于冰晶间的结合力后，冰则迅速发生塑性破坏或脆性破坏。

通过对冰凌的研究[102]认为，在冰凌的脆性破坏过程中，裂纹一旦出现即发生失稳扩展，并同时达到强度极限，其破坏主要是由于冰凌的局部失稳造成的，在破坏过程中，变形很小。冰凌的最终断裂是由于单个裂纹的灾变性扩展引起的，裂纹形核的方向成束状分布在主应力轴的周围。

一般来说，道路表面的冰凌厚度为 1～3mm，且在冰凌形成的过程中受外界条件的干扰，如行车荷载的作用、灰尘等杂质的掺入等，其强度必然会低于纯净状态下的冰的强度。在车辆荷载的作用下，路面表面的冰层在瞬间承受较大的外力的作用，冰层内部产生较大的变形，当该变形值超过冰的极限破坏应变时，冰凌即发生断折，从而降低道路的冰凌危害。

2. HRRAM 除冰机理

根据以上对道路冰凌特性分析，以及分析 HRRAM 的特点，认为 HRRAM 之所以具有除冰效果，可以从以下两个方面说明。

　　1）足够的外力荷载

　　足够的外力荷载是 HRRAM 路面能够发挥有效除冰的原动力，这是因为在外力荷载作用于 HRRAM 表层，使得荷载应力通过"轮胎-冰层-路面"进行传递，而正是由于应力的传递，冰层内部发生传递成为压应力或拉应力。如果当冰层内部的产生的应力大于其极限应力，将导致冰层被压碎或拉断，因此可以说足够的外力荷载作用是 HRRAM 路面能够除冰的原动力。

　　为验证外力荷载作用是 HRRAM 路面能够达到除冰的必要前提，室内分别在成型后的 HRRAM 车辙板上撒铺水层，使之在-4℃形成约 3mm 冰凌层，然后在-4℃温度下，加之一定的外力荷载作用于冰层。

　　图 7.19 给出了 HRRAM 在外力作用下冰凌层的变化情况，其中图 7.19（a）是表示外力达到某一 F_x（F_x 足以引起冰凌的破裂）时，内部冰层发生结构裂缝，而图 7.19（b）表示外力作用一直为零的情况。从图 7.19（a）、（b）观测道路冰凌冰层的冰凌破坏情况可以看出，虽然冰凌层下都是 HRRAM 结构，但是作用力从 0 到增加至某一 F_x，其冰凌变化完全不同，这是因为当达到足够的外力作用时，冰凌底层产生的拉应力大于冰凌的极限拉应力，故导致冰凌断裂。这一试验证明，具备足够的外力荷载作用是 HRRAM 能够有效除冰的必要前提。

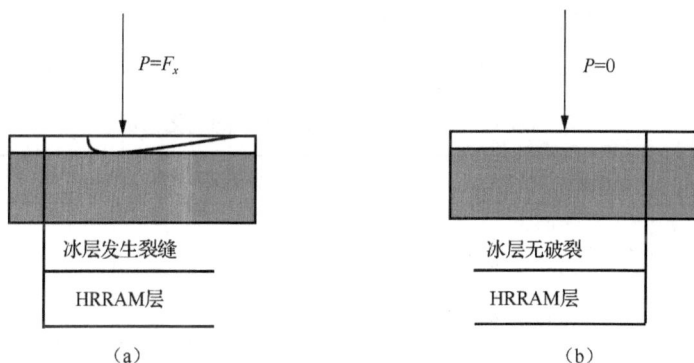

图 7.19　HRRAM 在外力作用下冰凌层的变化情况

　　2）良好的弹性变形

　　经过对室内 HRRAM 结构性能分析认为，HRRAM 的良好弹性变形是加速路面冰凌破坏的主要因素。为验证这一结论，室内分别对 HRRAM 和基准橡胶沥青混合料制备成车辙板，尺寸为 50mm×300mm×300mm，随后在冰凌环境箱中将温度调至-4℃，湿度≥90%，使车辙板上形成约 3mm 厚度的冰层，如图 7.20 所示。同时，采用 ϕ150 的压力板作用于冰层，观察在不同的应力下试件表层冰凌破裂变化情况。

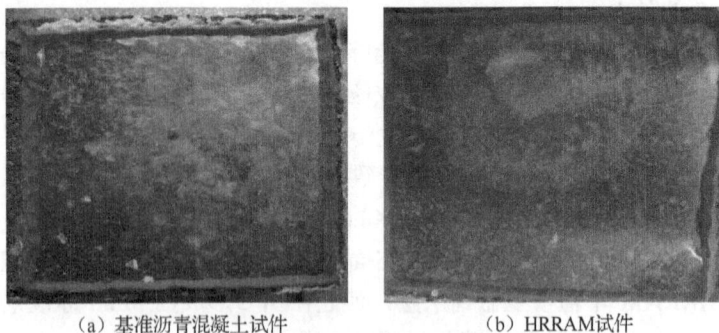

（a）基准沥青混凝土试件　　　　　　（b）HRRAM试件

图 7.20　试件表层冰层

　　表 7.34 给出了 HRRAM 及基准橡胶沥青混合料在不同应力作用下，表层冰凌的变化情况。经过对基准橡胶沥青混合料试件及 HRRAM 试件表层冰层在不同外力作用下破坏观测发现：基准橡胶沥青混合料试件在冰层受到 0.31MPa 的应力作用下才开始产生裂缝，达到 0.37MPa 以后才开始破坏；相反，HRRAM 试件则在受到应力 0.14MPa 时就开始产生裂缝，达到 0.2MPa 后就被完全破坏。可见，在相同的应力作用下，HRRAM 冰凌破坏的概率或程度都将高于前者。出现上述原因在于与基准橡胶沥青混凝土试件相比，HRRAM 在外力作用下产生了较大的弹性变形，使之冰层内部产生的抗拉应力大于冰层内部的极限拉应力所致。

表 7.34　不同外力作用下表层冰凌的变化情况

外力荷载/N	作用应力/MPa	基准沥青混凝土试件的变化情况	HRRAM 试件的变化情况
0	0.00	无破坏	无破坏
1200	0.07	无破坏	无破坏
1820	0.10	无破坏	无破坏
2415	0.14	无破坏	裂缝出现
3033	0.17	无破坏	裂缝延展，少许冰层破裂
3602	0.20	无破坏	冰层完全破坏
4250	0.24	无破坏	
4801	0.27	无破坏	
5388	0.31	裂缝出现	
6012	0.34	裂缝出现	
6600	0.37	冰层破坏	
7210	0.41		

如将上述试验现象推广到道路上的冰凌来分析，对于普通的沥青路面，在有足够大的外力荷载作用下，可以将表层的冰凌压碎，达到有效去除冰凌危害的效果，但冰凌的特性决定了其具有较大的极限抗压能力，仅仅想要依靠外力的作用达到路面除冰，将可能采用重载车进行压道，其后果尽管可以有效地将冰凌缓解，但同时也因压应力过大而导致道路的损坏，因此利用常规的交通荷载对普通沥青路面的冰凌基本是无法进行缓解的。其原因主要是受普通沥青路面表层的冰凌内部产生的拉应力远小于其极限拉应力缘故，故难以达到良好的除冰效果。

相反，如果对道路面层采用的是 HRRAM 铺装，则冰凌在常规的交通荷载压力下，由于 HRRAM 具有较低的弹性模量，在外力作用下其弹性形变较大，进而引起冰凌的变形，这将在冰凌内部产生较大的拉应力（主要集中在下边缘）。经过车载的反复作用，导致冰层内部拉应力反复作用，冰层内部结构出现裂纹。当出现的拉应力大于冰层的极限拉应力时，这将导致冰凌被折断破裂，使之不再黏附于路面表层，从而达到缓解冰凌危害的效果。

综合以上研究不难发现，HRRAM 之所以能具有较好的除冰效果，其根本原因是其在足够的荷载外力作用下本身结构具有良好的弹性变形，正是外力作用下由于橡胶颗粒与集料间的巨大的模量差的存在，路表冰凌在外荷载作用下的变形不协调，再加上冰凌表面的水膜的润滑作用和由于接触面温度上升造成的黏度下降，均使得冰凌与路面之间极易发生相对滑动，从而有效抑制了冰凌与路面表面的黏结，达到了有效除冰的效果。

7.6.2　HRRAM 除冰效果研究

为验证设计的 HRRAM 的实际除冰凌效果，在室内进行了模拟试验研究，即分别在不同条件（冰凌温度以及冰层厚度）下对 HRRAM 的除冰效果进行了评价分析。

1. 试验方法

HRRAM 除冰的本质是在交通荷载作用下引起混合料的变形，也正是由于交通荷载的反复作用，在 HRRAM 表面的冰凌内部，尤其是冰层底部会产生较大的形变。当冰凌底部由于变形引起的拉应力达到冰层的极限拉应力时，此时冰层将被折断，加上交通车辆运行过程中还对冰凌产生一个剪切应力，从而降低了冰凌与 HRRAM 的黏附性，达到了除冰效果。

查阅文献关于橡胶颗粒沥青混凝土除冰的模拟试验显示，刘晓鸿[103]利用 MTS 材料试验系统，对方盘试件施加静荷载进行除冰试验。具体方法是：在方盘试件表面浇上一定厚度的冰膜，在冰箱中冷冻 24h，然后在 MTS 材料试验系统中恒温 4h 后开始除冰试验，其试验测试系统如图 7.21 所示。

刘晓鸿的试验方法采用的静载加荷方式，在一定程度上模拟了车轮荷载对路面表面的冰层施加的压应力状态，但实际上路面表面的冰层承受的是车辆荷载的动态重复作用。由此可见，该方法对实际状况的模拟性较差。为此对刘晓鸿的试验方法在室内进行改进，即将静载加荷方式采用可以连续左右走动的橡胶轮代替，冰凌模拟改装后如图 7.22 所示。这样既保证了冰凌层受到竖向的荷载作用，同时又模拟了车轮对冰凌的剪切作用。为了保证试验研究的一致性，结合室内研究情况，特提出 HRRAM 冰凌模拟的具体试验方法如下。

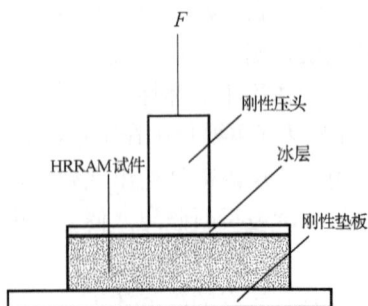

图 7.21　冰凌模拟试验测试系统　　　　图 7.22　冰凌模拟改装后

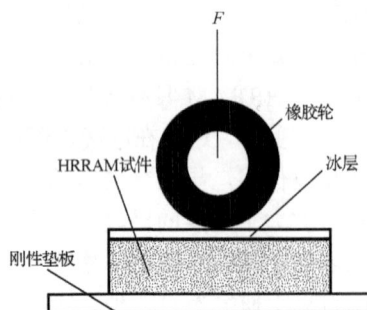

（1）预先制备 300mm×300mm×50mm 的基准橡胶沥青混凝土及 HRRAM 车辙板若干备用。

（2）将基准橡胶沥青混凝土试件和 HRRAM 试件周围围堰，并在其表层喷洒一定厚度的水层，放在规定的温度下使之形成冰凌层。

（3）将上述试件在冰凌环境模拟箱中保存至少 4h，当冰凌完全形成时，取出放置在刚性垫板上，保持环境温度与冰凌温度一致，然后将控制万能试验机使之附带的橡胶轮下压冰层，控制压强为 0.7MPa。

（4）开始试验，让橡胶轮在冰凌上反复进行 20 个循环。

（5）停止试验，卸载橡胶轮对冰凌的作用，观察冰凌的破坏情况，并计算冰凌破坏率，以此来评价 HRRAM 的除冰效果。

2. 评价方法

为了准确地评价 HRRAM 的除冰效果，需要有适合的评价方法和评价指标。对于路面表面的冰凌而言，其在车辆荷载的重复作用下的表现无外乎开裂、破碎和从路面表面剥离等。因此，对于 HRRAM 的除冰效果，可以通过路面表面冰雪的开裂和破碎程度加以评价。相对于室外的行车条件，室内试验时间相对较短，模拟交通量小，短时间内试验对象表面的冰凌不会出现大面积破碎和剥落。为了在有限的试验模拟条件和时间范围内准确地评价 HRRAM 的除冰效果，提出了适用于室内试验研究的两种不同的评价方法。

1）观察法

该方法是利用室内的模拟试验，对试验结束后 HRRAM 试件表层的冰凌的状态进行观察，其中冰凌的状态包括颜色、破碎程度、裂缝数量、裂缝宽度等。通过对 HRRAM 试件表层冰层的状态和基准橡胶沥青混凝土试件表层冰凌的状态观察，定性判定 HRRAM 的除冰效果。

本方法可以参照表 7.35 所示的现象对 HRRAM 的除冰效果进行评价。

表 7.35　HRRAM 除冰效果评价

现象	除冰等级
冰凌与 HRRAM 黏结密实，冰层无破坏，无裂缝	I
冰层有少许裂纹且数量少，无裂缝出现	II
冰层有较多的裂纹或裂缝，冰层与 HRRAM 黏结不良，容易被铲除	III
冰层大量破碎，与 HRRAM 界面几乎无黏结力，极易被铲除	IV

2）计算法

计算法是用定量的方式来评价 HRRAM 的除冰效果，其主要根据模拟试验结束后对橡胶轮作用区的冰层产生裂纹或者裂缝的数量、长度进行累加计算冰凌的有效破坏面积，用其除以橡胶轮作用区冰层的面积，即冰层有效破损率 λ，计算公式如下：

$$\lambda = \frac{(A_\mathrm{P} + \mu \times L) \times 1.03}{A} \times 100 \tag{7.8}$$

式中：λ——冰层有效破损率，%；

　　　A_P——裂纹或裂块的面积，mm^2；

　　　μ——裂纹换算成面积的关系系数，建议取 0.2～0.3；

　　　L——裂纹的总长度，mm；

　　　A——冰层有效区面积，mm^2。

采用计算法时，对块裂纹或裂块直接量测其面积，按平行于试验轮走行方向的外接矩形面积计算，对于单根裂纹，量测实际长度后取其计算宽度的 0.2～0.3 倍折算成面积。

3. 结果及分析

1）温度对 HRRAM 除冰影响

图 7.23 给出了 HRRAM 试件及基准橡胶沥青混合料试件在冰层厚度 4mm、-2℃下在橡胶轮作用下表层冰凌的破坏情况，根据现场对冰凌的观察，并对破损的冰层进行了冰层有效破损率计算，如表 7.36 所示。

无论从图 7.23 还是表 7.36 对冰凌层的破坏情况进行评价，结果均反映在-2℃下，基准沥青混合料试件表层的冰凌仅有少许裂纹出现。无裂缝的出现，按照冰凌等级归属于Ⅱ级，而 HRRAM 试件均随着橡胶颗粒掺量的提高，其冰层出现裂纹、裂缝或冰层破碎的程度逐渐增加，相当于基准橡胶沥青混合料试件，仅冰层有效破损率就提高了 6 倍～8 倍，按照除冰等级划分约在Ⅲ级。

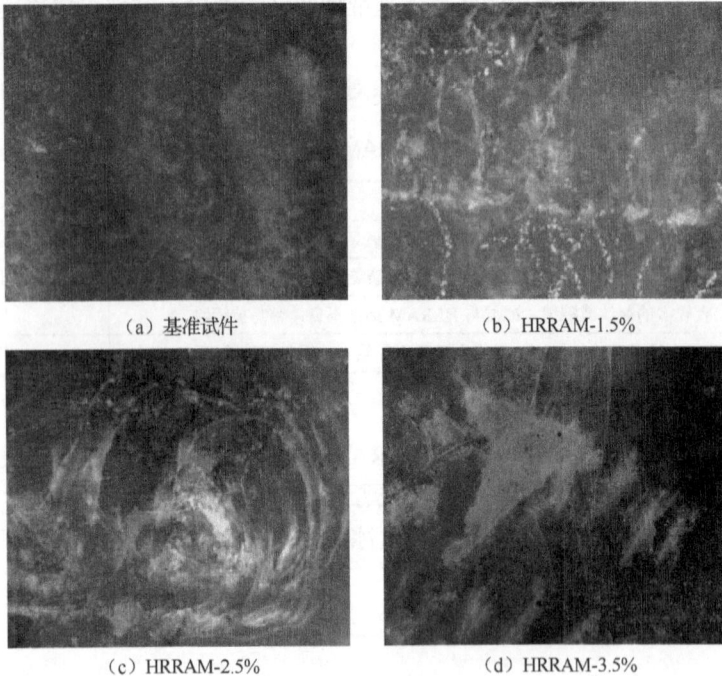

（a）基准试件　　　　　　　　　　（b）HRRAM-1.5%

（c）HRRAM-2.5%　　　　　　　　（d）HRRAM-3.5%

图 7.23　-2℃下冰凌破坏情况

表 7.36　-2℃下试件冰层有效破损率计算

试件类型	基准沥青混合料试件	HRRAM 试件		
		1.5%	2.5%	3.5%
冰层有效破损率/%	5.5	28.3	38.6	42.5

图 7.24 是在冰层厚度 4mm、-4℃下 HRRAM 试件及基准橡胶沥青混合料试件表层冰凌的破坏情况，不难发现-4℃下整体上观察试件的破冰效果较在-2℃下破冰效果有所下降。其中，基准橡胶沥青混合料试件表层几乎无任何变化；橡胶颗粒掺量为 1.5% 的 HRRAM 试件的冰层仅有一些裂纹出现，破冰不很明显，按照除冰等级划分为Ⅰ级，但是当橡胶颗粒掺量在 2.5% 和 3.5% 时，HRRAM 试件表层的冰凌明显发生松动，有裂纹、破损及冰凌被破碎的迹象，除冰等级在Ⅱ～Ⅲ，这一试验证明了温度对 HRRAM 试件的破冰有较大的影响。表 7.37 对基准沥青混合料及 HRRAM 试件的冰层有效破损率也与观察法整体的趋势一致。

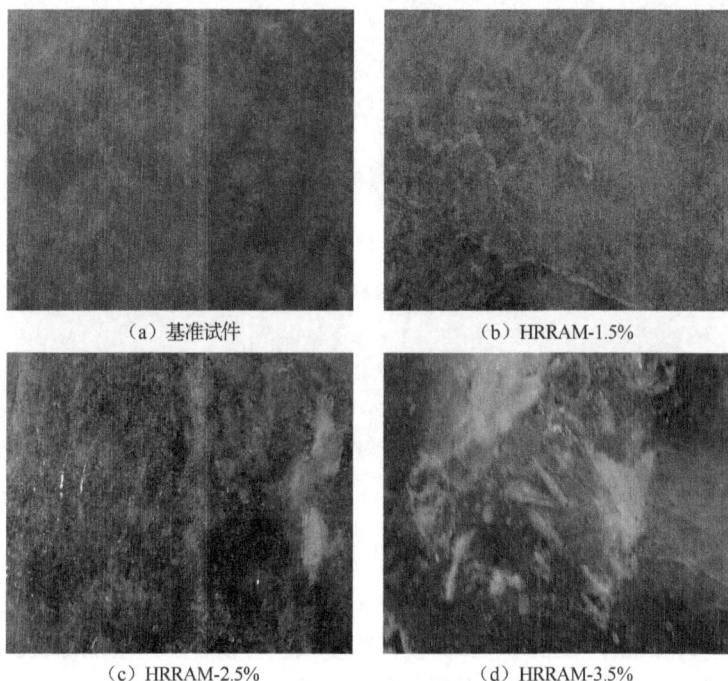

（a）基准试件　　　　　　　　　　（b）HRRAM-1.5%

（c）HRRAM-2.5%　　　　　　　　　（d）HRRAM-3.5%

图 7.24　-4℃下冰凌破坏情况

表 7.37　-4℃下试件冰层有效破损率

试件类型	基准沥青混合料试件	HRRAM 试件		
		1.5%	2.5%	3.5%
冰层有效破损率/%	≈0	8.9	26.3	35.3

分析上述在-2℃及-4℃出现的现象可以这样解释，随着温度的降低，冰层硬度提高及与底面层的黏结力提高，在同样的外力作用下在-4℃时 HRRAM 试件的变形较在-2℃的变形较小，冰层内部产生的拉应力降低，这就导致了冰层被拉断的概率降低，故出现随着温度降低，HRRAM 试件除冰有降低趋势；但是对于 HRRAM 试件，无论在-2℃还是-4℃均随着橡胶颗粒掺量的增加，其破冰效果均有所提高，这主要归结于橡胶颗粒的增加降低了 HRRAM 试件的弹性模量，在外力一定的作用下，其变形能力随着橡胶颗粒掺量的增加而增强所致。

2）冰层厚度对 HRRAM 除冰影响

根据温度对 HRRAM 试件破冰效果试验证明，当橡胶颗粒掺量为 2.5%～3.5%、温度＞-4℃时，HRRAM 试件的破冰效果较好。为研究冰层厚度对 HRRAM 试件破冰影响，室内统一选用橡胶颗粒掺量为 3.0%的 HRRAM 试件，试验温度为-2℃，图 7.25 和图 7.26 给出了基准沥青混合料试件及 HRRAM 试件在 2mm、4mm 和 7mm 下经过模拟试验后冰凌厚度下的破坏情况。

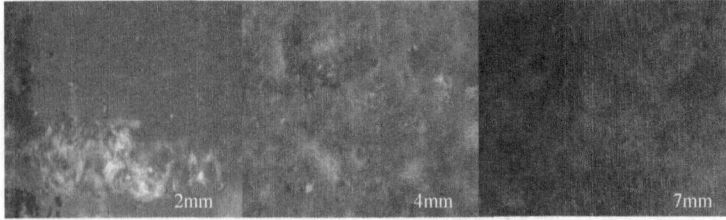

图 7.25 基准沥青混合料试件在不同冰凌厚度下破冰情况

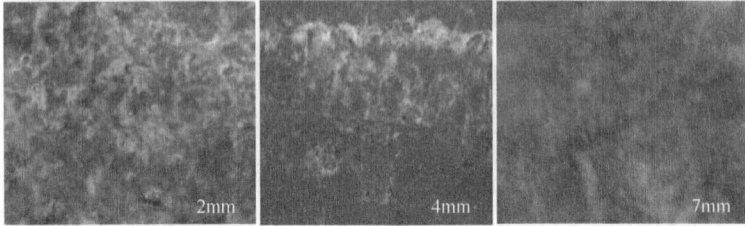

图 7.26 HRRAM 试件在不同冰凌厚度下破冰情况

从图 7.25 和图 7.26 对基准橡胶沥青混合料试件及 HRRAM 试件在-2℃，冰凌厚度分别为 2mm、4mm 和 7mm 模拟冰凌试验可以看出，基准橡胶沥青混合料试件在冰层厚度＞4mm 时冰层几乎无任何变化，在厚度为 2mm 时才有裂纹出现；而对 HRRAM 试件，则随着冰层厚度的增加，其表面出现裂纹或裂缝的数量呈降低趋势，如在冰层厚度为 7mm 时冰层仅仅局部出现微裂纹，按照除冰划分等级可归为Ⅱ级，在冰层厚度为 4mm 时 HRRAM 的除冰等级可列入Ⅲ等级，但当冰凌厚度为 2mm 时，HRRAM 试件表层冰层大量破裂，冰层与界面的黏附力均较低，按照除冰等级基本上可归为Ⅳ等级。

图 7.27 示出了基准橡胶沥青混合料及 HRRAM 试件在不同厚度下的冰层破损率对比示意图。可以看出，在给定的试验条件下，对于基准沥青混合料试件随着冰凌厚度的降低，其冰层的破损率虽然有所增加，但是增加幅度较慢；而 HRRAM 试件则随着冰凌厚度的降低，其冰层破损率增加较快，尤其在冰层厚度小于 4mm 时这种趋势表现得更为明显。

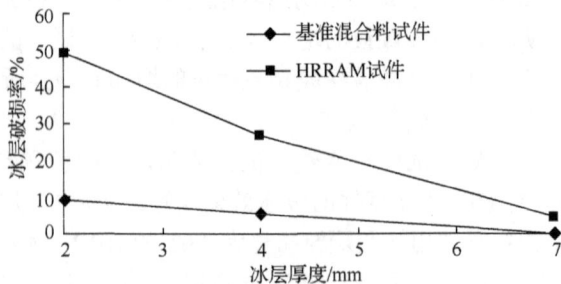

图 7.27 试件冰层破损率对比示意图

通过冰层厚度对 HRRAM 试件的破损率试验可知，当冰层厚度较厚，即大于 4mm 时其破冰效果较差，但是当冰层厚度小于 4mm 时除冰效果相对明显。综合考虑认为 HRRAM 试件的除冰效果更适应于小于 4mm 厚度的冰层。

7.7　HRRAM 施工质量控制技术研究

在保证橡胶颗粒沥青混合料组成设计合理的基础上，HRRAM 施工质量的控制重点在混合料的拌和、摊铺、碾压等过程中。根据室内研究成果，为提高 HRRAM 施工质量的控制，对橡胶颗粒沥青混合料的拌和、运输和碾压工艺进行研究。在拌和站附近某道路进行试铺，橡胶颗粒沥青混合料设计厚度为 4cm，橡胶颗粒的掺量为 3.0%，采用的 HRRAM 设计级配如表 7.38 所示。

表 7.38　HRRAM 设计级配

筛孔/mm	16.0	13.2	9.5	4.75	2.36	1.18	0.6	0.3	0.15	0.075
通过率/%	100	90.3	63.9	26.2	22.8	21.0	17.3	15.5	13.5	11.7

7.7.1　拌和、运输工艺

由于橡胶颗粒易结团，难以分散，为保证橡胶颗粒与沥青能够充分反应，形成良好的黏结，以及橡胶颗粒沥青混合料拌和后均匀一致、无花白料、无结团成块或严重的粗细料分离现象，根据室内研究结果，提高了矿料和沥青的加热温度。通过试拌，确定拌和工艺如表 7.39 所示。

表 7.39　HRRAM 拌和工艺

沥青加热温度/℃	165～170	放料时间/s	15～20
矿料加热温度/℃	180～190	干拌时间/s	25～30
出料温度/℃	175～180	总拌和时间/s	75～80

在拌和过程中，橡胶颗粒采用人工投放方式，即拌和前将橡胶颗粒预先称好，放在低熔点的塑料袋中，然后通过预先加工好的投料口进行人工投放，再经过反复试拌后，将干拌时间延长 5s，以保证橡胶颗粒能够均匀分散。橡胶颗粒也可以采用机械自动投放或利用传送带投放，或增加一个料仓直接进行计量投放。根据橡胶颗粒加入方式的不同，混合料的拌和时间也有所变化，一般干拌时间为 25～30s，总的拌和时间控制在 75～80s 即可保证拌和的质量要求。

由于橡胶颗粒的存在，混合料的散热性能差，降温速率有所下降，橡胶颗粒沥青混合料的储存、运输和摊铺过程中的稳定性比普通沥青或改性沥青混合料要好。另外，橡胶颗粒在高温时接触石油馏出物时黏性会增加，因此不能用传统的柴油乳剂对料车车斗进行防黏处理，而需改用石灰水、肥皂水或聚硅树脂等代替，本研究中采用肥皂水作为防黏剂。

7.7.2　碾压工艺

橡胶颗粒使路面有弹性，碾压比较困难，空隙率增大，会产生较大的负面影响。此外，由于橡胶颗粒的加入，橡胶颗粒沥青混合料在高温状态下对轮胎的黏性大大增加，而且碾压完成后橡胶颗粒存在一定程度的回弹，选择合理、高效的碾压工艺对保证路面性能具有决定性意义。

碾压工艺的选择包括压实机械、组合工艺、碾压遍数等。为了研究不同工艺条件下橡胶颗粒路面的成型效果，采用了两种碾压组合工艺，具体如表 7.40 所示。

表 7.40　碾压组合工艺

碾压工艺	第一阶段	第二阶段
工艺 A	1. 双钢轮压路机静压 1 遍 2. 钢轮压路机振压 3 遍	3. 轮胎压路振压 3 遍 4. 钢轮压路机静压 2 遍
工艺 B	1. 双钢轮压路机静压 1 遍 2. 轮胎压路机振压 3 遍	3. 钢轮压路机振压 3 遍 4. 钢轮压路机静压 2 遍

通过观测发现对于碾压工艺 B 来说，在第一阶段采用轮胎压路机进行碾压时，发生明显的黏轮现象。其原因在于橡胶颗粒沥青混合料的黏性较高，且混合料运输到现场的温度通常为 170℃左右，摊铺后混合料的温度仍然很高，此时混合料依然保持着高黏性，因而非常容易被压路机带起，并在路面上形成油斑。而采用碾压工艺 A 的组合时，橡胶颗粒沥青混合料的碾压效果较好，路面平整，没有明显的凸凹。

通过试铺路段碾压后效果路段的性能检测（表 7.41）也证实工艺 A 的压实效果明显好于工艺 B。这一现象说明 HRRAM 路面不同于一般的路面，采用碾压工艺对预期的路面质量影响较大，这是因为采用工艺 A，对第一阶段的双钢轮压路机进行振压，起到稳定混合料骨架的作用，保证了混合料的整体的平整；第二阶段采用轮胎压路机进一步对混合料进行压实，有效抑制路面中橡胶颗粒的回弹现象，保证了路面的施工质量。

表 7.41　碾压工艺后对路面性能检测

碾压工艺	路面厚度/cm	空隙率/%	表面平整度/ mm
A	4.1	4.2	2.4
B	4.4	6.2	4.8

7.7.3　小结

通过对 HRRAM 在拌和、运输、碾压方面的研究，提出橡胶颗粒沥青混合料在施工过程中主要质量控制要点如下。

（1）建议沥青、矿料的加热温度较普通沥青混合料提高 5～10℃，混合料的出料温度宜 175～180℃。

（2）橡胶颗粒的投放方式可以采用人工投放或者机器投放两种方式，但投放后与石料的混合料拌和时间应延长 5s，保证石料干拌时间为 25～30s，保证总拌和时间不低于 75s。

（3）为防止橡胶颗粒沥青混合料黏附在车厢上，应用石灰水、肥皂水替代柴油等乳剂预先进行刷涂。

（4）碾压过程采用两阶段碾压工艺：双钢轮压路机静压→钢轮压路机振压（第一阶段）；轮胎压路机振压→双钢轮压路机静压（第二阶段）。

7.8　技术经济效益分析

高弹粗糙型橡胶颗粒沥青路面是一种主动型抑制路面冰凌的功能性路面，该路面是否能够在冬季冰凌条件下的高速公路大面积推广应用，不仅取决于其是否具有良好的路用性能和除冰性能，同时还取决于是否具有良好的社会经济性能。本节将从技术可行性、社会效益及环境效益等方面对高弹粗糙型橡胶颗粒沥青路面进行分析。

7.8.1　技术可行性分析

试验研究的 HRRAM 是将橡胶颗粒掺入沥青混合料中，使得混合料具有更大的弹性变形，以此来达到除冰效果。表 7.42 示出对橡胶颗粒掺量相同情况下三个研究单位得到的路用性能对比结果。

表 7.42　橡胶颗粒类混合料路用性能对比

研究单位	橡胶颗粒粒径/mm	橡胶颗粒掺量/%	动稳定度/（次/mm）	低温应变/×10⁻⁶	冻融劈裂强度比/%
广西大学（本书作者单位）	0～5	3.0	3 523	3 942	90.2
哈尔滨工业大学	5～15	3.0	1 780	2 650	89.8
山东大学	0～3	3.0	4 072	3 122	86.0

表 7.42 结果反映，在同种橡胶颗粒掺量下，相对于哈尔滨工业大学、山东大学研究的橡胶颗粒沥青混合料，本书作者单位研究的 HRRAM 在高低温、抗水损

坏方面均具有良好的性能，HRRAM 设计的目的是保证满足路用性能前提下，尽可能提高其弹性变形。不难发现，HRRAM 具有更大的弯曲应变，对预期降低路面冰凌效果有利。

表 7.43 是 HRRAM 与 Mafilon、Verglimit、AAM 三种混合料在配合比优化设计下试件在-4℃、冰层厚度 3mm 经历 120min 下抑制冰凌的效果，表 7.43 反映了 HRRAM 和 Verglimit 具有良好的抗冰凌路面效果，AAM 沥青混合料次之，Mafilon 沥青混合料最差。

表 7.43　抗冰凌路面效果

混合料种类	除冰效果
HRRAM	弹性变形 7.2%，冰凌不连续
Mafilon	几乎全部是冰层，除冰效果不明显
Verglimit	冰凌不连续分布，硬度低、易碎
AAM	表面冰层，外力作用下易脆裂

7.8.2　社会效益分析

高弹粗糙型橡胶颗粒沥青路面在解决路面冰凌危害的同时，还可以将我国废旧的轮胎化废为宝，产生二次利用，不仅可以解决处理废旧轮胎的技术难题，同时还可以产生明显的社会及经济效益，促进新型技术产业的发展。目前我国是世界第一大轮胎生产国，每年轮胎的生产量超过 8 亿条，同时每年产生的废旧轮胎高达 4 亿条，约 1 200 万 t，而每年处理轮胎的能力仅为 50 万 t，处理费用 1 500 多万元。如果将每年市场上的可回收废旧轮胎加工成橡胶颗粒或橡胶粉，至少将产生 6 000 万元的经济效益，扩大劳动再就业 10 万余人，由此而产生的社会影响必将随着自应力弹性沥青路面铺装领域的扩大还将增加。

7.8.3　环境效益分析

我国每年约有 1 200 万 t 废旧轮胎，而年处理能力仅为 50 万 t，大约仍有 1 150 万 t 废旧轮胎因不能有效处理而采用传统的焚烧、掩埋等措施，尤其是掩埋方法随着时间的积累，其中的有机物等成分与土壤中的有机质、无机质等发生复杂的反应，产生大量的有害微生物，进而污染或腐蚀周围的土壤和植物，引起大面积植被枯死；而高弹粗糙型橡胶颗粒沥青路面的铺筑则降低了每年废旧轮胎的直接掩埋，将其应用于道路工程中，体现了"绿色道路"的发展理念，无疑对降低周围环境、植被的污染起到了积极的作用。

从高弹粗糙型橡胶颗粒沥青路面铺筑对提高空气质量来看，主要有以下几个积极作用。

（1）将会不同程度地增加冰凌易发地区的道路的使用年限，推迟返修时间和次数，降低了在维护过程中对原路面进行铲除时而产生的大量飞尘、在新沥青混合料生产过程中因矿山爆破产生的噪声和灰尘，以及后期拌和过程因加热而产生的 CO、CO_2、SO_2、NO 和 NO_2 等有害烟雾，从而提高了当地的空气质量。

（2）从材料的开发利用看，废旧轮胎有效加工成橡胶颗粒，减少了废旧轮胎的焚烧量。据专家估计，若将 1t 废弃轮胎加工成橡胶颗粒，至少比其焚烧降低约 100kg 的 CO、80kg 的 CO_2、150kg 的 SO_2，以及 $200\sim400kg$ 的 NO_x、二噁英、氯化氢等有害气体的排放。按照每年废旧轮胎的回收利用 20 万 t 计算，至少可以减少 14 万 t 的有害气体排放。

（3）废旧轮胎的综合利用，不同程度地降低了废弃轮胎大面积堆放或掩埋因分解所产生的微生物及有害气体，对维持当地的空气质量平衡也起到了积极的作用。

参 考 文 献

[1] 赵立东. 沥青路面凝冰损坏影响因素及细观机理研究[D]. 哈尔滨：哈尔滨工业大学，2012.

[2] HALL J W，SMITH K L，TITUS-GLOVER L，et al. Guide for Pavement Friction[R]. Washington D.C.：National Cooperative Highway Research Program，2009.

[3] NORHEIM A，SINHA N K，YAGER T J. Effects of the structure and properties of ice and snow on the friction of aircraft tyres on movement area surfaces[J]. Tribology international，2001（34）：617-623.

[4] KOKKALIS A G，PANAGOLI O K. Fractal evaluation of pavement skid resistance variations[J]. I：Surface Wetting. Chaos，Solitons and Fractals，1998，9（11）：1875-1890.

[5] KOKKALIS A G，TSOHOS G H，PANAGOULI O K. Consideration of fractals potential in pavement skid resistance evaluation[J]. Journal of Transportation Engineering，2002，128（6）：591-595.

[6] FLINTSCH G W，DE LEON E，MCGHEE K K，et al. Pavement surface macro texture measurement and applications[J]. Transportation Research Record，2003（1860）:168-177.

[7] TERREL R L，AL-SWAILMI S. Water sensitivity of asphalt-aggregate mixes：Test selection Report SHRP-A-403R[R]. Strategic Highway Research Program，National Research Council，Washington，D.C. 1994.

[8] MC CANN M，SEBAALY P. A quantitative evaluation of stripping potential in hot-mix asphalt, using ultrasonic energy for moisture accelerated conditioning[J]. Transportation Research Record Journal of the Transportation Research Board, 2001, 1767:48-49.

[9] 高英，曹荣吉. 沥青混合料级配类型选择分析[J]. 公路，2002（1）：84-86.

[10] 许松坤. 沥青路面材料及混合料组成设计分析[J]. 中外公路，2002，22（5）：26-29.

[11] 谢静芳，吕得宝. 气象条件对高速公路路面抗滑性能影响的试验[J]. 气象科技，2006，34（6）：788-791.

[12] 周须文. 气象条件对高速公路路面抗滑性能的影响及预报探讨[C]//中国气象学会2007年年会气象软科学论坛分会场论文集. 广州，2007.

[13] 赵战利，张争奇，薛建政，等. 基于分形理论的沥青混合料抗滑级配评价[J]. 长安大学学报（自然科学版），2008，28（3）：6-10.

[14] 黄宝涛，田伟平，李家春，等. 沥青路面抗滑性能定量评价的分形方法[J]. 中国公路学报，2008，21（4）：12-17.

[15] 郑木莲，陈拴发，王选仓，等. 纵向摩擦系数在路面抗滑性能评价中的应用[J]. 长安大学学报（自然科学版），2005，25（4）：9-12.

[16] 朱从坤，裴玉龙，龙艳珍，等. 冰雪路面抗滑技术研究[J]. 黑龙江交通科技，1997（4）：1-2.

[17] 王奉安. 贵州怎奈冻雨多[J]. 环境保护与循环经济，2011，17（2）：31-33.

[18] 严小冬. 浅析2008年贵州冻雨成灾的原因[J]. 高原气象，2009，10（3）：124-130.

[19] ZERR R J. Freezing rain: an observational and theoretical study[J]. Journal Applide Meteorology，1997，36（12）：1647-1661.

[20] BOURGOUIN P. A method to determine precipitation types[J]. Weather Forecasting，2000，15（5）：583-592.

[21] 张录青，李丽，饶纲伟. 2008年初粤北罕见的低温雨雪冰冻天气过程分析[J]. 广东气象，2008，30（2）：8-12.

[22] 吴蓁，赵培娟，苏爱芳，等. 2008年河南持续低温、冻雨和暴雪成因[J]. 气象与环境科学，2009，32（1）：9-15.

[23] 潘娅英，柳岳清，王亚云. 2008年初罕见的浙西南冻雨（雨凇）灾害分析[J]. 安徽农业科学，2009，37（4）：1731-1733.

[24] 王志云，鲁亚斌，牛法宝. 云南东部冻雨的成因分析[J]. 云南大学学报（自然科学版），2008，30（增刊）：324-328.

[25] RAUBER R M，OLTHOFF L，RAMAMURTHY M，et al. The relative importance of warm rain and melting processes in freezing precipitation events[J]. Journal Applide Meteorology，2000，39（7）：1185-1195.

[26] 叶茵，杜小玲，严小冬. 贵州冻雨时空分布及对应临近环流特征分析[J]. 贵州气象，2007，31（4）：11-13.

[27] 严小冬，吴战平，古书鸿. 贵州冻雨时空分布变化特征及其影响因素浅析[J]. 高原气象，2009，28（3）：694-701.

[28] 李登文，乔琪，魏涛. 2008 年初我国南方冻雨雪天气环流及垂直结构分析[J]. 高原气象，2009，28（5）：1140-1148.

[29] 欧建军，周毓荃，杨棋，等. 我国冻雨时空分布及温湿结构特征分析[J]. 高原气象，2011，30（3）：692-699.

[30] 赵晓华. 沥青路面多孔蓄盐集料化——力耦合效应及析盐特性研究[D]. 武汉：武汉理工大学，2012.

[31] MATSUMOTO M, SAITO S, OHMINE I. Molecular dynamics simulation of the ice nucleation and growth process leading to water freezing[J]. Nature, 2002, 416（6879）：409.

[32] XU G, WANG H. Study of cohesion and adhesion properties of asphalt concrete with molecular dynamics simulation[J]. Computational Materials Science, 2016, 112:161-169.

[33] 刘圣春，饶志明. 氯化钠溶液结晶理论分析与实验研究[C]. 中国工程热物理学会学术会议论文集. 北京，2012.

[34] 蔡之锐，孙柏涛，郭世荣，等. 冰荷载的试验研究与计算方法[J]. 地震工程与工程振动，1997（4）：49-56.

[35] 李锋，岳前进. 冰在斜面结构上的纵横弯曲破坏分析[J]. 水利学报，2000（9）：44-47.

[36] 陈六平，童叶翔. 物理化学[M]. 北京：科学出版社，2011.

[37] 屠锡德，张钧寿，朱家璧. 药剂学[M]. 3 版. 北京：人民卫生出版社，2002.

[38] KHO Y W, CONRAD D C, KNUTSON B L. Phase equilibria and thermo physical properties of carbon dioxide-expanded fluorinated solvents[J]. Fluid Phase Equilibria, 2003, 206:179-193.

[39] 汪家铭. 干冰开发及应用前景[J]. 中国化工，1997（7）：58-61.

[40] 何立江，邬志敏，黄超. 干冰为冷源的冷藏集装箱发展探讨[J]. 低温与特气，2003，21（2）：10-12.

[41] 王正烈. 稀溶液中溶剂的化学势及其在依数性上的应用[J]. 大学化学，2008（5）：48-53.

[42] ATKINS P, DE PAULA J. Atkins' physical chemistry[M]. 7th ed. Oxford: Oxford University Press, 2002.

[43] 范康年. 物理化学[M]. 2 版. 北京：高等教育出版社，2005.

[44] 廖哲. 高寒地区沥青路面横向裂缝分析[J]. 湖南理工学院学报（自然科学版），2007（3）：56-58.

[45] MENG Y, LING L, LU Z, et al. Study on preparation of modified antifreezing micro-surfacing and its road performance and antifreezing effect[J]. Construction and Building Materials, 2022, 320: 126316.

[46] 张丽娟. 复合填料融雪沥青混合料研究[D]. 西安：长安大学，2010.

[47] 凍結抑制舗装技術研究会. 凍結抑制舗装の評価方法に関する検討[J]. 舗装，2002，37（8）：26-31.

[48] 崔龙锡. 蓄盐类沥青混合料研究[D]. 重庆：重庆交通大学，2010.

[49] 周宏. 江苏高速公路交通气象保障服务系统[J]. 中国交通信息化，2011（5）：117-118.

[50] 梁增洁. 智能化融冰路面技术研究与工程应用[D]. 西安：长安大学，2016.

[51] 田庆华. 高速公路行车安全影响因素分析[J]. 交通世界（运输·车辆），2010（8）：132-133.

[52] 胡海英. 国内除雪方式探讨及除雪机械的发展趋势[J]. 林业机械与木工设备，2011，39（5）：8-11.

[53] 张启君，夏磐夫. 国内外除雪机械的探讨[J]. 筑路机械与施工机械化，2005（11）：1-5.

[54] RAMAKRISHNAD M, VIRARAGHAVAN T. Environmental impact of chemical deicers-a review[J]. Water, Air, and Soil Pollution, 2005, 166（1）：49-63.

[55] THUNQVIST E L. Regional increase of mean chloride concentration in water due to the application of deicing salt[J]. Science of the Total Environment, 2004, 325（1）：29-37.

[56] YEHIA S A, TUAN C Y. Conductive concrete overlay for bridge deck deicing and anti-icing[J]. Transportation Research Record, 2000, 1698(1): 45-53.

[57] 唐祖全，李卓球，侯作富，等. 导电混凝土电热层布置对路面除冰效果的影响[J]. 武汉理工大学学报，2002，24（2）：45-48.

[58] HENDERSON D. Experimental roadway heating project on a bridge approach[J]. Highway Research Record, 1965, 111（14）：14-15.

[59] 杨全兵. 盐及融雪剂种类对混凝土剥蚀破坏影响的研究[J]. 建筑材料学报，2006，9（4）：464-467.

[60] MENG Y, XU R, GUO H, et al. Influences of sodium salt erosion on the self-healing ability and fatigue life of bitumen[J]. Construction and Building Materials, 2021, 286（3）：122884.

[61] MAAGE M, HELLAND S, POULSEN E, et al. Service life prediction of existing concrete structures exposed to marine environment[J]. ACI Materials Journal, 1996, 93（6）：602-608.

[62] LINDVAL A. Environmental actions and response reinforced concrete structures exposed in road and marine environments[R]. Goteberg, Sweden: Chalmers University of Technology, 2001.

[63] 乔志琴，张万祥．水泥混凝土路面的盐冻侵蚀及其预防[J]．内蒙古科技与经济，2006，3：12-16.

[64] 刘军．高等级公路沥青路面抗滑性能分析及抗滑措施[J]．公路与汽运，2007，7（4）：55-57.

[65] 洪丹．抗凝冰粗糙路面技术研究[D]．重庆：重庆交通大学，2010.

[66] 刘晓鸿．RUBBER 设计与研究[D]．哈尔滨：哈尔滨建筑大学，2000.

[67] 周纯秀．冰雪地区橡胶颗粒沥青混合料应用技术的研究[D]．哈尔滨：哈尔滨工业大学，2006.

[68] 张金喜．废橡胶作为弹性沥青混凝土路面材料的实验研究[J]．建筑材料学报，2004，4：398-400.

[69] 谭忆秋，徐立廷．马歇尔法下橡胶改性沥青混凝土成型工艺研究[J]．公路，2006，2：137-139.

[70] 薛振华．废旧轮胎橡胶颗粒沥青混合料的研究[J]．石家庄铁路职业技术学院学报，2010，1：77-79.

[71] 缠艳萍．高寒区耐紫外老化雾封层道面养护材料及技术研究[D]．西安：长安大学，2012.

[72] 闫忠良．快凝抗滑型雾封层在城市道路中的应用研究[D]．哈尔滨：哈尔滨工业大学，2016.

[73] 邓蕾蕾．彩色路面设计与工程应用研究[D]．重庆：重庆交通大学，2009.

[74] 韩瑞民，弥海晨，胡苗．基于胶体结构理念对橡胶沥青性能影响因素的机理解释[J]．石油沥青，2013，27（6）:7-10.

[75] 虎增福，曾赟．乳化沥青及稀浆封层技术[M]．北京：人民交通出版社，2001.

[76] 王长安，吴育良，郭敏怡，等．乳化沥青及其乳化剂的发展与应用[J]．广州化学，2006，031（001）：54-60.

[77] 韩瑞民，弥海晨，胡苗．基于胶体结构理论对橡胶沥青性能影响因素的机理解释[J]．石油沥青，2013，27（6）：7-10.

[78] 冯绪胜，刘洪国，郝京诚．胶体化学[M]．北京：化学工业出版社，2005.

[79] 王长安，吴育良，郭敏怡，等．乳化沥青及其乳化剂的发展与应用[J]．广州化学，2006，031（001）：54-60.

[80] 江龙．胶体化学概论[M]．北京：科学出版社，2002.

[81] 常青．水处理絮凝学[M]．北京：化学工业出版社，2003.

[82] Ayao Kitahara，Akira Watanabe，邓彤．界面电现象[M]．北京：北京大学出版社，1992.

[83] 黄颂昌，徐剑，秦永春．改性乳化沥青稀浆封层养护技术研究报告[R]．北京：交通部公路科学研究所，2004.

[84] CROW A．Slurry surfacing around the world[R]．Beijing：ISSA World Congress，2006.

[85] 庚晋，白杉．废旧轮胎回收利用现状和利用途径[J]．橡塑技术与装备，2003，29（3）：11-18.

[86] 张隐西，范茹良．废旧轮胎的回收和综合利用[J]．中国资源综合利用，2000（6）：4-10.

[87] 李锐．处理废旧轮胎回收二次资源[J]．山东环境，1996（2）：44-45.

[88] 安海超．严寒区橡胶沥青及混合料应用关键技术研究[D]．西安：长安大学，2017.

[89] 张隐西，范茹良．废旧轮胎的回收和综合利用[J]．中国资源综合利用，2000（6）：4-10.

[90] EPPS，JON A．Use of recycled rubber tires in highways[C]//NCHRP Synthesis of Highway Practice No. 198，Transportation Research Board，Washington，DC，1994：23-29.

[91] 刘汉中．废旧轮胎橡胶粉复合改性沥青性能试验研究[D]．长沙：长沙理工大学，2010.

[92] 周富强，杨群，郭忠印，等．橡胶砂改性沥青混凝土力学与降噪性能研究[J]．建筑材料学报，2007，10（4）：418-423.

[93] 稻垣竜興．凍結抑制舗装の問題点と評価について[J]．日本雪工学会誌，1996，12（1）：65-69.

[94] State of California Department of Transportation. Asphalt rubber usage guide division of engineering services[S]. 2003：1-4.

[95] 卜瑞娜．橡胶改性沥青性能与应用研究[D]．重庆：重庆交通大学，2020.

[96] XIA C，CHEN M，GENG J，et al. Swelling and degradation characteristics of crumb rubber modified asphalt during processing[J]. Mathematical Problems in Engineering，2021，1：1-10.

[97] 王琨，赵红月．沥青耐久性和沥青混凝土路面耐久性的关系[J]．山西建筑，2011，37（7）：132-133.

[98] 封一强．浅谈如何提高高等级公路沥青路面的耐久性[J]．北方交通，2008，20（4）：17-18.

[99] 廖明义，李雪．废橡胶粉改性沥青稳定性及其影响因素[J]．石油化工高等学校学报，2004，17（4）：38-43.

[100] 王思静，熊金平，左禹．橡胶老化机理与研究方法进展[J]．合成材料老化与应用，2009，38（2）：23-30.

[101] 金兵，胡小峰，魏伯荣，等．天然橡胶的热氧老化研究[J]．广州化工，2006，34（6）：32-33.

[102] 郝大力．路面性能评价与分析研究[D]．西安：长安大学，2000.

[103] 刘晓鸿．RUBBER 设计与研究[D]．哈尔滨：哈尔滨建筑大学，2000.